浙江省高等教育重点建设教材

国际结算

International Settlements

（第二版）

主　编　徐立平

副主编　李　果　杨加琤

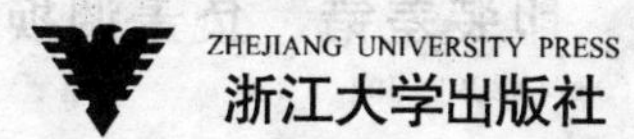
ZHEJIANG UNIVERSITY PRESS
浙江大学出版社

内容提要

本书根据新形势下《国际结算》课程改革要求重新构思撰写而成，注重内容和知识的更新，加入了许多实训和案例，具有教辅合一、使用方便的特点，还增加了许多中英对照的内容，方便开展双语教学。

本书适用于经济学科类金融和国际贸易学专业使用，也可供相关专业人员参考。

图书在版编目（CIP）数据

国际结算 / 徐立平主编. —杭州：浙江大学出版社，2008.8(2013.4 重印)
ISBN 978-7-308-06157-5

Ⅰ.国… Ⅱ.徐… Ⅲ.国际结算 Ⅳ.F830.73

中国版本图书馆 CIP 数据核字（2008）第 125996 号

国际结算（第二版）
徐立平　主编

责任编辑　王　波
文字编辑　杨　舟
封面设计　刘依群
出版发行　浙江大学出版社
（杭州天目山路 148 号　邮政编码 310007）
（网址：http://www.zjupress.com）
排　　版　杭州中大图文设计有限公司
印　　刷　富阳市育才印刷有限公司
开　　本　787mm×960mm　1/16
印　　张　19.75
字　　数　355 千
版 印 次　2009 年 8 月第 2 版　2013 年 4 月第 4 次印刷
书　　号　ISBN 978-7-308-06157-5
定　　价　34.00 元

第一版前言

为了不断提高高等院校学科建设水平，适应新形势的变化，浙江省教育厅开展了省高校重点教材建设竞标项目，此教材在中标之列。

《国际结算》课程是高校经济学科类金融专业和国际贸易专业的必修课程，是其他经济专业的选修课，具有一定的涵盖范围。

目前，市场上《国际结算》教材并不鲜见，但其内容和结构大同小异。这本由浙江财经学院金融学院中标而重新构思和撰写的教材，主要有以下几个特点：

1. 知识更新

随着国际贸易结算的一些政策、法规、条例的变化，国际结算中的一些具体核算方式、方法、程序和规则等也都有了新的变化。这本《国际结算》教材特别注重内容和知识的更新。

2. 结构调整

以往的国际结算教材，完全以理论教学为主，而本教材第一次把实测的内容增加其中。强调理论与实践的结合，着力培养既有理论又懂实践的应用型人才。

3. 教辅合一，使用方便

本教材理论知识部分系统完整，简明扼要。每一章后面都配有本章相对应的重要名词和复习思考题。在教材中编入了一些重要的案例，有助于学生较快掌握相关的结算知识。

4. 双语教学，中英对照

国际结算的内容大多应用到国际金融和国际贸易的核算上，因此，本教材特别增添了案例部分的中英对照和国际结算中常见词汇的中英对照。为双语教学奠定良好的基础。

本书除了提供高院校经济学科类本科学生使用外，也可适用于外贸、金融等系统的实际工作者。

参加本书编写的作者有：徐立平，浙江财经学院金融学院教授、金融学硕士，负责本书第二章和第六章的编写工作；李果，浙江财经学院金融学院讲师，金融学硕士，负责本书第一章、第四章、第八章、实训一、实训四的编写工作。耿照源，浙江大学城市学院商学院讲师，管理学硕士，参与本书第一章、第四章、第八章的编写工作；杨加琤，浙江财经学院金融学院讲师，金融学硕士，负责本书第三章、第五章、第七章和实训二、实训三的编写工作。张俊华，浙江财经学院金融学院讲师，金融学硕士，负责中英文词汇表的编写工作。全书由徐立平负责整体内容设计、大纲的制定，并对全书进行修改和总纂。

由于编写时间仓促，水平有限，如有不妥之处，敬请批评指正。

编著者

2008 年 6 月

第二版前言

《国际结算》是浙江省教育厅2006年省高校重点教材建设竞标项目，经过近两年半的筹备和撰写过程，于2008年由浙江大学出版社出版，并在浙江省高校和全国书店发行。经过一年的发行，市场反应良好，现第一版已告罄，遂决定继续出版《国际结算》第二版修订版。

考虑到《国际结算》课程的实用性和结算体例的变化，与《国际结算》第一版相比，《国际结算》第二版的内容和结构作了如下修订和调整：

1.第一部分，《国际结算》的理论与实务部分八章内容保持不变，个别有误的地方进行了重新校正和勘误。

2.第二部分，《国际结算》的实训部分，在原来四个实训的基础上，又增加了一个实训："信用证内容的审核"，为第二版的实训部分的第五个实训；此外，第一版的第二和第三个实训，在原来的基础上，分别增加了两个练习。

3.第三部分，国际结算中英文词汇表部分，全部重新排序、编写。

4.第四部分，为新增部分，即："常用国家和地区的货币符号及其代码"。

5.第五部分，国际结算惯例，亦为新增部分。考虑到《国际结算》的实用性和可操作性，新增了惯例一《跟单信用证统一惯例(UCP600)》和惯例二《国际备用信用证惯例(ISP98)》。

参加本书编写的作者有：

徐立平，浙江财经学院金融学院教授，金融学硕士，负责本书第二章和第六章的编写工作。

杨加琤，浙江财经学院金融学院讲师，金融学硕士，负责本书第三章、第五章、第七章和实训二、实训三和实训五的编写工作。

李果，浙江财经学院金融学院讲师，金融学硕士，负责本书第一章、第四章、第八章、实训一、实训四、中英文词汇表、常用国家和地区的货币符号及其代码和惯例部分的编写工作。

全书由徐立平同志负责本书的整体内容设计、修订和调整，对大纲进行了重新制定和顺序编排，并对全书进行修改和总篡。

由于编写时间仓促，水平有限，如有不妥之处，敬请批评指正。

徐立平

2009年7月

目 录

第一部分 国际结算理论与实务

第二部分 国际结算实训

第三部分 国际结算常用中英词汇对照表

第四部分 常用国家和地区的货币符号及其代码

第五部分 国际结算惯例

第一部分

国际结算理论与实务

第一章 国际结算概述

国际间的政治、经济和文化交流活动不可避免地会带来国与国之间、地区与地区之间借贷行为的发生。为了了结由此产生的债权债务关系而发生的资金划转活动就是国际结算，它因此也成为了国际间各项交往活动能够顺利进行的基本前提和重要保障。

第一节 国际结算的概念和分类

一、国际结算的概念

所谓结算(Settlements)，是指各经济主体之间由于存在着商品交易、劳务供应、资金调拨或其他款项往来而发生的货币收付行为。随着现代银行业的产生和不断发展，结算活动已经由原来的交易双方直接结算阶段过渡到以商业银行为中介的间接结算阶段。

具体而言，国际结算(International Settlements)是指国际间由于经济文化交流等活动而产生不同国家政府间、企业间或个人间的债权债务关系，借由货币收付而结清的行为。国际结算的目是以有效的方式和手段来实现国际间以货币表现的债权债务关系的清偿。

从微观角度来看，传统的结算业务属于商业银行中间业务的范畴。因为只要有足够的业务空间，银行就能通过提供服务来收取手续费，不需要银行投入自己的资金，成本低，风险小，利润丰厚。银行的结算业务包括国内结算和国际结算两个领域。国内结算涉及的当事人都处于本国境内，而国际结算涉及的当事人处于不同的国家和地区，由此也导致国际结算要比国内结算更为复杂，具体表现在活动范围更大、使用的结算工具和程序更多、涉及的政治和法律环境更复杂等。

从宏观角度来看,伴随着国际交往活动的日益频繁和全球经济一体化进程的不断深化,国际间的结算范围和规模也正日益扩大。在这一背景下,国际结算为促进国家间的经贸合作与发展,加强国家间政治文化交流,促进国际金融一体化等都起到了非常重要的作用。同时,开展国际结算活动还可以为参与国引进外资、促进资本输出、积累外汇储备、稳定本币汇率,加强对外支付能力等创造良好的条件。

二、国际结算的分类

随着国际交往的日益增多和国际分工的不断深化,国际间的货币收付规模日益扩大,而引起国际间货币收付的原因也日趋多样化,如商品贸易往来、国际旅游、国际投资、国际劳务输出入、国际工程承包、技术转让、侨民汇款等。归纳起来,根据产生原因的不同,国际结算活动可以划分为国际贸易结算和国际非贸易结算两大类。

1. 国际贸易结算

国际贸易结算(Settlement of International Trade)是指由国际贸易原因而引起的货币收付行为,也称有形贸易(Visible Trade)结算,主要包括因国际商品买卖、国际贸易运输、国际贸易保险等原因引起的支付活动。

2. 国际非贸易结算

国际非贸易结算(Settlement of International Non-trade)是指除了国际贸易活动以外的其他行为所引起的资金调拨或转移,也称无形贸易(Invisible Trade)结算,主要包括因国际捐款、出国留学、出国旅游、劳务输出等原因引起的支付活动。

从历史发展来看,国际贸易结算曾经在相当长的时间内占据着国际结算的主体地位。从上世纪80年代开始,随着国际金融活动的迅速增长,无贸易背景的纯金融交易活动日益频繁,规模也迅速扩张。在国际结算的交易量中,金融交易已雄踞榜首。但是国际贸易结算作为国际贸易活动中不可或缺的重要组成部分,它所使用的结算工具、手段和方式几乎涵盖了国际结算内容的全部,而这一点是国际非贸易结算远远不能相比的。从国际结算学的角度看,国际贸易结算几乎涉及了学科的所有微观研究对象和课题,它理所当然地成为该学科的研究核心和重要基础。

此外,根据结算工具的不同,国际结算活动也可划分为现金结算和非现金结算两大类。

1. 现金结算

现金结算(Cash on Delivery)指双方当事人采用现金方式进行清偿的活动。

2. 非现金结算

非现金结算指双方当事人采用票据或转账方式进行清偿的活动,也称为转账结算。

现金结算是最原始的国际结算方式。在早期的国际贸易活动中,通常是一手交钱,一手交货,钱货两清。但是这种方式存在着明显的弊端,如现金运输的成本大、风险高等。随着国际贸易的不断发展,这种方式逐渐被非现金结算方式所替代,而现代银行业的蓬勃发展也加速了这一替代趋势。如今,国际结算活动绝大部分采用非现金结算方式,而只有少量的金额较小的非贸易结算活动才采用现金结算方式。

第二节 国际结算的产生和发展

一、国际结算的历史发展阶段

追溯国际结算漫长的发展历史,其具体形式随着整个社会政治、经济以及科学技术的发展而不断发生着变化,逐渐形成了在世界范围内通用的各种结算方式和结算工具。

早期的国际结算产生在前资本主义社会,当货币作为一般等价物的形式出现后,最初是采用现金结算的。例如我国从汉代开始,在对中亚及中近东的陆上贸易和对日本及南洋各国的海上贸易中曾长期采用现金支付。但通过输送金银来清偿债务的弊端十分明显,而且还大大制约了国际贸易活动的进一步快速发展。

公元 11 世纪,地中海沿岸的贸易活动发展到了相当的规模,字据和兑换证书等都被用来替代现金作为结算工具,票据雏形已基本形成。公元 15 世纪末,在重商主义思潮的推动下,各国都极力推崇发展对外贸易,这大大推动了现金结算向非现金结算的演变。到公元 16、17 世纪,欧洲大陆已经开始广泛使用以商业汇票为代表的信用工具作为结算的工具。

公元 17 世纪,资本主义经济和贸易的迅速发展推动了近代商业银行的产生。1694 年,为了同高利贷者作斗争以保护新生的资本主义工商业,英国政府决定成立英格兰银行，这标志着现代股份制商业银行正式诞生。此后，西方各资本主义国家纷纷建立起规模巨大的股份制商业银行。由于商业银行资金充裕，信誉卓著，交易双方都愿意通过它来办理结算，且可利用银行进行资金融通，因而现代商业银行日渐发展成为世界各国商人进行结算的核心中介。

此后，随着资本主义社会化大生产规模的不断扩大，国家间的经济交往不断加强，国际贸易的区域和规模不断扩大，交易单据化的概念也得到了普遍认同，国际间的商品买卖逐渐转换为单据买卖，这表明凭货付款的交易形式已经逐渐被凭单付款的交易形式所取代。交易程序的简化再一次大大推动了国际贸易的迅猛发展。到19世纪末20世纪初，凭单付款的结算方式已经趋于完善，银行业确立起了国际结算中心的地位。

随着现代通讯手段和电子计算机技术的飞跃发展，最新的科技成果逐步运用在国际结算上。到20世纪70年代中期，国际结算已经广泛采用了综合电子技术，使国际结算工作逐步实现了电子化和网络化。

二、国际结算发展的特点

国际结算从最初的凭货付款、现金结算发展到如今通过现代银行网络进行的凭单付款、转账结算，可以看到它的每一次演变都是和国际贸易的需求密不可分的。为了更有效地服务于国际贸易活动，目前国际结算领域呈现出如下几方面的特点和发展趋势。

1. 国际结算的融资功能越来越强

就本质而言，传统的国际结算活动属于商业银行的中间业务范畴。银行在办理结算业务的过程中，不涉及资金占用问题。随着银行参与国际结算程度的不断加深，现代商业银行与各国进出口商之间的关系日趋紧密。为了使客户能更顺利、更快捷地完成贸易合约中所约定的义务，同时也为了使银行获得更多的利息和非利息收入，改善银行资产质量，商业银行在办理国际结算时往往会根据不同的客户需求提供各种形式的融资服务。这不仅满足了进出口商的资金需求，也提高了商业银行的利润，可以说是双赢的选择。而且，各家商业银行在提供结算服务时，为了适应市场的快速变化，往往不断推陈出新，其业务范围已从单纯的中间业务拓展至资产业务和表外业务的范畴，这些又大大刺激和推动了国际贸易活动的长期良性健康发展。

2. 国际结算的电子化程度越来越深

由于科学技术的发展，尤其是高科技的电子技术的发展，使得现代结算过程发生了巨大的变化，以前传统的手工操作方式已基本被电脑操作所代替。电子化程度的不断提高可以提升单证制作和处理的速度，节省结算资金的在途时间，提高结算效率，减少利息支出。如体现信息高速公路优势的 EDI(Electronic Data Interchange，电子数据交换)就已经在一些发达国家的外贸交易中广泛使用了。它使得电子单据替代了纸质单据，逐步向交易无纸化方向演进。

3. 国际结算的规则日趋完善

由于每一次国际结算活动涉及的主体(不仅涉及进出口商本身，还涉及相关的银行)处于不同的国家和地区，他们基于不同的经济文化背景、法律法规环境等难免对各自应承担的权责有不同的理解和解释，因而常常会产生争议和纠纷。而另一方面，在长期的国际贸易和国际结算实践中，逐渐形成了一些习惯的做法和通例，并且它们普遍得到了大家的接受和认可。因此，国际商会等机构将这些习惯做法加以整理和归纳，编纂制定出了一系列国际惯例，并根据形势的发展定期对其进行修订，使其更趋合理和科学。

这些惯例主要包括 1992 年公布的《见索即付保函统一规则》(Uniform Rules for Demand Guarantees，简称 URDG458)，2006 年修订的《跟单信用证统一惯例》(Uniform Customs and Practice for Documentary Credit，简称 UCP600)，1995 年修订的《托收统一规则》(Uniform Rules for Collections，简称 URC522)，1998 年颁布的《国际备用信用证惯例》(International Standby Practices，简称 ISP98)，1999 年修订的《国际贸易术语解释通则》(International Rules for the Interpretation of Trade Terms，简称 Incoterms 2000)等。

这些国际惯例并不是法律。它们和法律最大的不同在于法律是由主权国家的权力机构制定并公布的，具有普遍的强制约束力，而国际惯例只有在一定条件下(如法律明确承认或暗示许可时)才具有一定的法律效力。从另一个角度来看，国际惯例是不同国家、不同背景的当事人共同接纳和认可的通则和规定，因此它对其适用范围内的参与主体提供了统一的规范，对它们具有同等的约束力，因而成为超越国界的“公理”。

第三节　银行国际结算网络的构建

国际结算业务是商业银行十分重要的业务类型之一，但是只有具备一定资格的银行才能够开办国际结算业务。如根据我国 1998 年开始施行的《银行外汇业务管理规定》，银行从事外汇业务必须取得国家外汇管理局颁发的经营外汇业务许可证。而且,该规定还对银行的外汇现汇资本金、外汇业务人才和经营设施等方面提出了许多具体的要求。

具备了开展业务资格的商业银行在对外提供国际结算服务时必须采用建立银行境外网络的方式,而这无疑是一项综合性的工程,它要求各家银行根据自身具体情况和实际需要来做出正确的选择。

银行境外网络的构建具体而言可以划分为两个层次:第一层次是建立分支机构,它是境外网络设置的基本构架;第二层次是建立代理行关系,它是境外网络设置的重要补充。商业银行在国际结算业务经营中不仅要依靠自身的境外分支机构拓展业务,还需要与其他的银行建立广泛的代理行关系,这两者是相辅相成、不可分割的。

一、银行境外分支机构的设立

对于一家从事国际结算业务的银行而言,分支机构的建立是其拓展海外市场的基本内容,所以任何银行都不会放弃这样一种方式。从业务控制的角度出发,建立分支机构的方式确实比其他方式更为有效。它基本上能保证服务于本国跨国企业的全部海外业务,也能在一定范围内与东道国当地的企业进行业务往来。但这也存在着一些明显的弊端和限制:如开设分支机构必须的资本金、办公场所和设备购置的支出,东道国在外汇管制、业务范围、人力资源等方面的限制等。

商业银行在境外设立的分支机构主要包括以下几种:

1.代表处

代表处(Representative Office)是商业银行在境外设置的最低层次的分支机构类型,它没有自己的资产和负债,不能经营银行业务,没有独立的法人资格。设立代表处的主要目的在于帮助母行在东道国当地探寻新的业务前景,寻找可能的赢利机会,与东道国当地的政府、银行和企业进行信息交流和沟通,招揽业务等。由此可见,代表处仅仅是母行设置更高类型分支机构的一种过渡性安排。

2.办事处

办事处(Agency Office)是商业银行在境外设置的能够经营非存款银行业务的分支机构类型,它能够从事发放贷款、提供贸易融资、办理票据买卖等业务,但没有独立的法人资格。它的资金主要来源于母行的资金输入或是从东道国当地银行拆借市场进行借贷。

3.分行与支行

分行(Branch)与支行(Sub-branch)是商业银行在境外设置的最主要的营业

性分支机构类型，它们的业务经营范围与母行保持完全一致，可以经营所有的银行业务，但不能经营非银行业务。分、支行也没有独立的法人资格，由母行对其全部经营活动负责。分行与支行在业务经营上非常类似，只是与分行相比，支行规模更小，机构层次更低，而且属分行管辖。

综上可以看出，代表处、办事处、分支行都没有独立的法人资格，所以它们在机构类型上都属于母行在境外的派出性机构，它们与母行之间的业务往来和资金往来属于联行往来范畴。

4. 附属银行

附属银行(Subsidiary Bank)是商业银行在东道国登记注册成立的公司性质的银行机构，具有独立的法人资格，其股权的全部或部分都可以为母行所控制。附属银行以自己的注册资本为限对其债务承担有限责任。其业务活动可以是东道国允许的全部银行业务，也可以是东道国国内银行不能经营的非银行业务。

5. 联营银行

联营银行(Affiliated Bank)也是商业银行在境外设置的间接性营业机构，它与附属银行非常类似，只是联营银行的任何一家外国投资者所拥有的股权都不能超过 50%，其余股权由东道国所有。

6. 银团银行

银团银行(Consortium Bank)是由两个以上不同国籍的跨国银行共同投资组建的公司性质的银行机构，具有独立的法人资格，但其中任何一家投资者所持有的股份不得超过 50%。与附属银行和联营银行相比，银团银行的特点在于：其母行大多为世界著名的跨国银行，其注册地多为一些主要的国际金融中心或离岸金融中心，其业务对象主要是各国的政府和跨国公司，其业务主要是单个银行不敢也没有能力独立承担的成本高、风险大、周期长、技术性强的大型项目。

综上可以看出，附属银行、联营银行和银团银行都具备独立的法人资格，所以它们在机构类型上都属于母行在境外的参与性机构，它们与母行之间的业务往来和资金往来属于代理行往来范畴。

二、代理行关系的建立

在商业银行境外网络的设置中，代理行关系的建立是一种极其重要的补充形式，其优点显而易见：市场进入成本低，风险小，这使商业银行境外代理行数量远远超过了其境外分支机构。代理行关系的建立不仅体现了银行从资金实力和经营风险等方面所作的谨慎考虑，同时也是国际结算业务对国际间银行合作要求的重要体现。

具体而言,代理行关系是指两家不同国籍的银行通过互相委托办理业务而建立的往来关系。这种互相建立了代理行关系的银行则互称为代理行(Correspondent Bank or Correspondents)。代理行关系一般由双方银行的总行直接建立,分支机构不能独立地对外建立代理行关系。一般来说,建立代理行关系要经过以下三个阶段:

1. 资信的调查与评估

这一环节是确认是否有建立代理行关系可能的必经阶段,它也成为保障代理行关系长期稳定的重要前提。一般来说,只有互相确认资信状况良好的银行之间才可能建立代理行关系。资信调查与评估的方法很多,主要包括委托境外分支机构、代理行或资信咨询公司对国外的银行及其分支机构进行调查,也可以参考该银行年报或历年的《银行年鉴》等资料。

2. 签订代理行协议或换函确认

这一环节是建立在通过资信调查与评估已确认可以建立代理行关系的基础上的,而且双方银行应根据资信调查评估的结果磋商协定建立代理行关系的层次。一般来说,代理行关系的层次包括一般代理行关系、账户行关系和议定透支额度关系三种。通过签订代理行协议或是换函确认,双方银行可以明确代理行关系并约定相关事项。代理行协议的具体内容包括代理行关系所涵盖的分支机构名单、代理的业务类型、控制文件的交换、账户关系和头寸调拨方式等。

3. 互换控制文件

这一环节是保障双方银行互相代理业务能够顺利开展的关键所在。控制文件(Control Documents)是双方银行互相委托业务、凭以核对和查验对方银行发来的委办业务的单证、电报或电传等的真实有效性的重要文件。它主要包括印鉴、密押和费率表三个部分。

印鉴的全称是授权签字印鉴样本(Specimen of Authorized Signatures Book),它是代理行之间凭以核对对方银行发来的业务文件和凭证签章真实有效的主要依据。在印鉴上,银行必须明确其使用办法,列明各级授权签字人的签字额度、有权签字范围、有效签字组合方式和签字样本。在具体代办业务时,双方银行必须严格按照对方银行的印鉴规定进行审核。如遇不符,应该立刻与对方银行联系并加以证实后才可以受理业务。双方交换印鉴后,还应常常增补或更新印鉴的内容,以适应银行业务变化或签字人变更的要求。

密押的全称是电报密押(Telegraphic Test Key),它是代理行之间凭以核对对方银行发来的电讯的文件真实有效的主要依据。密押实际上是一串密码组合,其内容主要包括电讯文件拍发日期、业务使用货币种类、业务金额、顺序号等。密押是绝密文件，双方银行往往都派专人将其放置在专用保险柜中进行保管。密押使用一段时间后，双方银行一般都会定期更新以确保其机密性。在具体代办业务时，双方银行必须严格按照对方银行的密押对电讯文件进行审核。如遇不符，应立刻与对方银行联系并加以证实后才可以受理业务。

费率表(Schedule of Terms and Conditions)是代理行之间代办业务计收各项费用标准的收费表。一般来说，本国银行的去委业务，按照对方银行的费率表支付费用；对方银行的来委业务，按照本国银行的费率表收取费用。有时双方银行鉴于彼此良好的业务往来关系和长远的业务发展前景，可以约定免收部分业务的手续费。

三、账户行关系的建立

建立代理行关系，只是解决了资讯联系等问题，却没有解决资金如何实现划拨和转移的问题。只有当商业银行能够利用代理行之间普遍设立的外币账户进行资金调拨时，国际结算要求的国际间银行网络体系才算真正建成。

按照代理行之间的账户设置关系不同，代理行可以划分为账户行和非账户行。

(1)账户行(Depository Bank)指代理行之间单方或是双方在对方银行开立了账户的银行。选择建立账户行主要是基于双方银行业务往来频繁、对方银行资金实力雄厚，支付能力强，处在国际贸易中心或国际金融中心等方面的考虑。

(2)非账户行(Non-depository Bank)指建立了代理行关系但相互之间没有设置账户的银行。一般来说，非账户行关系主要存在于与本国经贸往来业务有限的国家和地区。非账户行之间的资金往来需要通过第三方银行的协助才能够完成。由此可见，账户行必然是代理行，但是代理行不一定是账户行。

按照账户开立形式的不同，账户行建立的形式可以划分为单方开立账户和双方开立账户。

(1)单方开立账户指一方银行在对方银行开立的对方国家货币或第三国货币账户，其特点是单边开户双方共同使用。

(2)双方开立账户指代理行双方互相在对方银行开立对方国家货币账户，其特点是双边开户双方共同使用。

根据账户本身性质的不同，账户可以划分为往户账、来户账和清算账户。

(1)往户账(Nostro Account)指存放国外同业，是本国银行在国外代理行开立的账户，也是本国银行的资产账户。

(2)来户账(Vostro Account)指国外同业存放，是国外代理行在本国银行开立的账户，也是本国银行的负债账户。

(3)清算账户(Clearing Account)指两国政府之间为了办理进出口贸易和其他经济往来所发生的债权债务清算所设立的记账账户，该账户不必使用现汇。

第四节 国际清算系统和通讯系统

支付系统(Payment System)指由提供支付清算服务的中介机构和实现支付指令传送及资金清算的专业技术手段共同组成，用以实现债权债务清偿及资金转移的一种金融安排，有时也称为清算系统(Clearing System)。

支付系统正常而有序地运作必须依靠三个有机联系的组成部分，即支付清算的相关法律法规、提供支付服务的中介机构和实现支付目的的技术手段和工具。安全、高效的支付体系不仅可以保障债权债务关系清偿活动的安全性和高效性，加速社会资金周转速度，而且还有利于一国的中央银行正确制定和实施货币政策。同时它也是一个国家乃至全球经济金融正常运行的重要基础。

国际结算涉及的支付系统不仅包括各国国内的支付体系，还包括各主要结算货币的跨国支付体系。20 世纪下半叶以来，国际银行业充分利用电子通讯技术与计算机网络建立起了电子资金的跨国支付系统，主要包括有 CHIPS、CHAPS 等。这些支付清算系统的构建模式和发展状况既有国家特色，充分体现了各国在支付清算安排中的独立自主性，同时也注重了不同支付清算系统和网络之间的通用性和跨国性，力求通过各种先进的支付清算制度和技术来不断适应国际货币自由兑换和国际金融市场一体化的发展要求。

一、纽约清算所同业银行支付系统

第二次世界大战后，美元日渐发展成为世界性的储备和结算货币，纽约也成为全世界美元的清算中心。因为纽约外汇市场有着其他外汇市场所无法取代的美元清算和划拨功能，该市场的重要地位日益巩固。同时，纽约外汇市场对汇率走势有着重要影响，这使得该市场上汇率的变化备受全球关注。

鉴于纽约地区资金调拨交易量的迅速增加，纽约清算所协会的会员银行于 1966 年建立，1970 年正式创立纽约清算所银行同业支付系统(Clearing House Interbank Payment System，简称 CHIPS)，1975 年成立纽约美元自动清算行，直到 1998 年机构重新设置 CHIP Co 后，才真正完成了作为世界第一大国际货币美元的网络支付清算系统的建立。

CHIPS 是世界上最大的私营支付清算系统。CHIPS 的参加银行,除了利用该系统本身调拨资金外,还可接受银行同业往来的付款指示,通过 CHIPS 将资金拨付给指定银行。在 CHIPS 清算体制下,非参加银行可由参加银行代理清算,参加银行又由会员银行代理清算,层层代理,国际清算网络庞大而又复杂。

由于纽约是世界上最大的金融中心,CHIPS 也就成为世界性的资金调拨系统。现在,世界上 90%以上的外汇交易是通过 CHIPS 完成的。为了最大限度地提高各国金融机构美元支付清算资金的流动性,该系统采用了多边和双边净额轧差机制实现支付指令的实时清算,实现了实时全额清算系统和多边净额结算系统的有效整合。

二、伦敦清算所自动支付系统

伦敦清算所自动支付系统(Clearing House Automated Payment System,简称 CHAPS)主要进行英镑清算支付。它建立于 1984 年,由英国的 11 家清算银行加上英格兰银行集中进行票据交换,其他银行通过与其往来的交换银行交换票据。非交换银行在交换银行开立账户,以便划拨差额。交换银行间进行交换的最后差额通过在英格兰银行的账户划拨。从 1999 年 1 月起,在运行原有英镑清算系统的同时,新 CHAPS 系统开始运行欧元清算系统。新 CHAPS 系统由 CHAPS 有限公司运营,是全国大额支付也是实时全额结算系统。它由 CHAPS 英镑系统和与 TARGET 连接的 CHAPS 欧元系统组成,两者共享同一平台。

伦敦外汇市场交易货币品种众多,其中交易规模最大的为英镑兑美元的交易。其交易时间为北京时间 17:00 到次日 1:00。由于伦敦地处世界时区的中心,在一天的营业时间里与世界其他重要外汇市场都能衔接,所以它成为外汇交易者安排外汇交易的最佳市场。

三、欧洲间实时全额自动清算系统

1995 年 5 月,位于德国法兰克福的欧洲中央银行宣布拟建立一个跨国界的欧洲间实时全额自动清算系统(Trans-European Automated Real Time Gross Settlement Express Transfer System,简称 TARGET),1999 年 1 月 1 日正式启动。目前,它已经成为最重要的欧元跨国支付清算系统。

TARGET 系统由 12 个欧元区国家和 4 个欧盟国家的实时金额支付清算系统 RTGS 和 ECB 支付机制构成,通过 Interlinking 公共网络相互连接,可以处理欧盟国家间所有的欧元贷记转账业务,而且还能够为成员与 EUR01 系统、

CLS 系统之间的欧元支付提供最终结算。因此，TARGET 系统实际上成了欧元区统一支付清算的核心系统。

四、环球银行金融电讯协会

20 世纪 60 年代末 70 年代初，欧洲的银行界就已经开始酝酿建立一个国际化的通信系统以提供国际间金融数据及其他信息的快速传递服务，并对通用的国际金融电文交换处理程序进行了可行性研究，以适应国际银行业之间经济活动日益频繁的需求。该系统建立的目标是能正确、安全、低成本和快速地传递标准的国际资金调拨信息。

1973 年 5 月，由欧洲和北美洲 15 个国家的 239 个大银行发起成立了 SWIFT 组织，并于 1977 年 5 月完成了该系统的各项建设和开发工作并正式启用。SWIFT 是环球同业银行金融电讯协会(Society for Worldwide Interbank Financial Telecommunication)的英文缩写，它是为了解决各国金融通讯不能适应国际间支付清算的快速增长而设立的非营利性组织，总部设在比利时的布鲁塞尔。

目前，全世界已有超过 200 个国家的 7000 多家银行在使用 SWIFT 协议。SWIFT 分配给每个成员行的份额是由该成员行实际使用 SWIFT 网的通信量来决定的。占系统总交易量 1.5%以上的国家或国家集团才有资格被任命为董事会成员。每个成员行在参加 SWIFT 时，需要一次性支付参加费、安装费，支付用于购买接口设备的费用；支付的培训费则由各家银行采用的实现手段而定。

中国是 SWIFT 会员国。1983 年 2 月，中国银行作为外汇外贸专业银行加入 SWIFT，成为中国第一家会员银行，是 SWIFT 组织的第 1034 家成员行。1985 年 5 月，中国银行正式开通 SWIFT。此后中国工商银行、中国农业银行、中国建设银行等也陆续加入该组织。20 世纪 90 年代开始，中国所有可以办理国际金融业务的国有商业银行、外汇和侨资银行以及地方银行纷纷加入 SWIFT，发报量迅速增长。目前，很多银行建立了 SWIFT 网络，使其分行也可以使用 SWIFT，同时各应用系统与 SWIFT 有应用接口。

SWIFT 的设计能力是每天传输 1100 万条电文，而当前每日传送 500 万条电文，这些电文划拨的资金以万亿美元计，它依靠的便是其提供的 240 种以上电文标准。SWIFT 的电文标准格式已经成为国际银行间数据交换的标准语言。自投入运行以来，SWIFT 便以其高效、可靠、低廉和完善的服务，在促进世界贸易的发展、加速全球范围内的货币流通和国际金融结算、促进国际金融业务的现代化和规范化方面发挥了积极的作用。

【重要名词】

国际结算；国际贸易结算；国际非贸易结算；现金结算；非现金结算；代表处；办事处；分行；支行；附属银行；联营银行；银团银行；联行；代理行；控制文件；账户行；非账户行；支付系统；CHIPS；CHAPS；TARGET；SWIFT

【复习思考题】

1. 国际结算的主要内容是什么？它是如何产生的？
2. 商业银行的海外网络是如何构建的？包括哪些具体的机构形式？
3. 银行间的代理行关系建立的主要步骤有哪些？
4. 国际上主要的支付系统有哪些？各有什么特点？

第二章 票 据

第一节 票据概述

当今国际结算主要使用非现金结算，即使用代替现金作为流通手段和支付手段的信用工具和支付工具——票据来结算国际间的债权债务。本章主要介绍国际结算中的金融票据：汇票(Bill of Exchange；Draft)、本票(Promissory Note)和支票(Cheque；Check)。

一、概 念

票据有广义和狭义之分，从广义上讲，票据可以指所有商业上作为权利凭证的各种单据(Documents of Title)和金融票据(Financial Documents)；从狭义上讲，票据指金融票据，是指出票人委托他人或自己承诺在特定时期向指定人或持票人无条件支付一定款项的书面凭证，是以支付金钱为目的的特定证券。本章所讲述的是指票据法所规定的汇票、本票和支票。

二、票据的分类

因各国关于票据立法的分歧，其分类也不完全相同。

1.法律上的分类

票据在法律上的分类因各国的立法不同而有所差别。依 1882 年英国票据法的规定，票据可分为汇票、本票和支票三种。中国票据法也将票据分为汇票、本票和支票三种。尽管存在各国立法上的差异，一般认为票据应分为汇票、本票和支票三种。

2.学理上的分类

依出票人是否直接对票据付款，票据分为自付票据和委托票据。自付票据是指出票人同时又是付款人，必须对其出具的票据无条件地付款的票据，如本票;委托票据是指出票人自己不充当付款人,而是在票据上记载他人为付款人的票据,如汇票、支票。在国际贸易中,卖方通常出具汇票要求买方或银行付款。在委托票据中,通常有三个基本当事人:出票人、收款人和付款人。只有当出票人委托的付款人拒付时,出票人才对票据负责,即持票人在票据到期日应当首先要求付款人付款。在自付票据中,只有两个基本当事人:出票人和收款人。出票人必须首先是对票据负责,即持票人应当直接请求出票人付款。

3.依信用分类

依票据的信用,票据分为支付票据和信用票据。支付票据是指以金融机构为付款人,在见票时无条件付款的票据,如支票;信用票据是指票据的持票人在票据到期日之前,信赖出票人的信用而接受的票据,如汇票和本票。支付票据的到期日只有一种,即见票即付,持票人可随时请求银行付款。信用票据的到期日既可为即期,也可以为远期到期,持票人必须在到期日后才可请求付款,这种票据的使用不受有无资金的限制,即签发远期票据时,可以无资金。

4.依记载分类

依据票据权利人的记载方式,票据分为记名票据、无记名票据和指示票据。记名票据是指在票据上明确记载特定的人为权利人的票据。无记名票据是指票据上不载明权利人的名称,而只记载“持票人”或“来人”为权利人的票据;指示票据是指在票据上载明“特定人或其指定的人”权利人的票据。记名票据的出票人可以在票据上注明“不得转让”字样,从而限制票据的流转,无记名票据依直接交付即可转让,指示票据必须依背书和交付转让方可转让,无记名票据出票人不得注明“不得转让”。

三、票据的基本性质

1.票据的设权性

票据的设权性即票据与其代表的权利不可分,是指持票人的票据权利随票据的设立而产生,离开了票据,就不能证明其票据权利。票据开立的目的主要不在于证明已经存在的权利与义务关系,而是设定票据上的权利与义务关系。票据上的权利在票据作成之前并不存在,但在票据作成同时其权利也被确立。也就是讲,票据权利的产生必须作成票据,权利的转移要交付票据或提示票据。这里的票据权利是指付款请求权、追索权及转让票据权。

2.票据的要式性

票据的要式性指票据的形式必须符合法律规定,票据上的必要记载项目必须齐全且符合规定。各国法律对票据必须具备的形式和内容都作了详细的规定,各当事人必须严格遵守而不能随意更改。只有形式和内容都符合法律规定的票据,才是合格的票据,才会受到法律的保护,持票人的票据权利才会受到保障。

此外,票据的要式性还体现在所有的票据行为也必须符合法律规定。如出票、背书、提示和追索等票据行为都必须合法,这样才能把票据纠纷减少到最低程度,从而保障票据的顺利流通。

3. 票据的无因性

票据的无因性是指持票人行使票据权利时,无需证明其取得票据的原因。只要票据合格,就享有票据权利。票据上权利的发生,当然是有原因的。付款人代出票人付款不是没有缘故的,他们之间一般存在资金关系,要么是付款人处有出票人存款,要么是付款人处有出票人的款项。他们之间通常存在对价关系,即出票人对收款人肯定负有债务,可能是购买了货物,也可能是以前的欠款。这些原因是票据当事人的权利义务的基础,因此叫票据原因。

票据的无因性并非否认这种关系,而是指票据一旦形成,票据上的权利即与其原因关系相分离,成为独立的票据债权债务关系,不再受先前的原因关系存在与否的影响。如果收款人将票据转让他们,对于票据的受让方,他无需调查票据原因。只要是合格票据,他就能享有票据权利。票据的无因性使票据得以流通。

4. 票据的流通性

流通转让是票据的基本特性。各国票据法都规定票据仅凭交付或经适当背书后交付给受让人即合法完成转让手续,不需要通知票据债务人。

其次,票据的受让人获得票据的全部法律权利,可以用自己的名义提起诉讼。善意并付对价的受让人可以获得票据载明全部金额的付款请求权和追索权。如果不能实现票据权利,可以以自己的名义起诉票据债务人。

再次,善意并付对价的受让人的权利不因前手票据权利的缺陷而受影响。票据的流通转让性保护受让人的权利,受让人甚至可以得到让与人没有的权利。只有这样保证了受让人完整的票据权利,票据的流通性才能得到保障。

5. 票据的返还性

票据的返还性指票据的持票人领到支付的票款时,应将票据交付款人。由于票据的返还性,因此票据不能无限期地流通,而在到期日付款后结束其流通。

6. 票据的可追索性

票据的可追索性指票据的付款人或承兑人如果对合格票据拒绝承兑或拒绝付款,正当持票人为维护其票据权利有权通过法定程序向所有票据债务人追索,要求得到票据权利。

四、票据的作用

1. 结算的作用

当代国际结算中,票据就是一种能起到货币的支付功能和结算作用的支付工具。通过票据这一支付工具可以结清国际间当事人之间的债权债务关系。

2. 信用作用

票据并非商品,其没有内在价值。但它是建立在信用基础上的书面支付凭证。出票人在票据上立下书面的支付信用保证,付款人或承兑人允诺按照票面规定履行付款义务,因而票据是一种相当好的信用保障凭证。若持票人需要资金,还可以把持有的未到期的票据以背书转让的方式换取现金,称为贴现。贴现时,持票人利用承兑人和出票人的信用作保证,再加上自己的信用从而得到资金融通。

3. 流通作用

票据可以仅凭交付或适当背书后即可转让,受让人背书后还可以转让,而且背书的次数越多,该票据的付款担保性就越强。票据的流动性,大大减少了现金的使用,降低了流通费用,方便了债权的自由转让,扩大了流通领域。

4. 抵消债务的作用

国际间的货币收付可以用票据来轧抵,以冲销国际间的债权债务。国际间的几个当事人之间的交易,如果金额相等,有时就可以通过开立汇票来抵消相互之间的债权债务。有时几笔交易的债权债务仅用一张票据就可以抵消,这种便利促进了国际间的经贸交易。

五、票据法

票据法是对规定票据的种类、形式、内容和有关当事人的权利、义务等法律规范的总称。其规定多为强制性规则,有关当事人不得任意变更和排除。19 世纪末,欧洲各国相继对票据立法。其后逐渐形成两大法系,即以《英国票据法》(1882 年)为基础的英美法系和以《日内瓦统一法》(1930 年)为代表的大陆法系。

1. 英美法系

英国于 1882 年颁布施行《票据法》(Bill of Exchange Act),规定了汇票本票的票据法规,并将支票也包括在汇票之内。到 1957 年,另定支票法 8 条。以英国 1882 年《票据法》为代表的英美法系的特点是强调票据的流通作用和信用功能,保护正当持票人的利益。其具体表现是把票据关系与基础关系严格区别开来,即不问对价关系或资金关系如何,凡善意的票据受让人均受法律保护。

2. 日内瓦统一法

1930 年，法国、德国、瑞士、意大利、日本，加上一些拉美国家等二十多个国家在日内瓦召开国际票据统一会议，签订了《日内瓦统一汇票、本票法》(Uniform Law on Bills of Exchange and Promissory Notes，1930)。次年，又签订《日内瓦统一支票法》(Uniform Law on Cheques，1931)。这两法合称《日内瓦统一法》。《日内瓦统一法》的签订，逐步消除了欧洲大陆各国在票据法上的分歧。因《日内瓦公约》的参加国大部分为欧洲大陆国家，故人们习惯称其为大陆法系。但由于英美等国拒绝参加日内瓦公约，从而了出现了大陆法系与英美法系并存的局面。

3. 中华人民共和国票据法

1995 年 5 月 10 日，第八届全国人民代表大会常务委员会第十三次会议通过了《中华人民共和国票据法》，于 1996 年 1 月 1 日起实施。2004 年 8 月 28 日，第十届全国人民代表大会常务委员会第十一次会议通过了《关于修改〈中华人民共和国票据法〉的决定》。我国票据法关于涉外票据作如下决定：涉外票据是指出票、背书、承兑、保证、付款等行为中，既有发生在中华人民共和国境内又有发生在中华人民共和国境外的票据。

中华人民共和国缔结或者参加的国际条约同本法有不同规定的，适用国际条约的规定。但是，中华人民共和国声明保留的条款除外。我国票据法和中华人民共和国缔结或参加的国际条约没有规定的，可以适用国际惯例。

票据债务人的民事行为能力，适用其本国法律。票据债务人的民事行为能力，依照其本国法律为无民事行为能力或为限制民事行为能力、而依照行为地法律为完全民事行为能力的，适用于行为地法律。

汇票、本票出票时的记载事项，适用出票地法律。支票出票时记载事项，适用出票地法律，经当事人协议，也可以适用付款地法律。

票据的背书、承兑、付款和保证行为，适用行为地法律。

票据追索权的行使期限，适用出票地法律。

票据的提示期限，有关拒绝证明的方式，出具拒绝证明的期限，适用付款地法律。

票据丧失时，失票人请求保全票据权利的程序，适用付款地法律。

第二节 汇 票

用于国际结算的票据包括汇票、本票和支票，汇票使用最广泛。因此，下面对汇票作详细介绍。

一、汇票的概念

汇票(Draft)是由一人向另一人签发的书面无条件支付命令，要求接受支付命令的人即期或定期或可以在确定的将来时间，向某人或指定人或持票人支付一定金额。

《英国票据法》对汇票下的定义是："A bill of exchange is an unconditional order in writing, addressed by one person to another, signed by the person giving it, requiring the person to whom it is addressed to pay on demand or at a fixed or determinable future time a sum certain in money to or to the order of a specified person or to bearer."

我国票据法中汇票的定义是："汇票是出票人签发的，委托付款人在见票时或者在指定日期无条件支付确定金额给收款人或持票人的票据。"

二、汇票的必要项目

票据是流通证券，票据当事人的权利和责任都以票据文义为准，因此，票据的文义必须明确。各国票据法对于票据的各个项目应如何记载都有详细规定。汇票要式中所包括的必要项目即是汇票的形式要项。汇票的成立和有效与否是以这些项目的齐全和符合票据法的规定为前提的。

根据《日内瓦统一法》的规定，汇票必须包含以下内容：

1. 标明"汇票"字样

主要是为了区别汇票与本票。

2. 无条件支付命令(Unconditional order)

所谓无条件支付命令是指支付不受限制，不附带任何条件。但如果汇票上注明出票条款，对价文句和偿付方式，不能作为有条件支付论处，如：

出票条款：凭××银行×月×日第×号信用证开立

对价文句：汇票的开发是有对价的。

再如,汇票的开发是由于出运了××。

所谓对价,是指凡能构成契约行为者,如货币、商品或服务交易等,都属于有价值的对价。

偿付方式:付××1000 美元后借记我账。

3. 出票人签字(Signed by the person giving it)

汇票必须由"发出命令者"签署,此处"发出命令者"是指广义上的定义。它既可以是出票人本人的签名,也可以是出票人代理或授权的签名。

汇票无签名,或汇票签名伪造,或签名人未得到出票人授权擅自签名的汇票,都是无效的。

4. 付款人姓名、地点(The person to whom it is addressed)

汇票的付款人,必须相当的肯定。它是指:

(1)汇票上付款人的姓名、地点必须书写清楚,以便持票人向他提示承兑或提示付款。

(2)汇票人可以有多人,且多人之间关系必须是并列的、非有所侧重或有选择的。如汇票上付款人为 A、B 则是可以接受的。如汇票上付款人为 A 或 B 则是不能接受的。

5. 付款期限(On demand, or at a fixed or determinable future time)

汇票付款期限,可分为即期和远期两种,远期又可分为固定远期和可推算远期。可推算远期又可分为"见票后若干天付款"和"出票后若干付款"。

6. 一定金额的货币(A sum certain in money)

"一定金额的货币"有两层含义。其一,汇票必须以货币形式而不是以货物形式表现出来。这是因为汇票是资金单据而不是货物凭证。其二,汇票金额必须确定,不能含糊不清。如果汇票上载有利息或折成其他货币付款的文句,只要利息条款有明确的利率、计息起讫日期,折成其他货币付款文句有确定的汇价折算比率,此类汇票仍可视为一定金额的汇票,因而可以接受。

汇票上金额须用文字大写(amount in words)和数字小写(amount in figures)分别表明。如果大小写金额不符,则以大写为准。

7. 收款人姓名(A specified person or bearer)

汇票收款人既可以是确定的某一人(记名式),也可以是确定的某人的指示人(指示式),还可以是任何来人(来人式)。

8. 出票日期与出票地点

出票日期,告诉汇票是否在有效期内流通。如在"出票后若干天付款"的汇票的情况下,出票日期可帮助推算出汇票的到期日。

出票地点是仲裁汇票案件的依据，因为通常出票的规定须按照出票地法律。

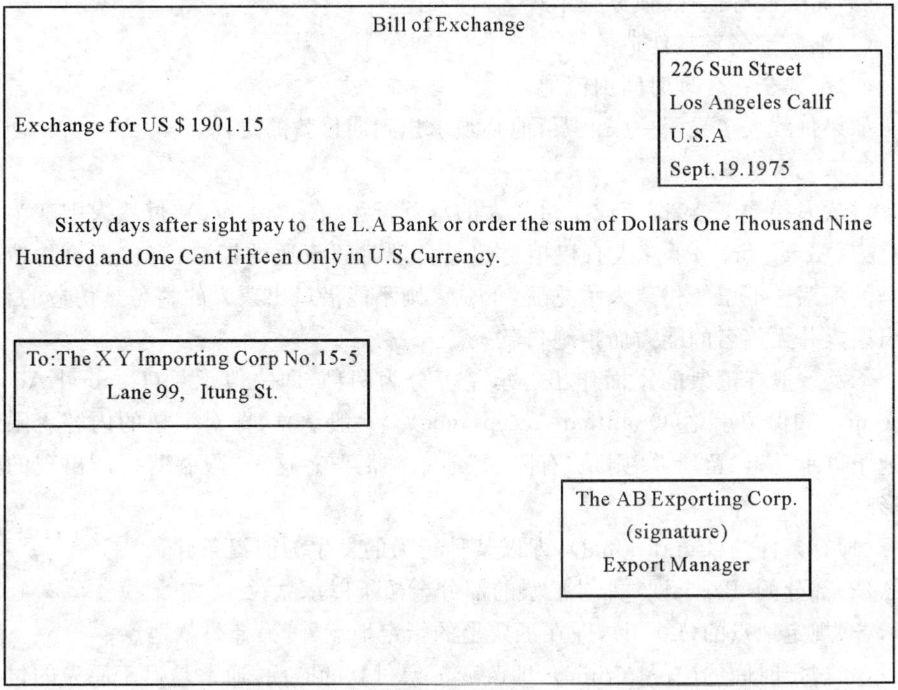

Bill of Exchange

226 Sun Street
Los Angeles Callf
U.S.A
Sept.19.1975

Exchange for US $ 1901.15

Sixty days after sight pay to the L.A Bank or order the sum of Dollars One Thousand Nine Hundred and One Cent Fifteen Only in U.S.Currency.

To:The X Y Importing Corp No.15-5
Lane 99, Itung St.

The AB Exporting Corp.
(signature)
Export Manager

图 2.1 汇票

三、汇票的当事人及其票据行为

汇票的基本当事人有三个：出票人、收款人与付款人。经过一系列的票据行为，诸如背书、承兑后，又可引申出背书人、被背书人、承兑人、持票人等。

1. 出票人及其行为

出票人(Drawer)，一般是指进出口贸易中的出口方，他是命令付款人付款并在汇票上签名的人，他在开出汇票后进行交付(Delivery)，则完成出票(Issue)的票据行为。出票人是收款人的债务人(Debtor)，付款人的债权人(Creditor)。承兑前，他是汇票的主债务人。承兑后，出票人是次债务人。在汇票遭受拒付的情况下，出票人有向付款人、承兑人追索的权力，也应尽被其追索的义务。

2. 付款人及其行为

付款人(Drawee)，一般是指进出口贸易中的进口方。付款人有权根据自己判断，接受或拒绝汇票，付款人在下列五种情况下，可拒绝出票人开具的汇票：

(1)事先没有商定开票的付款方法；

(2)事先没有谈妥容许透支金额及付票款办法；

(3)完全没有债权、债务关系；

(4)汇票签名者是伪造的；

(5)汇票未在合理时间内流通。

如果付款人接受了一张汇票，他必须承担到期付款的责任。

3.承兑人及其行为

付款人接受汇票，即完成了付款人的承兑行为(Acceptance)，付款人则变为承兑人(Acceptor)。承兑人有权拒付超过合理时间流通的汇票，有权拒付伪造背书的汇票。汇票经付款人承兑后，承兑人则不能借口出票人的签名是伪造的，或出票人并无签名的能力而拒绝付款。

承兑一般在汇票的正面作出。承兑可分为两种，即一般承兑(General Acceptance)和保留承兑(Qualified Acceptance)。一般承兑，即对汇票的内容无限制地予以承兑；保留承兑，则是"有限制"地承兑汇票。这种"限制"，可能出现的情形有：

(1)有条件的(Conditional)，即以某种行为的发生为前提条件；

(2)部分的(Partial)，即对汇票的部分金额予以承兑；

(3)规定地点的(Local)，即在汇票上的指定地点外，另择付款地点；

(4)规定时间的(As to time)，即改变汇票付款的时间，通常是迟于原先的付款日期；

(5)部分付款人承兑(Not accepted by all the drawee's)，即承兑并非由付款人全体作出。

汇票的付款是无条件的，按理承兑也是无条件的；对于保留承兑，汇票的持票人有权拒绝接受。不是所有的汇票都要求承兑，在以下四种情况下，汇票一定要承兑：

(1)见票后若干天付款的汇票；

(2)明确规定必须提示承兑的汇票；

(3)所开汇票在受票人所在地以外的地方支付；

(4)远期汇票若需转让时。

承兑是一种比较重要的票据行为，因为承兑意味着：

(1)持票人的权利得到保障。由于汇票的出票人与付款人各居一方，付款人是否接受出票人的委托按时付款，出票人事先不知道，持票人也无法预知。故必须经过承兑这一手续，付款人的支付义务才能确定，持票人的权利才能得到保障。

(2)付款日期得到明确。接受定期付款的汇票(Payable at ×× days sight)后,其汇票必须有承兑日才能计算到期日,所以,承兑非常重要。

(3)付款地点得到确定。如出票人并未记载付款人的地点,则付款地点必须由付款人在承兑时确定,使持票人有所依据,减轻出票人或背书人的责任。

4.持票人及其行为

持票人(Holder)指任何一个持有汇票的人。根据获取汇票情形的不同,持票人可分为一般持票人、付对价持票人、正当持票人。付对价持票人指持票者本人或前手持票人因付出对价而取得汇票。正当持票人指在汇票流通的合理时间内,在付给对价的情况下,成为一张表面合格、完整、无任何所有权缺陷的汇票的持有人。

正当持票人,首先应该是一般持票人,其次应是付对价持票人。鉴于正当持票人比一般持票人、付对价持票人尽更多的义务,因而,应该享有更大的权利,即正当持票人的权利优于前手(前手指转让汇票的人,以及以前持有汇票的人)。正当持票人的权利,可不受汇票当事人之间债务纠葛的影响。

任何一个持票人,不论是一般持票人、付对价持票人,还是正当持票人,都有权决定由本人或他人收取票款。若本人对付款作出提示,他是成为汇票的收款人。若本人以他人作为汇票的收款人,则可经过交付(在来人汇票的情况下),或背书交付转让(在指示式或记名式汇票的情况下)的票据行为转让给他人,此时,持票人成为背书人。

5.背书人及其行为

背书(Endorsement),是指转让意志的表示。由背书人在汇票背面签署。背书人(Endorsor)一经背书,即为汇票的债务人,要负责汇票金额的支付。若汇票的主债务人——承兑人、付款人不能按期支付款项时,后手可向背书人行使追索权,要求清偿汇票上所载金额。因此,背书人也称为第二债务人。汇票的流通,除来人式外,都必须加以背书。背书有以下两种作用:

(1)背书等于背书人对汇票应负法律上的责任。受让人可因背书人的背书对他行使追索权,以增加汇票持有人的安全性。

(2)因背书而证明背书人对该汇票有确实的所有权。

汇票的背书可以多次,第一次背书的人是第一背书人。接受第一次背书的人是第一被背书人。若第一被背书人继续背书,他成为第二背书人,他的后手成为第二被背书人,以此类推。

常见的背书方法主要有:

(1)记名式背书(Special Endorsement),即汇票背书给某一特定人或特定人的指示人。

(2)空白背书(Blank Endorsement),指背书人只在汇票背后签名,而不注明付给某人。

(3)不担保背书(Qualified Endorsement),指背书人不得向其行使追索权的背书。

(4)限制背书(Restrictive Endorsement),指禁止汇票继续转让或仅表明汇票授权的背书。此类背书有两种情形:

1)禁止转让背书(Non-negotiable Endorsement),它是阻止汇票继续转让的背书。

2)委托代收背书(Agency Endorsement),它是授权被背书人代理背书人行使汇票的权利。

6.收款人及其行为

收款人(Payee)是收取汇票款项的人,他一般是汇票的主债权人,在履行了一切义务后有权向付款人要求付款并取得票款。汇票遭到拒绝承兑(Dishonor by non-acceptance),拒绝付款(Dishonor by non-payment)或付款人避而不见,或死亡,或宣告破产,以致事实上不付款时,如果有非汇票债务人,在得到收款人同意的情况下参加承兑(Acceptance for honor)或参加付款(Payment for honor)这张汇票,收款人即可向参加承兑人(Acceptor for honor)或参加付款人(Payer for honor)提出付还票款的要求。若汇票在合理的时间内提示遭拒付,没有任何第三者愿意参加承兑或参加付款,则收款人应将退票事实及时通知前手直到出票人,并在退票通知后,立即请公证人作出拒绝证书,以保留和行使追索权(Right of recourse)。追索权指当汇票遭拒付时,持票人对前手(出票人、承兑人、背书人以及其他债务人)有请求偿还汇票金额及费用的权利。

7.参加承兑人、参加付款人及其行为

参加承兑是当汇票遭到拒绝承兑而退票时,非汇票债务人在得到持票人的同意下,参加承兑已遭拒绝承兑的汇票(Accept the bill supra protest)的一种附属票据行为。其目的是为了防止追索权的行使,维护出票人和背书人的信誉。参加承兑行为的人称为参加承兑人(Acceptor for honor)。参加承兑人应在汇票上面记载参加承兑的意旨、被参加承兑人姓名、参加承兑日期并签字。参加承兑的记载形式如下:

Accepted for honor

Of ____________

On ____________

Signed On ____________

参加承兑人作参加承兑后，并不是像承兑人那样成为汇票的主债务人。持票人在到期日仍应先向付款人或预备付款人作出提示，若拒付须在作成拒绝证书后才能向参加承兑人请求付款。对于持票人来说，要求参加承兑人付款与向他直接进行追索效果几乎一样。并且参加承兑人只对持票人及被参加承兑人的后手负责，参加承兑人付款后票据并不注销，他可向被参加承兑人的前手追索，因此参加承兑的实际效果，只是推迟追索的行使。《日内瓦统一法》规定，参加承兑人必须在参加承兑后的两个营业日内通知被参加承兑人，不然被参加的损失应由他偿还。

在因拒绝付款而退票并已作成拒绝付款证书的情况下，非票据债务人可以参加支付汇票票款。参加付款者出具书面声明，表明愿意参加付款和被参加付款人的名称，并由公证人证明后，即成为参加付款人。参加付款与参加承兑的作用相同，两者都是为了防止持票人行使追索权，维护持票人、背书人的信誉，而且两者都可指定任意债务人作为被参加人。所不同的是参加付款人无须征得持票人同意，任何人都可以作为参加付款人，而参加承兑人须经持票人的同意。参加付款是在汇票拒绝付款时为之，而参加承兑则是在汇票拒绝承兑时为之。

参加付款后，参加付款人对于承兑人、被参加付款人及其前手取得持票人的权利，有向其请求偿还权。被参加付款人之后手，因参加付款而免除票据责任。《日内瓦统一法》和《英国票据法》均规定：在两人或两人以上竞相参加付款时，能免除最多债务人都有优先权。如：出票人 A 交付一张汇票给收款人 B，后者背书后将汇票转让给 C，再由 C、D、E、F 背书转让至 G，由 G 向付款人 H 作付款提示，在 H 拒付时，L、M、N 三人同时请求作参加付款，L、M、N 分别以 H、D、A 为被参与付款人。若由 L 付款，因 H 无后手，所以不能免除任何人的债务；若 M 付款，可免除 D 的后手 E、F、G、H 的债务，而 N 付款则因被参加人是出票人，所有背书人都是他的后手，因此由 N 付款可免除的债务人最多，N 有参加优先权。

根据《日内瓦统一法》，参加付款人必须在两个营业日内将参加付款事实通知被参加付款人，否则须赔偿其损失。

8. 保证人及其行为

为了便于票据的流通性，增强票据的可接受性，出现了对票据作保证的现象。保证是非票据债务人对于出票、背书、承兑，参加承兑行为所发生的债务予以保证的附属票据行为。保证可作在汇票上，也可作在粘单上。作保证时，保证人须以“保证”(Guarantee)字样明确地表示他的意图，注明被保证人并且签字；如果保证时未记载被保证人，那么就以出票人作为被保证人。通常保证人签字后还加上日期。保证形式如下：

We guarantee payment

Signed by ____________

Dated on ____________

此外票据正面除出票人、付款人、承兑人以外的签字，都被认为是一种保证的记载。单纯签字作为略式的保证。

汇票是以第三者作为保证人(Guarantor)，出票人、背书人、承兑人、参加承兑人，均可作为被保证人(The person guaranteed)。保证人与被保证人所负的责任完全相同，如为承兑人保证时，应负付款之责。如为出票人、背书人保证时，应负担保承兑及担保付款之责。在票据记载合格时，即使被保证人的债务因手续不齐而无效，保证人仍要对票据债务负责。保证人可以只对汇票金额的一部分作保证。保证人付款后，可向承兑人、被保证人及其前手追索。

由于保证人与被保证人同责，票据被保证以后，票据债务的担保人就增加了，尤其是当票据由资力雄厚、信誉良好者担保后，更增强了票据的可接受性。

《日内瓦统一法》允许“保证”票据，但《英国票据法》并没有“保证”。《英国票据法》有“融通”制度(Accommodation)。如果一张汇票载有以没有取得对价者作为票据债务人的签字，那么这样的票据就是融通票据，该没有取得对价者就称为融通人(Accommodation Party)。融通人一旦在汇票上签字，他就要对对手负责，对一切善意持票人都有责任。但是融通人对被融通人却没有责任，因为他没有收过被融通人的对价。“融通”与“保证”一样，是被融通人借他人名义以提高票据信用的做法。因此融通常被用作“筹资”、“融资”的手段。

9. 贴现人及其行为

汇票若未到期，收款人有取款的要求，则可通过贴现(Discount)行为，提前取得票款。

银行在付款时，预先扣除利息，即贴息。因此，一张票据经贴现后的取得的票款是扣除贴息后的净值。

净值＝本金－本金×贴现时间×贴现率

＝本金×(1－贴现时间×贴现率)

当然并不是所有票据都能得到贴现。一张汇票能否贴现，以及能否有优惠的贴现率，既取决于贴现申请人和贴现执行人(银行)的关系，又取决于代表汇票身价的出票人和承兑人的资信和汇票的开立依据两方面的因素。

贴现时发生的费用有承兑费、印花税和贴现息三种。

 (1) 承兑费(Acceptance Commission)

伦敦银行对于远期汇票的承兑费,按承兑期每月1%算收,最少收2%,即最少按60天承兑期收费。远期付款交易的承兑费一般由买方负担。但卖方开出远期汇票要求承兑公司承兑后,然后请贴现公司贴现时,承兑费因与买卖交易无关则由卖方负担。

(2) 印花税(Stamp Duty)

英国对于3个月的远期国内汇票按2%、6个月的远期国内汇票按4%贴印花。外国汇票按国内汇票一半贴印花。印花税由卖方负担。

(3) 贴现息(Discount)

伦敦贴现市场的贴现率是由伦敦贴现市场公告(The London Discount Market Association)决定,按年率计算。汇票出票人和承兑人的信誉好,贴现率就低;反之,贴现率就高。

汇票有时还会有重贴现(Re-discount)出现。汇票的贴现人售出他所贴进的汇票,称为重贴现。英国规定汇票重贴现的条件是:汇票上必须带有两个英国头等银行的名号。一个是汇票的付款人,也就是汇票承兑后的承兑人,必须是英国的银行;另一个是贴现公司,也必须是英国的。因为贴现公司系银行性质,汇票贴进后,贴现公司如果拟出售,则须在汇票上背书,因此汇票上有了第二个英国银行的名号。只有银行承兑汇票才具备重贴现条件,商业承兑汇票不具备重贴现条件。只有中央银行才能做重贴现业务。

由此可知,贴现人即指贴现的执行人,他在资金运用上有较大的灵活性。当商人以未到期票据向他兑换现款时,他能根据出票条款、出票人、承兑人资信以及他们与自己的关系决定贴与不贴。如果贴现,则自行决定贴现率。当贴现人手头资金较紧张时,他又可将贴入的票据再贴现。

通过以上讨论,我们可归纳出汇票的当事人有出票人、付款人、承兑人、收款人、持票人、背书人、被背书人、参加承兑人、参加付款人、保证人、贴现人。汇票的行为有出票、交付、承兑、参加承兑、付款、参加付款、贴现、背书、提示、退票、发出退票通知、作出拒绝证书、追索和保证。

四、汇票的种类

1. 按出票人的不同分为银行汇票和商业汇票

银行汇票(Banker's Draft)指出票人和付款人均为银行的汇票。

商业汇票(Commercial Draft)指出票人为企业法人、公司或个人,付款人为其他企业法人、个人或银行的汇票。

2. 按有无附属单据分为光票汇票和跟单汇票

光票汇票(Clean Bill)本身不附带货运单据。银行汇票多为光票。

跟单汇票(Documentary Bill)又称信用汇票,是需要附带提单、仓单、保险单、装箱单或商业发票等单据,才能进行付款的汇票。商业汇票多为跟单汇票,在国际贸易中经常使用。

3. 按付款时间分为即期汇票和远期汇票

即期汇票(Sight Bill;Demand Bill)指持票人向付款人提示后对方即付款,又称见票即付汇票。

远期汇票(Time Bill)是在出票一定期限后或特定日期付款。其中注明一定的日期为到期日,于到期日付款的为定期汇票,记载于出票日后一定期间付款的为计期汇票;记载于见票后一定期间付款的为注期汇票;将票面金额划分为几份,并分别指定到期日的,为分期付款汇票。

4. 按承兑人分为商业承兑汇票和银行承兑汇票

商业承兑汇票(Commercial Acceptance Bill)是以银行以外的任何商业或个人为承兑人的远期汇票。

银行承兑汇票(Banker's Acceptance Bill)是承兑人为银行的远期汇票。

第三节 本 票

一、本票的概念

本票(Promissory Note)是指一人向另一人签发的,约定即期或定期或在可以确定的将来时间向指定人或持票人无条件支付一定金额的票据。

《英国票据法》中对本票的定义:"A promissory note in an unconditional promise in writing made by one person to another signed by the maker engaging to pay on demand or at a fixed or determinable future time a sum certain in money to or to the order of a specified person or to bearer."

二、本票的基本内容

1. 本票的必要项目

(1)注明"本票"字样;

(2)无条件支付承诺；

(3)收款人；

(4)出票人签字；

(5)出票日期及地点；

(6)付款期限(未载明付款期限则该本票视为见票即付)；

(7)一定额度；

(8)付款地点(未载明付款地点,出票地视为付款地)。

本票在国际贸易中常见于出口信贷。在利用出口信贷融资进口大型设备时,进口商可开出类似借据的远期分期付款本票,经进口国银行背书后,作为出口国银行,保证偿还贷款本息的书面凭证。

PROMISSORY NOTE

£1000.00 London

July 1st, 1989

Three months after date I promise to pay Mr. Smith or order The sum of One Thousand Pounds Only for value received.

Jhon

图 2.2 本票

三、本票的票据行为

本票除不必承兑也不必参加承兑以及对本票银行不予贴现之外,其余的规定与汇票的相同,即出票、背书、保证、到期日、付款、参加付款、追索权等与汇票规定一样。

我国《票据法》第八十一条规定:“本票的背书、保证、付款行为和追索权的行使,除本章规定外,适用于本法第二章有关汇票的规定。”

四、本票的种类

本票可以分为商业本票和银行本票。

商业本票是由工商企业或个人签发的本票。商业本票又可以分为即期和远期的商业票据，一般不具备再贴现条件，由于其信用程度不及银行本票，因此，很难流通。

银行本票都是即期的，在国际贸易结算中使用的本票主要是银行本票。

第四节 支 票

一、支票的概念

支票(Cheque，Check)是由银行的存款人签发的、要求银行见票即付的汇票。英美票据法对支票的定义是："支票是银行存款户，对银行签发的，授权银行对某人或其指示人，或来人，即支付一定金额的无条件书面支付命令。"

我国《票据法》关于支票的定义是："支票是出票人签发的，委托办理支票存款业务的银行或者其他金融机构在见票时无条件支付确定的金额给收款人或者持票人。"

从以上定义中可以看出，作为支票有两个最重要的特点，一是见票即付，二是银行作为付款人。

出票人在签发支票前，先要办理支票存款账户。支票存款账户的开立要求：(1)申请人开立支票存款户必须使用其本名；(2)申请人应当存入足够的资金避免开出空头支票；(3)申请人应当预留其本人的签名式样和印鉴。

二、支票的必备项目

作为支票，应记载的项目有：

(1)"支票"字样；

(2)无条件支付命令；

(3)付款银行名称；

(4)出票人签字；

(5)出票日期和地点(未写明出票地点者，出票人所在地应视为出票地点)；

(6)付款地点(未写明者则付款行所在地视为付款地点)；

(7)写明"即期"字样；

(8)一定金额；

(9)收款人或其指定人。

Cheque

Cheque for £10000.00 London
30th, Nov., 1989

Pay to the order of ABC CO. The sum of Ten Thousand Pounds Only

To:Midland Bank Ltd
For D co.
London London
(signed)

图 2.3 支票

三、支票的拒付和止付

1. 支票的拒付

支票的拒付(Dishonor of Cheque)指付款行对于不符合付款条件的支票拒付并退票的行为。付款行退票的理由通常是：

(1)出票人的签名不符(Signature differs)；

(2)大小写金额不符(Words and figures differ)；

(3)支票未到期(Post-dated)；

(4)存款不足(Insufficient fund)；

(5)奉命止付(Orders not to pay)；

(6)支票开出不符规定(Irregularly drawn)；

(7)金额需大写(Amount required in words)；

(8)大写金额需要出票人确认(Amount in words requires drawer'confirmation)；

(9)支票逾期提示或过期支票(Out of date or stale cheque)；

(10)需收款人背书(Payee's endorsement required)；

(11)请与出票人联系(Refer to drawer)；

(12)要项涂改需出票人确认(Material alterations to be confirmed by drawer)。

2. 支票的止付

支票的止付(Stop payment of Cheque)是指出票人向付款行发出书面通知,要求银行停止对某张支票付款的行为。当持票人遗失支票,要求付款行止付时,该行应告诉持票人立即与出票人联系,由出票人发出书面通知后,止付才能成立。

3. 支票的付款期限

《日内瓦统一法》规定的提示期限是,若出票人与付款人在同一国家,为自出票日起算 8 天;不在同一国家但在同一大洲的为 20 天,不同国家又不同大洲的为 70 天。追索的期限是从上述提示期限起算 6 个月。

《英国票据法》对支票的有效期没有什么特殊的规定,同汇票一样,应在合理的时间内作付款提示。

我国《票据法》第九十一条规定,支票的持票人应当自出票日起 10 日内提示付款。

4. 支票的票据行为

支票的主要票据行为是出票。支票也可以背书、付款、退票和追索。但支票没有承兑,因为支票都是即期付款。

四、支票的种类

记名支票(Order Cheque)是出票人在收款人栏中注明"付给某人"、"付给某人或其指定人"的支票。

不记名支票(Bearer Cheque)又称空白支票,这种支票无需背书即可转让,取款时也无需在背面签字。

划线支票(Crossed Cheque)是在支票的票面上划两条平行的横向线条,此种支票的持票人不能提取现金,只能委托银行收款入账。

保付支票(Certified Cheque)是为了避免出票人开空头支票,收款人或持票人可以要求付款行在支票上加盖"保付"印记,以保证到时一定能得到银行付款的支票。

转账支票(Cheque for Transfer)是发票人或持票人在普通支票上载明"转账支付"。

五、汇票、本票与支票的比较

见表 2.1。

表 2.1 汇票、本票和支票的异同点比较

<table>
<tr><th colspan="3">种类
异同</th><th>汇票</th><th>本票</th><th>支票</th></tr>
<tr><td rowspan="2">相同点</td><td colspan="2">性质</td><td colspan="3">属于以支付一定金额为目的票据，都具备必要的内容，都具有一定的票据行为</td></tr>
<tr><td colspan="2">流通</td><td colspan="3">记名式和指示式票据经过背书可以转让，来人式票据经过交付即可转让，转让后市场上流通成为流通工具</td></tr>
<tr><td rowspan="10">不同点</td><td colspan="2">用途</td><td>结算工具、信贷工具</td><td>结算工具、信贷工具</td><td>多用于结算工具</td></tr>
<tr><td colspan="2">期限</td><td>即期、远期</td><td>即期、远期</td><td>即期</td></tr>
<tr><td colspan="2">当事人</td><td>出票人、付款人、收款人</td><td>出票人、付款人</td><td>出票人、银行、收款人</td></tr>
<tr><td colspan="2">份数</td><td>多份(正副本)</td><td>一份正本</td><td>一份正本</td></tr>
<tr><td colspan="2">承兑</td><td>远期汇票尤其是见票后若干天后付款汇票必须承兑</td><td></td><td></td></tr>
<tr><td colspan="2">贴现</td><td>可贴现</td><td>可贴现</td><td></td></tr>
<tr><td colspan="2">责任</td><td>汇票在承兑前，出票人是主债务人，承兑后承兑人是主债务人，所有承兑人在承兑后须对汇票共同负责</td><td>出票人始终是主债务人，本票出票人(即付款人)超过一人时，可以对本票共同负责，也可以分别负责</td><td>出票人始终是主债务人</td></tr>
<tr><td rowspan="2">追索权</td><td>在票据有效期内</td><td>1. 遇拒付若要保留追索权，应作出拒绝证书
2. 持票人对出票人、背书人、承兑人都有追索权</td><td>1. 无须作拒绝证书
2. 只对出票人有追索权</td><td>1. 无须作拒绝证书
2. 只对出票人有追索权</td></tr>
<tr><td>票据过期</td><td>过期遭拒付，对票据上一切当事人丧失追索权</td><td>过期拒付，对票据背书人丧失追索权，对出票人仍可行使追索权(在六年以后，出票人丧失追索权)</td><td>过期拒付，持票人仍可向出票人追索</td></tr>
</table>

【重要名词】

票据；票据法；汇票；本票；支票

【复习思考题】

1. 简述票据的基本性质。
2. 简述票据的作用。

3. 简述票据的必要项目。
4. 简述支票的拒付和止付。
5. 试比较汇票、本票和支票的异同。

第三章 国际结算单据

第一节 单据概述

单据是国际贸易结算的核心，在国际结算中具有举足轻重的作用。在跟单托收和信用证结算方式中单据是进口商和开证行付款的依据。在汇款结算方式中单据虽然不是付款的依据，却依然是进口商提货的重要凭证。国际贸易虽然是进出口商之间商品的买卖，但在结算实务中却表现为与商品有关的单据的买卖。出口商的交货通过交单来实现，进口商的付款根据单据来完成。单据代表了货物，单据的交接代表了货物的交接，单据的转让代表了物权的转让。国际结算是以商业银行为中介的间接结算，凭单据付款是现代国际结算的重要特点。商业银行在国际结算中只处理单据不处理货物。

一、单据的作用

国际结算中常见的单据有汇票、商业发票、海运提单、保险单据、原产地证书、检验证书等。不同的单据有不同的作用，例如汇票是支付凭证，发票是价格凭证，装箱单和重量单是计量凭证，海运提单是物权凭证，检验证书是质量凭证，保险单据是索赔凭证。在国际贸易中，出口商无论采用哪种结算方式，都必须向进口商提供相关的单据，通过单据，实现收汇的目的。

1. 单据体现了不同当事人之间的权责利益关系

在进出口交易中，出口商有按合同规定装运货物、提交单据的义务，也有凭单据收取货款的权利。进口商有凭单付款的义务，也有凭单提货的权利。双方权利的大小取决于各自承担的责任和义务。具体而言，海运提单是承运人和托运人之间订立的海上货物运输合同的证明，体现了承运人和托运人之间的权利义务关系。保险单据是保险人和被保险人之间保险合同的证明，投保人必须按规定支付保费，保险人承担对合同约定的风险所造成的损失进行赔偿的责任。

因此，不同当事人之间的权利和义务关系通过单据来体现。

2. 单据是当事人履行合同或义务的证明

单据是一种书面凭证，贸易合同的执行情况通过单据反映出来。出口商装运货物的品名、数量、规格等体现在商业发票上，质量体现在检验证书上。出口商只有在货交承运人后才能取得海运提单，只有在为货物办理了保险以后才能取得保险单据，只有在货物经过检验以后才能取得检验证书。进口商只有履行了相关手续后才能取得进口许可证。单据是进出口商履约的证明。

3. 单据是办理国际结算的基本工具

单据是出口商收汇和进口商付款的依据，也是银行办理国际结算和贸易融资的重要依据。在不同的国际结算方式中，银行处理单据的方式是不同的。在汇款结算方式下，银行不接触单据，出口商发货后，直接将单据寄给进口商，进口商委托银行将货款支付给出口商。单据是出口商交付货物的基础，也是进口商支付货款的依据。在托收结算方式下，出口商将单据交给银行并委托银行代为收取货款，银行负责将收到的单据和托收指示中所列单据进行核对，如果发现单据缺失或与托收指示中所列不符，应立即通知向其发出托收指示的一方。托收业务中银行没有审核单据内容的义务。在信用证结算方式下，银行与单据的关系最为密切。银行不仅负责传递单据，还必须审核单据的内容。开证行审核单据的依据是信用证及其相关的国际惯例。也就是说，单据内容要和信用证内容一致，单据和单据之间也要相互一致，信用证中没有规定的内容必须符合国际惯例的规定。只要单据符合信用证条款和国际惯例，即使实际装运货物存在问题，开证行也必须履行付款义务。UCP600 第五条指出，银行处理的是单据，而不是单据可能涉及的货物、服务或履约行为。

二、单据的分类

国际结算中涉及的单据很多。每一笔国际结算要求提供的单据的种类取决于交易的性质、交易所涉及的商品和服务、交易双方之间的关系以及交易所涉及的国家。单据可以由出口商出具，如商业发票、装箱单、重量单，也可以由进口商出具，如客检证书，还可以由进出口商以外的第三方出具，如运输单据、保险单据和原产地证书。从不同的角度划分，单据可以有不同的分类。

1. 根据单据的性质，单据可以分为金融单据、商业单据和官方单据

金融单据(Financial Documents)指汇票、本票、支票等支付凭证，又称票据、资金单据。金融单据代表一种资金请求权，是出口商取得货款的重要凭证。

商业单据(Commercial Documents)指由出口商自制或其他与贸易有关的

商业性服务企业签发的、说明有关商品情况的单据，如商业发票、装箱单、保险单、运输单据等。

官方单据(Official Documents)指由政府机关、社会团体、民间机构签发的各种证明文件。如领事发票、原产地证书、商检证书、普惠制产地证、出口许可证等。

2. 根据单据的作用，单据可以分为基本单据和附属单据

基本单据(Fundamental Documents)是国际贸易结算中最基本的、必不可少的单据，主要指的是汇票、商业发票、运输单据和保险单据。它们是出口商履行合同的证明和收取货款的保证，也是进口商付款的依据和提取货物的保证。

附属单据(Supplementary Documents)是基本单据以外的其他单据，包括海关发票、原产地证书、检验证书、装船通知、装箱单和重量单等。它们要根据不同国家、不同商品、不同客户的要求而决定是否需要提交。

三、单据的制作

单据的制作应做到准确、完整、及时、简明和整洁。

(1)准确：单据的内容应与合同或信用证规定完全相符，而且单据与单据之间的内容要保持一致。

(2)完整：包括单据内容完整、份数完整、种类完整。

(3)及时：单据应在规定的时间内制作完成提交到进口商手中，以便进口商能凭单提货。信用证下交单必须掌握装运期、交单期和信用证有效期。

(4)简明：单据文字内容力求简单明了。

(5)整洁：制作完成的单据必须表面整洁。除了由受益人制作的单据外，对其他单据内容的修正和变更必须在表面上看来经出单人或出单人的授权人证实。

第二节 跟单汇票

一、跟单汇票的基本内容

跟单汇票指与货运单据一起使用的汇票，属于商业汇票。它是由出口商签发的，要求进口商或银行在见票时或一定时期内支付一定金额的无条件书面支

付命令。贸易结算中使用跟单汇票。汇票是流通票据,也是一种权利凭证,当汇票上的收款人转让权利时必须背书。

跟单汇票和光票虽然在形式和内容上没有本质的区别,但跟单汇票既要符合票据法的规定,又要符合合同或信用证的规定,其基本内容如下:

1. 出票条款(Drawn under Clause)

这是出票人签发汇票的依据或原因。常见的出票条款中包括开证行的名称、信用证号码和开证日期。例如:Drawn Under L/C NO. 6AUAN20012 DATED AUGUST 26,2007 Issued by Citibank, New York(本汇票根据花旗银行2007年8月26日开出的编号为6AUAN20012的信用证签发)。

2. 汇票号码(No.)

通常以商业发票号码作为汇票号码,因为商业发票是全套单据的核心,二者一致便于查询和核对。

3. 汇票签发地点和日期(Place and Date)

出票地点关系到汇票的法律适用问题,出票日期是出票人提交全套单据的日期,应是全套单据中最晚的日期。跟单汇票既不能早于提单等其他单据的日期,也不能晚于合同或信用证规定的最迟交单日期和信用证的有效日期。

4. 汇票金额(Amount)

要同时填写大、小写金额,二者必须一致,且不得涂改,大写金额的结尾要写上"only"以表示结束。汇票的币种必须与商业发票、合同或信用证中的币种相一致。汇票金额通常为发票金额的100%,除非合同或信用证另有约定。

5. 付款期限(Tenor)

付款期限分为即期和远期,即期汇票表示为:At ××× Sight 或 At —— Sight。远期跟单汇票的付款期限主要有两种表示方法,一种是见票后若干天付款,如"At 90 days after Sight";一种是提单签发日或交单日后若干天付款,如"At 90 days after B/L date"、"At 90 days after Presentation of Documents",采用这种远期表示方法,汇票的到期日必须从汇票本身可以推算出来,也就是说汇票上必须注明提单日或交单日。

6. 汇票份数

贸易结算中使用的汇票通常一式两份。第一份汇票写明"At... sight of this FIRST OF Exchange (SECOND being unpaid)",第二份汇票写明"At... sight of this SECOND OF Exchange (FIRST being unpaid)",这指的是汇票"付一不付二、付二不付一"的性质。进口商或银行对其中的一份汇票付款或承兑后,另一份即告作废。

7. 收款人(Payee)

收款人又称汇票抬头。跟单汇票一般做成指示性抬头，以银行或出口商为收款人。

8. 付款人(Drawee)

付款人又称受票人，位于汇票的左下角，一般用“To”表示。汇款和托收结算方式下，汇票的付款人为进口商，因为汇款和托收属于商业信用。信用证项下汇票的付款人为开证行或被指定银行，因为信用证结算属于银行信用。

9. 出票人(Drawer)

在汇票的右下角签注的是贸易结算中的出口商。出票人处必须有企业全称和有权签字人的盖章签字。汇票上的签章必须与其他单据上的签章保持一致。

跟单汇票必须严格按照合同或信用证要求制作。有些国家不允许汇票上的内容有更改，即使这些更改已经过出票人的证实，如果有这方面的规定，必须满足。为防止出现汇票不被接受的情况，制作汇票时应尽量避免出现更正或更改。

二、跟单汇票审核要点

(1)显示正确的签发日期；

(2)由受益人出具并签字；

(3)付款人正确；

(4)大小写金额一致；

(5)期限符合合同或信用证要求；

(6)收款人明确；

(7)如果需要背书，已正确背书；

(8)无限制性背书；

(9)汇票支取的金额没有超过合同或信用证余额；

(10)汇票金额和发票一致。

如果是信用证结算，汇票上还需显示正确的信用证号码及信用证要求的必要条款。

第三节 发 票

一、发票的种类

广义的发票指所有带有发票字样的单据，如商业发票、海关发票、领事发票、形式发票、厂商发票等，狭义的发票仅指商业发票。

1. 商业发票（Commercial Invoice）

商业发票简称发票，是出口商向进口商开立的对销售货物整体情况的说明。它既是货物描述又是价目清单，记载货物的品名、数量、包装和价格等内容。商业发票是国际结算中不可或缺的单据，在全套单据中起核心作用，任何结算方式下的单据中都必须包括商业发票，其他单据在内容上要和它保持一致。

2. 海关发票(Customs Invoice)

海关发票是出口商根据进口国海关提供的固定格式填制的一种发票，供进口商进口报关时使用。由于各国海关规定不同，各国和各地区都有自己不同格式的海关发票，不能混用。要求提供海关发票的国家和地区主要有加拿大、美国、新西兰、西非、东非和中南美洲等国家。

海关发票是进口国海关核定进口货物原产地、征收关税以及海关统计的依据，也是进口国海关核对商品是否倾销的依据。

海关发票除了与商业发票相同的内容外，还包括产地证明(Origin)和价值证明(Value)两项内容。产地证明应注明货物的原产地和制造地，这是进口国海关征收关税的依据。价值证明应注明货物的 FOB 价，该价格不能低于国内市场价，否则可能被视为倾销，如果是 CIF 价格，应正确计算运费和保险费，三者的总和应与 CIF 价格相等。

3. 形式发票(Proforma Invoice)

形式发票是出口商在货物出运前向进口商开立的一种非正式发票，上面列明了拟出售货物的名称、规格、单价等，供进口商申请进口许可证用。形式发票不是正式发票，出口商不能凭形式发票办理托收或在信用证下议付货款。正式成交时，出口商需另行开具商业发票。

4. 领事发票(Consular Invoice)

领事发票是由进口国驻出口国的领事馆认证或出具的发票。领事发票的主要作用是核定出口价格是否公道或有无倾销，作为对进口商品征税的依据，充当进口许可证，增加领事馆收入等。

5. 厂商发票（Manufacturer's Invoice）

厂商发票是由出口商品的生产厂商出具的以本国货币计价的发票，用来证明出口国国内市场出厂价格。厂商发票的主要目的是核查出口交易中是否存在倾销，以便确定是否征收"反倾销税"。

二、商业发票的作用

1. 商业发票是出口商履约的证明

发票是对一笔交易的全面描述，详细记载了货物的品名、数量、单价、总金额等内容。出口商提交发票说明实际交付货物的情况，进口商根据出口商提供的发票，了解合同的履行情况。

2. 商业发票是进出口商收付货款和记账的依据

出口商通过发票表明合同的履行和交易的总体情况，并凭以收取货款。进口商通过发票了解货物情况，并凭以付款。在不用汇票的情况下，发票代替汇票作为收付货款的依据。发票是出口商的销售凭证和进口商的购货凭证，进出口商都需要根据发票内容记账、核算盈亏。

3. 商业发票是进出口商报关纳税的依据

商业发票是进出口商办理进出口报关、申请货物出入境的凭证，也是海关征税和验关放行的依据。

4. 商业发票是出口商缮制其他出口单据的依据

商业发票较全面地反映交易的细节，在所有单据中起着中心作用，其他单据如运输单据、保险单据和商检证书等都只是反映交易某一方面的细节，这些单据在制作时要以发票为中心，在内容上和它保持一致。

此外，商业发票还常用于投保、理赔、海关统计、支付佣金等环节，用途广泛。

三、商业发票的基本内容

商业发票没有统一、固定的格式，一般由出口商自行制定。虽然出口商有各自固定的格式，但基本栏目大致相同。发票的内容要符合合同的规定，是出口商履约的证明，如果是信用证结算方式，又要符合信用证的规定。一份商业发票应包括以下几个方面的内容：

1. 出口商名称和地址(Exporter's Name and Address)

出现在发票的正上方，一般事先印就，与合同中出口商的名称地址一致。如果是信用证结算方式,应与受益人的名称和地址一致(转让信用证除外)。我国的出口发票中通常同时显示出口商的中英文名称。

2."发票"字样(Name of Invoice)

在出口商名称地址下方或其他显著位置,用粗体字显示"COMMERCIAL INVOICE"或"INVOICE",以区别于其他单据。

3.发票抬头人(Accountee)

发票一般做成以合同中的进口商或信用证中的开证申请人为抬头人(转让信用证除外)。有时信用证或合同规定以进口商以外的第三者作为发票的抬头人,则应按规定填写。在转让信用证情况下,第二受益人出具的发票以第一受益人为抬头,第一受益人收到第二受益人提交的全套单据后,会用自己的发票、汇票替换第二受益人的单据,这时第一受益人出具的发票以开证申请人为抬头。

4.发票编号和日期(Invoice No. and Date)

发票号码由出口商自行编制,没有统一的规则,同一出口商通常采用顺序号,便于业务查询。发票是出口单据的核心,发票号码往往用来代替整套单据的号码。

发票的日期应在合同签订之后,但不能晚于汇票的日期。在全套单据中,发票可以是签发日期最早的单据,甚至可以早于信用证开证日期。

5.合同号或信用证号码(Contract No. or Credit No.)

信用证下的发票应注明信用证号,其他结算方式则注明合同号。

6.起运地和目的地(Transport Route)

起运地和目的地应明确具体,要与运输单据上的表述一致。如果是海运,要填写起运港和目的港,一般还应在港口名称后面打上国家或地区名,如"Nagoya, Japan",以避免港口重名。

7.货物描述(Description of Goods)

货物描述是发票中的主要项目,包括货物的品名、规格、数量、重量、包装等内容,必须与合同或信用证严格一致。

根据UCP600第十八条的规定,商业发票上的货物、服务或履约行为的描述应该与信用证中的描述一致。省略或添加信用证未规定的字词句都可能造成单证不符,遭到开证行的拒付。UCP600第十四条又规定,除商业发票外,其他单据中的货物、服务或履约行为的描述,可使用与信用证中的描述不矛盾的概括性用语。

8.单价和总值(Unit Price and Total Value)

单价和总值也是发票中的主要项目,必须准确计算,发票总金额不能超过合同或信用证允许的金额。根据UCP600第十八条的规定，银行可以接受金额超过信用证允许金额的商业发票，但前提是对超过信用证允许金额的部分不作承付或者议付。

如果货物有各种不同的规格，且各规格价格不同，一般应分别注明单价。国际贸易中货物的单价由货币名称、单位金额、计价单位和贸易术语四个部分组成，如USD20/PC CFR Busan Korea是一个完整的价格。贸易术语在单价的构成中非常重要，因为它涉及进出口双方责任、费用和风险的划分问题。

UCP600第三十条规定，"约"或"大约"用于信用证金额、数量或单价时，应解释为允许有关金额、数量或单价有不超过10%的增减幅度。如果货物有多种规格，那么这个溢短装比例是针对每一种规格的，而不是指总的数量的增减。

有时候发票中会显示佣金或者是销售折扣。如果一份信用证有如下规定："less 5% commission and 10% discount"，这样在货款总金额中既要扣除佣金，又要扣除销售折扣，那么应该先扣除哪个？折扣是出口商给予进口商的优惠，佣金是出口商支付给中间商的。因为折扣的那部分金额，出口商实际上并没有收到而且也不可能收到，所以折扣部分是不应该支付佣金的。因此在缮制商业发票的时候，我们应该先在总额中扣除折扣，然后再在扣除折扣的金额中计算应支付的佣金，最后计算出发票净额。

9. 唛头(Shipping Marks)

唛头又称运输标志，主要是便于承运人和收货人识别货物。如果合同或信用证中指定唛头，按规定填写，如果没有指定，出口商可自行设计唛头。唛头由客户名称缩写、合同号或发票号、目的港、件号等几部分内容组成。单据之间的唛头要相互一致。如果没有唛头，应填写"N/M"(无唛头)字样。如果是集装箱运输，应注明集装箱号和封号(Container No. and Seal No.)。

10. 声明文句(Declaration)

声明文句主要是根据合同或信用证的要求，对一些特殊事项加以注明，如加注进口许可证号码(Import License No.)、声明发票内容正确真实、证明货物原产地等，如："We hereby certify that the invoice is true and correct and that the goods are of China origin"。还有的发票上要求加注货物与合同或形式发票上规定的一致："Goods as per Contract No. ××× / Proforma Invoice No. ×××"，这部分内容一般出现在货物品名、数量及金额以下的空白处。

11. 出单人签章(Exporter's Stamp and Signature)

出单人签章一般由出口商签章，包括出口企业全称和有权签字人的签字。信用证结算方式下则由受益人签发商业发票。其他单据上的签章要与发票保持一致。虽然UCP600第十八条规定商业发票无须签字，但大部分的信用证均要求受益人提交“Signed Commercial Invoice”，在这种情况下，发票必须有签章。有的信用证还要求受益人提交“Manually Signed Commercial Invoice”，这时有权签字人必须对发票手签（出口商名称可以盖章）。如果信用证没有特别要求发票必须签章，而且受益人提交的发票也没有签章，却遭到了开证行的拒付，那么根据UCP600，这一不符点是不成立的。

UCP600第十八条对商业发票做出如下规定：

a. 商业发票。

i. 必须看似由受益人出具（第三十八条规定的情形除外）；

ii. 必须做成以申请人的名称为抬头（第三十八条g款规定的情形除外）；

iii. 必须与信用证的货币相同；

iv. 无须签名。

b. 按指定行事的被指定银行、保兑行（如有）和开证行可以接受金额超过信用证允许金额的商业发票，其决定对有关各方均有约束力，只要该银行对超过信用证允许金额的部分未作承付或者议付。

c. 商业发票上的货物、服务或履约行为的描述应该与信用证中的描述一致。

四、商业发票审核要点

(1)由出口商签发；

(2)发票抬头人为进口商，除非另有规定；

(3)货物描述与合同或信用证中的规定一致；

(4)合同或信用证中规定的有关货物、价格和条款的细节都在发票中体现；

(5)发票中出现的唛头和装运情况等信息与其他单据一致；

(6)发票币种与合同或信用证相同；

(7)发票金额不超过合同或信用证可使用的余额；

(8)发票金额没有超过合同或信用证的可用余额；

(9)如果合同或信用证不允许分批装运，发票显示合同或信用证要求的全部货物；

(10)发票已按合同或信用证要求，签署、公证、证实等；

(11)有关装运、包装、重量、运费或其他相关的运输费用与其他单据上显示的内容一致；

(12)提交的正本和副本份数正确。

第四节 运输单据

随着世界贸易的发展和运输条件的改善,国际货物运输出现了多种运输方式,如海运、空运、公路、铁路、内河运输、特快专递、邮寄运输以及多式联运等,其中海洋运输在国际货物运输中占据重要地位,是国际贸易中使用最多的运输方式,这是因为海运具有运量大、运费低、对货物的适应性强等特点。我国对外贸易中 80%以上的货物运输都是通过海运完成的。不同的运输方式产生了各种不同的运输单据。

一、UCP600 关于运输单据的分类

UCP600 第十九条至二十五条将运输单据分为七类,它们分别是:

(1)多式运输单据(Transport Document Covering at least Two Different Modes of Transport)

(2)提单(Bill of Lading)

(3)不可转让海运单(Non-Negotiable Sea Waybill)

(4)租船提单(Charter Party Bill of Lading)

(5)空运单据(Air Transport Document)

(6)公路、铁路或内陆水运单据(Road, Rail or Inland Waterway Transport Documents)

(7)快邮收据、邮政收据或投递证明(Courier Receipt,Post Receipt or Certificate of Posting)

二、多式运输单据

由于集装箱运输的快速发展和广泛运用,多式运输得到了普及并已成为目前最主要的一种运输方式。UCP600 将多式运输单据列为各运输单据之首。

多式运输是使用集装箱,通过海、陆、空等两种或两种以上的运输方式完成的国际货物运输。多式运输以集装箱为运输单元,将不同的运输方式有机地结合起来,可以减少货物运输时间,提高货物运输质量,与传统的单一的运输方式有很大的不同。多式运输承运人对从起运地至目的地的全程运输负责,提供门至门(door to door)的服务,其责任从接收货物开始至交付货物为止。对托运人

而言，无论货物运输途中要经过几次转运，托运人只需办理一次托运，签订一份运输合同，并一次性支付运费，这样可以大大简化托运手续，节省人力、物力和财力。多式运输承运人虽然对全程运输负责，但其自身并不一定承运货物，它可以将全程运输分段委托给不同的承运人办理运输，并与这些承运人签订运输合同，因此多式运输承运人又被称为“合约承运人”(Contractual Carrier)，以区别于“实际承运人”(Actual Carrier)。承运人(Carrier)是指任何在运输合同中承诺通过公路、铁路、空运、海运、内河运输或上述运输的联合方式履行运输的人。

多式运输单据可分为两种，一种“不可转让”(non-negotiable)，另一种“可转让”(negotiable)。如果以不可转让方式签发多式运输单据，单据的收货人一栏必须记载具体收货人的名称，承运人必须向单据上记名的收货人凭其身份证明交付货物，它是多式运输承运人接管货物后签发的单据，属于收妥备运单据。如果多式运输是海运和其他运输方式组成的联合运输，如陆运—海运—陆运，那么多式运输承运人通常签发多式运输提单(Multimodal Transport B/L)，该单据可背书转让，经有效“装船批注”后，单据从收妥备运单据转化为已装船提单，多式运输承运人必须凭正本提单交付货物。有的船公司印制的提单既可以用于多式运输，又可以用于港至港的单一运输(Port to Port or Combined Transport Bill of Lading)。

三、海运提单

1.海运提单的概念及作用

(1)海运提单的概念

海运提单(Marine / Ocean Bill of Lading)简称提单(B/L)，是承运人或其代理人收到货物后签发给托运人的，承诺将货物运至指定目的港交付给收货人的书面凭证。

(2)海运提单的作用

1)货物收据(Receipt for the Goods)

承运人或其代理人签发提单，表明他已按提单上所列内容收到货物。海运提单是承运人或其代理人收到托运货物后签发给托运人的货物收据。

2)海上货物运输合同的证明(Evidence of the Contract of Carriage)

托运人向承运人或其代理人租船定舱办理托运，承运人和托运人之间的运输合同即告成立，提单是运输合同成立的证明。一份标准格式的海运提单背面印有运输合同条款，规定了承运人、托运人、收货人和提单持有人之间的权利和义务关系。

3)物权凭证(Document of Title to Goods)

承运人或其代理人在目的港交付货物时,必须凭正本提单才能把货物交给收货人。提单持有人必须凭正本提单才能向承运人提货,谁拥有提单,谁就拥有货物的所有权。即使是真正的收货人,如果不能出示正本提单,承运人也可拒绝其提货请求。作为一种物权凭证,海运提单可以转让,提单的转让代表提单上所记载的货物的转让。

2.海运提单的主要内容

海运提单是出口结算中最基本的单据之一。一般船公司都印有自己固定格式的提单,虽然各家船公司格式不一,但其具体内容和项目基本一致。一份正本海运提单的内容分为正面内容和背面内容。正面内容包括:

(1)托运人(Shipper/Consignor)

托运人又称发货人,一般为出口商,也可以是进口商或其他第三方作为托运人。

(2)收货人(Consignee)

收货人又称提单的抬头,有三种不同的填写方法,分别为记名收货人、空白抬头和指示性抬头。记名收货人提单上填写实际收货人的名称地址,空白抬头提单指示人一栏空白,指示性抬头提单带有"To order"或"To order of a named party"字样。收货人的记载方式不同,提单的可转让性和转让方式也不同。

(3)被通知人(Notify Party)

被通知人即收货人或其代理人,是货物到达目的港后船公司向其发出到货通知的人。

(4)船名和航次(Vessel and Voyage No.)

提单上有时会在船名前出现"intended"字样,这是因为承运人在内陆收到货物时往往还无法确定货物将装上哪一艘船只,同时也为了给自己的货运安排留有一定的余地。根据UCP600,如果船名显示"预期船只"(intended vessel),则提单上的装船批注必须注明装船日期和实际的装运船只。

(5)装货港(Port of Loading)和卸货港(Port of Discharge)

海运提单的运输方式为港至港运输(Port-to-port Shipment)。信用证项下的海运提单必须注明信用证指定的装货港和卸货港。根据UCP600第二十条的规定,如果提单没有表明信用证规定的装货港,或显示"预期"字样,则装船批注上除了有装运日期以外,还必须注明信用证中规定的装货港和实际的装运船只。

(6)表明货物已装船的文字或批注

提单上必须注明货物已经装上指定的船只,它可以由提单上印就的文字

(Pre-printed Wording)表明,也可以由装船批注(On Board Notation)表明。

(7)唛头(Shipping Marks)

所有单据上的唛头都必须互相一致。

(8)货物描述(Goods Description)

提单上的货物描述可使用概括性用语,只要与发票中的货物描述不矛盾即可。

(9)件数(Pieces)、毛重(Gross Weight)和体积(Measurement)

件数、毛重和体积应与装箱单保持一致。

(10)正本份数(No. of Original B/L(s) Issued)

实务中正本提单通常签发一式三份,UCP600 第二十条规定全套提单可以是一份或一份以上的正本。由于提单是物权凭证,在提单上注明所签发的正本份数可以使提单受让人了解全套正本提单的份数,保护受让人的权益。但即使是签发了一份以上的正本,承运人只需凭一份正本即可交付货物,收货人无需出示全套正本提单。

(11)运费交付情况(Freight)

提单上一般不填写运费的实际金额(Freight as Arranged),而是表明运费是否已经支付,常见的有"Freight Prepaid"、"Freight to Collect"。提单上运费是预付还是到付取决于商业发票中价格术语的使用。如果发票中显示 CFR 或 CIF 价,运输单据上却显示 Freight Collect 是不能接受的。

(12)海运提单签发地点和日期(Place and Date of Issue)

海运提单签发地点和日期是承运人接管或装运货物的地点和日期。

(13)签章(Stamp and Signature)

提单只有经过签章才能生效。UCP600 规定,提单正面要注明承运人的名称,并由承运人、船长或他们的代理人签字或证实。常见的证实方法有:"As Carrier;As Agent for the Carrier ×××;As Master;As agent for Master ×××"。

除了上述正面记载的内容外,一份正本海运提单还有背面内容。提单背面是事先印就的运输条款,对承运人和提单关系人之间的权利义务有详细的规定。主要内容包括定义条款、管辖权条款、提单适用的国际公约、责任范围条款、运费条款、转船条款、共同海损条款和碰撞条款等。

3.海运提单的主要种类

海运提单可以从不同的角度进行分类。

(1)根据货物是否已装船区分

1)已装船提单(Shipped On Board B/L)

货物装上指定船只后承运人或其代理人向托运人签发的提单,提单上有具体的船名、航次和装船日期。承运人签发已装船提单表明他确认货物已装上船。已装船提单可以由提单上印就的“已装船”字样表明“SHIPPED on board in apparent good order and condition (unless otherwise indicated)...”,也可以由装船批注说明。信用证项下受益人提交的提单必须是已装船提单,否则,银行不予接受。如果是一份印就的已装船提单,提单签发日就是货物的装运日期。

2)收妥待运提单(Received for Shipment B/L)

收妥待运提单又称“备运提单”,指承运人收到货物等待装船或装船尚未完毕期间,向托运人签发的提单。当货物装船后,经过有效的“装船批注(On Board Notation)”,收妥待运提单可转化为已装船提单。收妥待运提单广泛地应用于集装箱运输。承运人在内陆集装箱收货站收到货物后,只能签发收妥待运提单,因为此时货物尚未装上指定船只。提单上印就的文字为“RECEIVED in apparent good order and condition except as otherwise noted...”。收妥待运提单上必须有两个日期,一个是提单签发日期,另一个是货物的实际装船日期,该日期即为货物的装运日期(date of shipment)。

(2)根据提单上是否有不良批注区分

1)清洁提单(Clean B/L)

清洁提单指托运的货物表面状况良好的提单。提单一般都有印就的条款,表明货物“in apparent good order and condition”,只要承运人在提单上没有做出任何相反的批注(如货物污损、包装残缺等),该提单就是清洁提单。信用证项下要求受益人提交的海运提单一般是“Clean on board Bill of Lading...”。所以,运输单据必须是“清洁的”,否则,银行不予接受。

UCP600 第二十七条对清洁单据做出特别规定:

银行只接受清洁运输单据。清洁运输单据指未载有明确宣传货物或包装有缺陷的条款或批注的运输单据。“清洁”一词并不需要在运输单据上出现,即使信用证要求运输单据为“清洁已装船”的。

2)不清洁提单(Unclean B/L;Foul B/L)

不清洁提单指承运人在提单上加注货物或包装表面存在缺陷的提单。表面状况是指货物的外包装或外观,不涉及货物的内在质量。常见的不清洁批注有包装不坚固、包装破裂、货物渗漏等。一般情况下进口商不愿意接受不清洁提单。承运人签发不清洁提单主要是为了明确自己的责任,表明货物是在表面状况不良的情况下装运的。不清洁提单在实务中不多见,因为在货物装船时如果发现货物或包装破损，为确保安全收汇，出口商通常会采取措施及时更换货物和包装。

(3)根据提单收货人区分

1)记名提单(Straight B/L)

记名提单指提单上的收货人(Consignee)栏内有记名收货人且只能由该记名收货人提货的提单。承运人只能将货物交给提单上指定的收货人。此类提单是不可流通转让的，因而可以避免提单转让带来的风险，但同时也失去了通过转让提单来转让货物的便利性。记名提单通常不凭正本提单提货，而是凭承运人的到货通知提货，提单失去了作为物权凭证的作用，在实务中很少使用。

2)不记名提单(Open B/L;Blank B/L;Bearer B/L)

不记名提单又称来人提单或空白指示提单，提单收货人栏内没有指定任何收货人的提单。不记名提单无需背书即可转让，任何持有提单的人均可以提货。由于提单凭交付即可转让，手续简便，但提单一旦遗失或被窃，风险很大，在国际贸易结算中一般不使用。

3)指示提单(Order B/L)

指示提单指抬头带有"Order"字样的提单。指示提单通过背书可以转让，分为记名指示和不记名指示两种。记名指示为"To order of ＋ 出口商或进口商或×××银行"，转让提单时指示人即"出口商、进口商或×××银行"必须背书。不记名指示为 "To order"，其含义是"To order of shipper"，提单的转让必须经过托运人(Shipper)背书。提单背书可以是记名背书，也可以是空白背书。指示提单经背书可以转让给第三方，该受让人可凭以提货。在实务中使用最多的指示提单是 To order 或者 To order of shipper。

(4)根据提单内容的完整性区分

1)全式提单(Long Form B/L)

全式提单又称繁式提单，提单正反两面都有详细内容记载的提单。正面记载货物的装运细节，如品名、数量、毛重、船名、航次、起运港、目的港等内容。背面记载承运人和提单关系人之间的权利和义务的条款，一般事先印就。实务中使用的提单通常是全式提单。

2)简式提单(Short Form B/L)

简式提单又称短式提单，只有正面内容的记载而无背面详细运输条款的提单。这种提单多见于租船提单，受租船合约的约束。

(5)根据船舶营运方式区分

1)班轮提单(Liner B/L)

班轮运输方式下承运人或其代理人签发的提单。班轮提单有印就的格式,合同条款相对固定。班轮运输有固定的航线、固定的停靠港口、固定的船期以及固定的费率。实务中使用的港至港提单通常是班轮提单。

2)租船提单(Charter Party B/L)

租船提单指租船合同下承运人或其代理人签发的提单。租船提单是一份简式提单,租船运输没有固定的航线、停靠港口、船期及运费,租船合同需由承租人(托运人)和出租人(承运人)另行签订,在租船提单正面一般注明"所有条件和条款根据某年某月某日签订的租船合同(All terms and conditions as per charter party dated...)"。

(6)根据提单有关时间区分

1)预借提单(Advanced B/L)

预借提单指承运人应托运人的要求,在货物尚未装船或装船尚未完毕的情况下,预先签发的"已装船"提单。托运人在未能按时装运货物的情况下从承运人处"预借"提单,以便在合同或信用证规定的期限内交单取款。承运人签发预借提单承担了较大的风险,因为在货物尚未装船的情况下,承运人却已提前签发已装船清洁提单,一旦货物在装船前或装船过程中发生损失或灭失,收货人提不到货物,承运人要负责赔偿。

2)倒签提单(Anti-dated B/L)

倒签提单指承运人应托运人的要求,在货物装船以后以早于货物实际装船的日期作为提单签发日期的提单。托运人要求"倒填日期"签发提单,也是为了赶上合同或信用证规定的最迟装运日期。预借提单和倒签提单都掩盖了提单签发时的真实情况,带有一定的欺骗性,承运人要承担由此而产生的风险。

3)过期提单(Stale B/L)

过期提单指迟于货物到达目的港才抵达收货人的提单或迟于提单签发日后21天才交到银行的提单。一般情况下,进口商不愿意接受过期提单,因为由于不能及时提货往往要多支付仓储费和滞港费。但是在邻近国家之间的贸易中,由于航线短,经常会出现提单过期的情况,因此有的信用证中会规定过期提单可以接受(Stale B/L is acceptable)。

4)正常提单(Fresh B/L)

正常提单指承运人在正常情况下签发的,且在货物运达目的港之前已交给收货人的提单。这是受益人向银行交单议付和银行凭以付款的重要单据。

(7)根据是否转运区分

1)直达提单(Direct B/L)

直达提单又称直运提单，货物在起运港装上指定船只后，中途不转船直接运抵目的港卸货的提单。

2)转运提单(Transhipment B/L)

转运提单又称转船提单，货物在起运港装上指定船只后，不直接运抵目的港，而需在中转港卸下原装船只再装上另一船只运抵目的港的提单。转运会增加货物受损的风险与装卸费用，延长货物在途时间，有的信用证明确规定不允许转运(Transhipment not allowed)。

3)联运提单(Through B/L)

联运提单指货物在中转港转船或转用其他运输工具运抵最终目的地的提单。联运包括海海、海陆、海空、海河等多种方式。如果是海海联运，该提单就是转运提单。

联运提单和多式运输单据都包含两种或两种以上的运输方式，但这两种单据还是存在较大的区别：

①运输的组成方式不同

联运提单是海运和其他运输方式组成的联合运输，其第一程运输一定是海运；而多式运输单据是各种不同运输方式组成的联合运输，其第一程运输可以是海运，也可以不是海运，而且其整个运输过程中可以不包括海运，如陆空联运、公路铁路联运等。

②单据签发人的责任不同

联运提单中不同的承运人分段负责各自的运输，第一程运输的承运人签发的提单包括全程运输，收货人可凭该提单在目的地提货，但提单的签发人只对第一程的海运负责，对后续的运输不承担任何责任；多式运输单据的签发人对货物运输的全程负责，无论货物在哪一程运输中发生承运人责任范围内的损失，多式运输承运人都要对托运人负责。多式运输经营人可以将全部或部分运输分段委托给不同的承运人完成，这些承运人与多式运输承运人签订运输合同，与托运人没有直接的联系。

(8)其他种类的提单

除以上分类外，实务中还使用下列提单：

1)集装箱提单(Container B/L)

集装箱提单指使用集装箱装运货物所签发的提单。集装箱运输是适应货物成组化运输的需要而产生的运输方式，它大大提高了货物的装卸速度，而且可以实现门到门的服务，已成为国际货物运输中不可缺少的一种运输方式。

除了提单上应有的内容外，集装箱提单上会显示“集装箱号”(Container

No.)和"封箱号"(Seal No.),以及箱内所装货物的件数。在整箱货的情况下,箱内的货物由托运人自行装箱封箱后交集装箱堆场办理装运,承运人无法检查箱内货物,货物情况只能是"据托运人所述"。为了分清责任,承运人在提单上加注"Shipper's Load and Count"(托运人装货并清点)或"Said to Contain"(据说含有),以此表明自己对箱内的货物及其数量不负责任。

集装箱提单上常见的术语有:

FCL(Full Container Load)——整箱货,指箱内货物是同一个托运人和收货人的。

LCL(Less than Container Load)——拼箱货,当一个托运人的货不够装一整箱时,与其他托运人的货拼凑在一起,装一整箱,箱内货物不属于同一货主。

CY(Container Yard)——集装箱堆场,指专门堆放集装箱而不办理装拆箱业务的场所,是整箱货办理收付的场所。

CFS(Container Freight Station)——集装箱货运站,指办理集装箱货物装拆业务的场所,由承运人装箱或拆箱的拼箱货,在货站办理收付。

2)运输代理行提单(House B/L;Freight Forwarder's B/L)

运输代理行提单又称货代提单、无船承运人提单,是由运输代理行(又称货运代理人)出具的提单。货运代理人(简称货代)将不同托运人的货物承揽后向船公司定舱,由承运人向其签发主提单(Master B/L),即船公司的海运提单,他再以自己的名义签发分提单(House B/L)给不同的托运人。船公司出给货代的主提单(Master B/L)上的发货人(Shipper)和收货人(Consignee)分别是货代自己和货代在目的港的代理人,而货代出给客户的分提单(House B/L)上的发货人和收货人是实际的托运人和收货人。如果是拼箱业务,目的港货代凭 Master B/L 向船公司提货,收货人再凭 House B/L 向货代提货。整箱业务中收货人凭货代提单向目的港货代的代理人换取船公司提单,然后再凭该提单去提货。货代提单不具有海运提单所具有的物权凭证的作用,收货人凭货代提单无法在目的港向船公司提货,真正控制物权的是货代公司。货代公司的信誉一般不如船公司,因此货代提单存在一定的风险。货运代理人不办理运输,也不对货物在运输途中发生的风险承担责任,如果发生货损,托运人需直接要求承运人赔偿损失。

通常情况下,运输单据应由承运人或其代理人签发。有的信用证明确规定:"House B/L is not acceptable"。这时受益人向银行交单议付的必须是船公司或其代理出具的"Ocean B/L"。如果信用证规定"House B/L is acceptable"。那么银行接受货运代理人以自身名义(B/L issued in the capacity of a freight forwarder)签发的运输单据。

3)电子提单(Electronic B/L)

电子提单相对于“纸质提单”而言,是适应电子数据交换(EDI)技术的发展而产生的通过电子计算机传送海上货物运输电子数据的单据。通过计算机,提单信息被转换为电子信息在网络中传递,接受方计算机收到该电子信息后又将其重新转换为提单信息。提单的签发、修改、转让、传递都是通过特定的密码在计算机中进行。电子提单具有安全、正确、效率高、速度快等优点,但其推广使用涉及网络技术问题、人员培训问题和管理水平问题。在我国电子提单尚未得到应用。1990 年 6 月 29 日国际海事委员会第三十四次大会通过了《国际海事委员会电子提单规则》,对电子提单的使用进行规范。

4.海运提单的转让

如前所述,海运提单是一种物权凭证,提单的转让可以带来物权的转让,提单持有人通过转让提单转卖货物。但并不是所有的海运提单都可以转让。海运提单能否转让以及如何转让取决于提单的抬头,即提单收货人一栏。根据收货人的不同,提单可以分为记名提单、不记名提单和指示提单。记名提单不能转让;不记名提单无需背书凭交付即可转让;指示提单通过背书和交付进行转让。提单的转让无需征得承运人的同意,也无需通知承运人。提单转让的权利包括提单下货物的所有权和提单所体现的运输合同下托运人对承运人享有的权利。

提单的背书有两种,一种是空白背书,一种是记名背书。

(1)空白背书

空白背书是在正本提单的背面加上出口商的签章,该签章必须与所有其他单据上的签章一致。如果合同或信用证要求提单“Blank Endorsed”或“Endorsed in Blank”,或者对背书没有特别规定时,应做成空白背书。空白背书表明托运人将提货权利转让给任何持有提单的人。

(2)记名背书

记名背书指在正本提单的背面打上“To the order of ×××”,然后在下面加上出口商的签章,该提单就转让给指定的当事人“×××”——它可以是银行,也可以是进口商,根据双方的约定。记名背书必须连续完整才能构成有效的转让。记名背书表明托运人将提货权利转让给指定人。

〔案例〕运输方式和运输单据自相矛盾的信用证条款

案情简介

某公司向银行提交信用证项下的全套单据，开证行为纽约的R银行，金额为25万美元。信用证规定货物由中国运往纽约，价格条款为CFR New York，要求提交全套正本的已装船清洁海运提单，同时信用证附加条款又规定：货物运输必须经任何一艘SEALAND公司的船舶运至美国西海岸再经小陆桥运抵纽约(Shipment must be effected via any vessel of Sealand to the west coast via miniland bridge to New York)。

案情分析

这是典型的运输方式和运输单据要求自相矛盾的条款。按中美贸易运输路线，去美国的东海岸如用直达单式海运肯定要比西海岸港口卸货后再以陆运方式运到东海岸所花时间长。一般来说，客户希望早日提到货物而采用海陆联运的多式运输方式。此信用证中的附加条款就反映了申请人的本意。然而，信用证中的运输单据却错误地用了单式海洋运输的"CLEAN ON BOARD B/L"(港至港单式海洋运输提单)。如果将单据条款修改为"CLEAN ON BOARD MULTIMODAL TRANSPORT B/L"(已装船清洁多式运输提单)，就解决了运输方式和运输单据不配套的问题。

运输方式、运输单据和价格条款是三个相关的内容。运输方式如为港至港的海运(单式海洋运输)，则运输单据必须为CLEAN ON BOARD OCEAN B/L，其相对应的价格条款也必须是FOB、CFR、CIF。如运输方式是陆—海、陆—海—陆—空、海—陆、海—陆—空等将各种单式运输方式组合使用于同一批货物运输的，那就是多式联运方式了，所匹配的运输单据就应是MULTIMODAL TRANSPORT DOCUMENTS(多式运输单据)或MULTIMODAL B/L(多式运输提单)，价格条款应是FCA、CPT、CIP，这三种价格条款均适用于任何运输方式，在多式联运时更显现出其长处

(选自上海对外贸易协会编著《进出口单证实务(修订本)》，对外经济贸易大学出版社2003年版)

四、不可转让海运单

海运单最大的特点是"不可转让"(Non-negotiable)，货物只能交给海运单上

指定的“收货人”(Consignee),收货人不能凭海运单再次转让或出售货物。和海运提单一样,海运单是海洋运输中承运人出具的货物收据,也是海上货物运输合同的证明,但两者有着本质上的区别,海运单不是物权凭证,不能流通转让,也不能凭以提取货物(类似的还有空运单据、公路、铁路或内河运输单据)。收货人提货时无需出示海运单,只需证明其为海运单上指定的收货人,承运人即交付货物,其他人即使持有提单也无法提货,因此海运单不会像提单那样因被窃、遗失而使当事人遭受损失,也可以在一定程度上减少以假提单欺诈的风险。

海运单用于海上运输兴起于近几年,随着集装箱运输的普及,货物在港口的装卸速度提高,加上运输条件的改善和航速的提高,常常出现船舶已到达卸货港而收货人尚未收到提单的情况,没有正本提单,船公司就无法交付货物。另一方面,出口商在货物装运后制作全套单据办理结汇往往需要一定的时间,如果采用信用证结算则单据周转时间更长,必须先交到出口地银行审单,再寄到开证行,经开证行审单后交给进口商,因此单据常常晚于货物到达目的地。这种情况在近距离海运中尤为明显,如我国到日本、韩国的出口运输,货到单不到的情况比较普遍,影响了收货人的及时提货。如果不及时提货,收货人面临着货物市场行情下跌或货物损坏变质的风险,还需要承担额外的滞期费、仓储费等。如果凭银行保函向船公司提货,需要支付提货担保手续费,这些都增加了进口商的费用。

为解决这一问题,“不可转让海运单”应运而生 ,承运人在向收货人交货时无需要求出示该单据,货物一到卸货港就可通知收货人前来提货,既方便快捷,又节省费用。由于“不可转让海运单”不是物权凭证,开证行开立信用证后无法获得物权保障,受益人交单后也难以凭这种单据向银行办理融资,而且存在进口商收到货物后,却以信用证项下的单据存在不符点为由拒付货款的可能,使受益人面临着既收不到货款,又失去货物的风险。信用证下的开证行可以通过要求将单据做成以开证行为收货人获得“不可转让海运单”下货物的控制权,但银行一般不愿意卷入具体的贸易中。在我国这种单据尚未得到普遍使用。海运单适用于有长期贸易合作伙伴关系且互相信任、关系密切的交易双方之间的业务或者是跨国公司的母公司和子公司、总公司和分公司之间的业务。

实务中使用的海运单表面上看起来和海运提单非常相似,只是在单据的显著位置注明“不可转让”(Non-negotiable)和“海运单”(Sea Waybill)字样。海运单上的收货人一栏,只能是实际收货人(与海运提单中的记名提单 Straight B/L 类似),不能做成可转让形式的指示性抬头(To Order / To Order of ×××),其他各项内容与海运提单基本相同。

五、空运单据

空运单据又称航空运单(Air Consignment Note)。航空运输由于速度快、货物在途时间短、货物损坏率低等优点,特别适用于鲜活易腐商品、季节性商品、贵重物品以及一些急需物资的运送,但航空运输运量小,运输成本及费用高。

空运单据有货物收据和证明运输合同的作用,但它不是物权凭证,不能转让也不能凭以提货,正本空运单上均注明"NOT NEGOTIABLE"(不可转让)。承运人在空运单条件下只是把货物交给空运单上写明的收货人。货物到达目的地后,收货人不是凭空运单提货,而是凭承运人或其代理人签发的到货通知单提货,确切地说,这份空运提货通知单才是物权凭证。所以空运单的"Consignee"一栏不能做成"To order of shipper" 或"To order of a named party",通常是以指定进口商为收货人。和"不可转让海运单"一样,在空运单据条件下,出口商和开证行难以取得货物控制权,以空运单据作为结算的基本单据之一,对出口商和银行来说存在一定的风险。为了控制风险,出口商有时将收货人一栏做成以银行为收货人(信用证项下为开证行,托收项下为代收行),这样在一定程度上可以控制货权,使出口商不至于既收不到货款又失去物权。但是多数银行不愿意将运输单据做成以自己为收货人,因为银行在国际结算业务中只负责处理单据,一般不愿意卷入进出口商之间的贸易中,如果非要做成以银行为收货人,最好事先征得进口地银行的同意,但这在实务中有一定的难度。

1.空运单据的种类

根据出单人的不同,空运单据分为以下两种:

(1)航空总运单(Master Air Waybill,MAWB)

航空总运单是由航空公司签发(Air carrier)的航空运单,又称航空主运单。它是航空公司(作为承运人)和托运人或航空货运代理公司(作为托运人)之间订立的运输契约,是航空公司接受和发运货物的依据。

(2)航空分运单(House Air Waybill,HAWB)

航空分运单是由航空货运代理公司(Freight forwarder)签发的航空运单,是航空货运代理公司办理集中托运业务时签发给每一个托运人的收货凭证。它是航空货运代理公司和托运人(真正的货主)之间订立的运输契约。集中托运业务指航空货运代理公司将若干批不同货主、发往同一地点的货物集中起来作为一批货物交付航空公司办理托运,由航空公司向其签发航空总运单,航空货运代理公司则向不同的货主签发航空运输分运单。一个总运单下可以是一个分运单,也可以是多个分运单,如果一个 MAWB 下有十个 HAWB,说明该总运单下的货物发给十个不同的收货人。航空分运单中通常会显示"HAWB No."和"MAWB No."。

在"总运单"和"分运单"情况下，实际发货人和收货人与航空公司不直接联系。货物到达目的地后，航空货运代理公司在当地的分公司凭总运单向航空公司提取货物，然后按分运单将货物交付收货人。

2. 空运单据的正副本

正本空运单据一式三份，每份背面都有印定的运输合同条款。和海运提单不同的是，这三份正本不是全部签发给托运人的，而是各有各的用处。一份正本由航空公司留存，作为记账凭证；一份正本随货同行，在货物到达目的地时交给收货人；第三联蓝色的正本"ORIGINAL 3(FOR SHIPPER)"，交给托运人，是承运人或其代理人签发给托运人表明已收妥货物并接受托运的凭证，这也是出口商向银行交单的唯一正本。由于托运人在货物交付收货人之前都有权更改空运单上的收货人，开证行为了控制货物在运输途中变更收货人而出现的风险，通常要求信用证项下提交第三联正本作为交单议付的单据之一。副本空运单份数根据需要决定，分别用作报关、代理、财务结算、中转分拨等用途。

六、其他运输单据

1. 公路、铁路或内河运输单据

公路、铁路、内河运输三种方式在国际贸易中所占份额较少。随着集装箱运输的普及，国际铁路货物运输和公路运输得到了一定的发展，内河运输在国际贸易中仍然不多见。和空运单据类似，这三种单据都是承运人收到货物后签发的货物收据，也是托运人和承运人之间运输合同的证明，记载了双方在货物运输中的权利、义务和责任，但它们不代表货物所有权，不能流通转让，也不能凭以提货。

国际铁路运输适用于内陆相连国家之间的货物运输，如我国和东欧、蒙古、朝鲜、俄罗斯等国的贸易。公路运输在我国集中在深圳对香港的出口。铁路和公路运单通常签发一式数份，其中一份交发货人以凭此向收货人办理货款结算。

2. 专递收据

专递收据是特快专递公司收到寄件人的邮件后签发的凭证。特快专递由专人负责寄送邮件，具有安全、准确、迅速的优点，比普通航邮更为快捷，一般到香港仅需一天，到美国也只需两三天。快递公司出具专门格式的快递收据，收据上必须有快递公司的签字。国内经营该项业务的机构有：

(1)DHL(DHL Courier Service)，中外运—敦豪国际航空快件有限公司。

这是敦豪公司(美国)在中国成立的一家合资公司,开办的 DHL 快递业务在我国的航空快递业中占据领先地位。

(2)UPS(United Parcel Service),联合包裹服务公司(美国)。这是世界上最大的快递承运商和包裹递送公司,1998 年 UPS 进入中国市场。

(3)FEDEX(FEDEX Express),联邦快递(美国)。这是全球最具规模的快递运输公司,为全球超过 220 个国家及地区提供快捷、可靠的快递服务。

(4)TNT (Thomas Nationwide Transport),天地快运(荷兰)。它为全世界 200 多个国家的客户提供快捷可靠的门到门快递服务。TNT 中国是 TNT 集团在中国的分支机构,服务范围覆盖中国 600 多个城市。

(5)EMS(International Express Mail Service),国际特快专递。这是我国邮政部门开办的快递业务。EMS 使用最快捷的交通运输工具赶班发运并由专人专车投递到用户手中。目前我国的国际特快专递业务已与世界上 200 多个国家和地区建立了业务关系,国内已有近 2000 个大、中、小城市办理 EMS 业务。

3. 邮政收据

邮政收据是邮政部门收到寄件人的邮件后签发的凭证。邮政收据上必须有发运地的戳记并加注日期,该日戳是出口商的实际交货日期,不能晚于合同或信用证规定的最迟装运期。

七、运输单据审核要点

审核运输单据时,要把握以下要点:

(1)签发的全套正本已提交;

(2)不是租船合约运输单据,除非合同或信用证特别授权;

(3)不是运输代理行出具的运输单据;

(4)收货人符合合同或信用证要求;

(5)如果运输单据要求背书,已做适当背书;

(6)显示托运人或其代理人的名称;

(7)被通知人的名称和地址(如有)符合合同或信用证的要求;

(8)货物描述与信用证规定基本一致,唛头等内容与其他单据上出现的一致;

(9)根据合同或信用证条款的规定,“运费已付”或“运费待收”在单据上显示;

(10)运输单据上没有出现使单据不清洁的条款;

(11)UCP600 相关运输条款中规定的所有其他条件都已符合。

第五节 保险单据

保险是对偶然事件造成的损失提供经济补偿的行为。根据保险标的的不同，保险可以分为货运保险、财产保险、人寿保险等几大类。货物运输保险是国际贸易中不可缺少的环节。在货物的长途跨国运输中，各种自然灾害、意外事故或外来因素都可能使货物遭受损失。为了在货物受损后获得经济补偿，货主在货物出运前必须及时向保险公司投保。根据不同的运输方式，货运保险可以分为海洋运输货物保险、航空运输货物保险和陆上运输货物保险等。海运是国际货物运输中最主要的运输方式，而且货物在海运中遭遇风险的可能性最大，我们主要讲述海洋运输货物保险。

一、保险单据的概念和作用

保险单据是保险人对被保险人承担保险责任的书面证明。它是进出口结算中常见的单据之一。出口货物保险是由出口商还是进口商办理取决于贸易术语的使用。以 FOB、CFR、FCA 或 CPT 价格成交的货物由进口商办理保险，以 CIF 或 CIP 条件成交的货物由出口商办理保险，是出口商必须向进口商提交的出口单据之一。

1. 保险单据是保险合同的证明

保险单据是保险人和被保险人之间签订的保险合同的证明，反映保险人和被保险人之间的权利义务关系。保险人有收取保费的权利。当被保险货物遭受损失时，保险人对承保责任范围内的损失承担赔偿责任。被保险人有支付保费的义务。在货物遭受损失时，被保险人有权根据保险合同获得赔偿。

2. 保险单据是保险公司理赔和被保险人索赔的主要依据

保险单据是货物在运输途中出险后保险公司向被保险人承担赔偿责任的主要依据。被保险人及其受让人在索赔时必须出示保险单据以证明其保险权益。

二、保险单据的当事人

1. 保险人(Insurer)

保险人是保险合同中与被保险人签约的一方。他有取得保险费的权利，也有根据承保责任赔偿的义务。以保险人身份经营业务的机构有：

(1)保险公司(Insurance Company),其是以公司名义注册的经营保险业务的组织。

(2)保险代理人(Insurance Agent),指是受保险人委托,代表保险人的立场和利益,在市场上承接和洽谈保险业务的当事人。在国际货运保险中,索赔往往在不同于保险人所在地的卸货地提出,因此保险人常需委任代理人进行理赔,此类代理人称为理赔代理人(Claim Settling Agent)。

(3)保险商(Underwriter),指个体的保险经营人,是英国特有的保险人。英国保险法允许劳合社(Lloyd's Institute)的成员以个人名义经营保险业务。

(4)保险经纪人(Insurance Broker),指代理被保险人投保,赚取佣金的中间人。保险经纪人受理保险业务时,对被保险人签发暂保单(Cover Note),然后再向保险公司投保,因而暂保单并非保险合同,只是一种代办约定。保险经纪人是代表投保人的利益进行活动的。

2. 被保险人(the Insured)

被保险人是与保险人相对应的当事人,是保险合同的受益人。在货运保险中,被保险人往往与投保人是同一人,可以是出口商,也可以是进口商。

三、海上运输保险的险别和保险条款

保险险别是确定保险人(即保险公司)和被保险人(即投保人)权利义务的条款,也是保险人承保责任范围和被保险人缴纳保费的依据。不同的保险险别下,保险人承担的责任不同,被保险人在货物受损时得到的补偿也不同。保险人承担的保险责任是通过保险条款加以规定的,各国保险公司都会制定相应的保险条款或采用国际保险市场上通用的保险条款。

1. 保险险别

根据 1981 年 1 月 1 日生效的《中国保险条款》(China Insurance Clause, CIC)的规定,海洋运输货物保险的险别可分为基本险和附加险两大类。

(1)基本险

基本险是保险人对承保货物承担最基本保险责任的险别,是投保人必须投保而且可以单独投保的险别。基本险有平安险、水渍险和一切险三种。

1)平安险(Free From Particular Average, F. P. A.):又称单独海损不赔险,是保险人承保责任最小的一种基本险。平安险承保范围包括,海上风险造成的全损、海上风险造成的共同海损、意外事故造成的单独海损。

2)水渍险(With Particular Average, W. P. A. 或 W. A.):又称单独海损要赔偿险,保险人的承保责任要大于平安险。水渍险包含了平安险的承保范围。

水渍险的承保范围包括海上风险造成的全损、海上风险造成的共同海损、意外事故造成的单独海损、自然灾害所造成的单独海损。

3)一切险(All Risks A. R.):保险人的承保责任要大于水渍险,是保险人承保责任最大的一种基本险。一切险的承保范围包括海上风险造成的全损、海上风险造成的共同海损、意外事故造成的单独海损、自然灾害所造成的单独海损、一般外来原因所造成的损失。一切险包含了水渍险、平安险的承保范围,还包括下面要介绍的一般附加险。

我国的"海洋运输货物保险条款"对上述险别的责任范围做出了明确的规定。

(2)附加险

附加险是对基本险的补充,是投保人投保基本险之后又增加投保的险别。附加险不能离开基本险而单独投保。附加险分为一般附加险和特殊附加险。

如果已经投保了一切险就不需要再投保一般附加险,因为一切险的范围已经包括一般附加险了。但一切险并非承保一切风险造成的损失。特殊附加险不属于一切险的责任范围,如有必要,需另行投保并支付保费。投保水渍险或平安险不包含任何附加险,根据需要,投保人可再加保某种或某几种一般附加险,并要加付保费。

1)一般附加险

一般附加险包括以下内容:

A. 偷窃提货不着险(Theft, Pilferage and Non-Delivery Risk, TPND)

B. 淡水雨淋险(Risk of Fresh Water and/or Rain Damage, FWRD)

C. 碰损破碎险(Risk of Clash and Breakage)

D. 渗漏险(Risk of Leakage)

E. 钩损险(Risk of Hook Damage)

F. 混杂玷污险(Risk of Intermixture and Contamination)

G. 生锈险(Risk of Rusting)

H. 短量险(Risk of Shortage)

I. 串味险(Risk of Odor)

J. 包装破损险(Risk of Damage Caused by Breakage of Packing)

K. 受潮受热险(Risk of Damage Caused by Sweating and/or Heating)

2)特殊附加险

特殊附加险包括以下内容:

A. 战争险(War Risk)

B. 罢工暴动民变险(Risk of Strikes, Riots and Civil Commotions, SRCC)

C. 交货不到险(Risk of Failure to Delivery)

D. 舱面险(On Deck Risk)

E. 拒收险(Rejection Risk)

F. 黄曲霉素险(Aflatoxin Risk)

G. 进口关税险(Import Duty Risk)

UCP600 第二十八条规定:信用证应规定所需投保的险别及附加险(如有)。如果信用证使用诸如"通常险别"(usual risks)或"惯常险别"(customary risks)等含义不明确的用语,则无论是否有漏保之风险,保险单据将被照样接受。同时,该条还规定保险单据可以注明保险受免赔率或免赔额(减除额)约束。有些保险单据规定对指定的最低金额以下的索赔或该金额以下的损失不承担责任,这样做的主要目的是在收取较低的保费的同时由被保险人自己承担一部分风险。这些内容包括:

(1)免赔率(Franchise)

免赔率指损失超过一定比例后,保险公司赔全部损失,如果未超过则不赔。免赔率为 5%,投保金额为 100 美元,那么 5 美元以下的损失由被保险人承担,5 美元及以上损失由保险人承担全部责任。

(2)免赔额(Excess)

免赔额又称扣减免赔额(Deductible),保险公司赔偿超过的部分,即赔偿受损额减去免赔额后的部分。根据免赔额条款,上例中 5 美元及以下损失由被保险人承担,保险人承担的损失最大为 95 美元。

(3)不计免赔率(Irrespective of Percentage, IOP)

不计免赔率货物受损后不论程度多少,损失多少赔多少。适用于一些易碎商品,如瓷器、玻璃制品等。对该条款的保险费较高。

2. 保险条款

在我国的对外贸易实务中使用较多且在国际上具有一定影响和权威性的保险条款主要有下列两种:

(1)《伦敦保险商协会货物条款》(The Institute of London Underwriters Cargo Clauses, ICC)

该条款是国际货运保险市场上影响力最大的保险条款,被世界各国广泛采用。现行条款是 1982 年 1 月 1 日修订的,是对 1963 年的文本进行的修订。据统计,目前世界上 2/3 的国家或地区在海上保险业务中采用这一条款。ICC 主要条款包括:

协会货物条款(A)——ICC(A),相当于一切险。

协会货物条款(B)——ICC(B),相当于水渍险。

协会货物条款(C)——ICC(C),相当于平安险。

ICC(A)款承保范围最大,ICC(B)款次之,ICC(C)款承保范围最小。

(2)《中国人民保险公司海洋运输货物保险条款》

《中国人民保险公司海洋运输货物保险条款》即中国人民保险公司制定的《中国保险条款》(China Insurance Clauses, CIC),目前使用的是1981年的修订条款。险别分为基本险和附加险。投保人在投保基本险的同时,可根据需要加保一种或几种附加险,但如果投保了一切险,就已包含一般附加险的内容。

四、保险单据的基本内容

保险单据各项内容必须和商业发票及其他单据相关内容一致。在CIF或CIP条件下,保险单据的形式和内容必须符合合同的要求,在信用证方式下,还必须符合信用证的有关规定。一份正本的保险单(Insurance Policy)包括正面和背面两部分内容。正面是有关某一笔保险交易的细节性内容,背面事先印就的内容是保险合同条款,列有保险人的责任范围、免责事项,以及合同双方权利和义务等方面的详细内容。保险单据正面记载内容如下:

(1)保险公司名称(Insurance Company)

保险公司名称出现在保单的正上方,各家保险公司均在保单上事先印就本公司名称地址。

(2)保险单据名称(Name of Document)

如"货物运输保险单"(Cargo Transportation Insurance Policy)

(3)保险单号码(Policy No.)

保险单号码指保险单的流水号,一般由保险公司按顺序编号。

(4)被保险人(The Insured)

被保险人CIF或CIP条件下为出口商,FOB、CFR条件下为进口商。如果是出口商,在交单前要在保单背面背书,以转让保险权益(见后面介绍的保险单据的转让)。如果合同或信用证对被保险人有特别的规定,则按要求填写。

(5)标记(Marks and Numbers)

标记指货物的唛头,应与提单、发票一致,为方便起见,可打上"AS PER INVOICE NO. ×××"。

(6)包装及数量(Packing and Quantity)

填写重量或件数及包装单位。有包装但以重量计价的应同时填写件数和重量。

(7)保险货物名称(Description of Goods)

按发票中货物的品名填写,如果发票品名繁多,保单可填写统称或简称,只要与发票中的品名不矛盾即可。

(8)保险金额(Amount Insured)

一般为发票 CIF 或 CIP 金额的 110%,这加成的 10%是补偿进口商的费用和预期利润的。具体的投保比例可由进出口双方约定,但加成一般不宜超过 30%,否则应征求保险公司的同意。保单上的金额应同时用大小写表示,币种要与其他单据一致。如果发票上显示预付款、佣金或折扣,应按扣除预付款、佣金或折扣前的金额投保。

(9)保费(Premium)

保费一般不直接注明,填写"As Arranged(按约定)"。

(10)发票号或提单号

发票号或提单号根据发票或提单填写。保险索赔时一般需提供发票,这两种单据要互相照应。

(11)运输工具(Per Conveyance)

海运必须注明船名和航次,与提单一致。船名前有时会出现"S. S." 字样,是"Steamship"的缩写。其他运输方式可表示为"By Air"、"By Train"、"By Truck"等。

(12)起运日期(Date of Commencement)

起运日期应填写运输单据上的实际装运日期,如在缮制保险单时,提单尚未签发,可填写"As Per B/L"。

(13)运输起讫地(From... To...)

运输起讫地应与运输单据记载一致。

(14)承保险别(Terms and Conditions)

承保险别应严格按合同或信用证规定的险别投保。这是保单的核心内容,也是发生货损时确定保险人责任范围的主要依据。除注明险别外,最好还应注明险别适用的保险条款,如"Covering All Risks and War Risks as per Ocean Marine Cargo Clauses & Ocean Marine Cargo War Risks Clauses of The People's Insurance Company of China dated 1/1/1981"(按照中国人民保险公司 1981 年 1 月 1 日海运货物条款和海运货物战争险条款承保一切险和战争险)或"Covering Marine Risks Clause (A) as per Institute Cargo Clause (A) dated

1/1/1982"(按照伦敦协会1982年1月1日货物A条款承保海运险A条款)。

(15)保单份数(No. of Originals Issued)

如果保险单据上显示签发的正本在一份以上,所有正本必须提交给银行。保险单据可以签发一份正本,但实务中以签发两份正本居多。

(16)保险代理人(Claims Settling Agent)

保险代理人是受保险人委托在货物出险后处理理赔事宜的代理人,一般为目的地的代理人。保险单上会详细注明代理人的名称地址,以便收货人联系查找。

(17)赔付地点(Claim Payable at)

一般选择目的地,如果合同或信用证中另有规定,按要求填写。

(18)保单签发日期(Date of Issue)

这是保险公司责任生效的日期,因此不能晚于运输单据所记载的货物装船、发运或接受监管日。

(19)保险人签章(Authorized Signature)

UCP600第二十八条规定保险单据必须由保险公司、保险商或他们的代理人或代表出具并签署。代理人或代表的签字必须表明其系代表保险公司或保险商签字。

五、保险单据的种类

1. 保险单(Insurance Policy)

保险单又称大保单,是最正式、最常用的保险单据,正反两面都有详细内容的记载,正面主要记载被保险人名称、被保险货物名称、承保险别、保险金额等内容,背面是保险合同,列有保险人的责任范围以及合同双方权利与义务等方面的详细条款。我国国内保险公司出具的均是保险单。

2. 保险凭证(Insurance Certificate)

保险凭证又称小保单,是简化了的保险单,除了背面没有印定合同条款外,其余内容均和保险单相同,与保险单具有同等效力。实务中使用得不多。

3. 预约保单(Open Cover)

预约保单又称开口保险单,是一种长期性的货物运输保险合同,保险公司对约定的最高金额以内的货物在合同有效期内自动承保。预约保单可以简化保险手续,减少逐笔投保逐笔签订保险合同的手续,还可以防止货物因漏保或迟保所造成的损失,适合有长期国际贸易业务的进出口商。在货物每次出运以后保险公司不再另行签发保险单据。为了满足出口商向银行交单结汇的需要，保险公司会签发预约保险下的保险证明或保险声明。

4. 联合保险凭证(Combined Insurance Certificate)

联合保险凭证又称承保证明，是一种更为简化了的保险凭证。保险公司在商业发票的空白处加列保险编号、险别、保险金额、运输工具、起运日期等，并加盖保险公司印章。这种保险凭证不能转让，在实务中很少使用，也不符合国际结算中单据一一对应的要求，特别是信用证中有时会规定不接受联合单据(Combined documents are not acceptable.)。

5. 暂保单(Cover Note)

保险经纪人签发的一种单据。投保人除了直接向保险公司投保外，还可以通过保险经纪人投保。保险经纪人接受投保人的委托后向其签发暂保单。暂保单不具有保险单的作用，被保险人不能凭以向保险公司索赔，保险公司对保险经纪人签发的暂保单不承担任何责任。在大部分情况下，保险经纪人是作为被保险人的代理人向保险公司投保，只有在保险公司出具正式的保险单据的情况下保险才生效。UCP600 第二十八条规定：暂保单将不被接受(Cover notes will not be accepted)。

六、保险单据的背书转让

保险单据是一种权利凭证，保险单所代表的保险权益可以通过背书或其他方式进行转让。但是保险单所代表的保险权益只是一种潜在的权益，只有在货物发生实际损失时，被保险人才享有保险权益。保险单据的转让无须征得保险人的同意，也无须通知保险人。

在出口货运保险中，被保险人一般为投保人，即出口商。但发生货损时，实际索赔的往往是买方，所以出口商在向银行或进口商交单前要在保险单的背面签字盖章进行背书，表示将保险索赔权益转让给保险单的持有人。但当被保险人不是出口商而是进口商时(根据合同或信用证的规定)，出口商交单时则无须背书。保单一经背书，就随被保险货物权利的转移而自动转让给受让人。和提单一样，只能在正本保险单据的背面背书，主要有两种方式：空白背书和记名背书。空白背书由背书人在保单背面签章；记名背书的背书人在保单背面注明被背书人名称，同时在其下方签章。

保单背书和提单背书在性质上不完全一样。提单的背书是为了转让货物所有权，但有了货物所有权不等于有了对保险公司的索赔权。保单的背书是投保人将对货物享有索赔的权利转让给保单持有人或指定人。在货物发生损失后，只有同时拥有提单和保险单，才算是真正地拥有货物的所有权。所以在一般情况下，保单的背书应与提单的背书保持一致，要么空白背书，要么记名背书。

七、保险单据审核要点

审核保险单据时要把握以下要点：

(1)根据合同或信用证的要求提交了保险单或保险凭证或保险声明或暂保单；

(2)提交了签发的全套保险单据；

(3)由保险公司或保险商或他们的代理或代表出具并签署，并且有被保险人的签字，如果保险单据这样要求；

(4)保险单据签发日期或保险生效日期最迟为已装船、发运或接管货物的日期；

(5)货物保险金额符合合同或信用证的要求或符合 UCP600 第二十八条 f 款的规定；

(6)币种与合同或信用证相同，除非另有规定；

(7)货物描述与发票不矛盾；

(8)承保货物从指定装运港或接受接管地到卸货港或交货地点的运输；

(9)投保了合同或信用证规定的险种，并且该险种已明确地表示出来；

(10)唛头等内容与运输单据一致；

(11)如果被保险人是出口商，保险单必须背书；

(12)单据上显示的所有其他信息与其他单据一致；

(13)如果单据中有修改必须是经过证实的。

〔案例〕空运方式下的信用证争议案

案情简介

B公司与A公司达成一笔总金额为6万多美元的羊绒纱出口合同，合同中规定的贸易条件为CFR NEW DELHI BY AIR，支付方式为100%不可撤销的即期信用证，货物由上海空运至新德里。合同订立后，进口商按时通过I银行开来信用证，信用证中的价格术语为“CNF NEW DELHI”，出口商当时对此并未太在意。收到信用证后，出口商按规定发运了货物，将信用证要求的各种单据备妥交单。不久开证行发来拒付通知，称商业发票上的价格术语“CFR NEW DELHI”与信用证中的“CNF NEW DELHI”不一致。出口商B公司立即与进口商A公司联系要求对方付款赎单，但对方置之不理。经与承运人联系，该批货物早已被收货人提走。后来出口商B公司不得不同意对方降价20%作为问题的最后解决办法。

案情分析

从本案例可以看出，造成出口商陷入被动局面的根本原因在于出口商在得到偿付之前就已丧失了货权。这是由空运单据的特性决定的，空运方式下的空运单据不具有物权凭证的特征。由于空运的时间很短，通常在托运人将空运单据交给收货人之前，货物就已经运到目的地，收货人凭承运人的到货通知和有关的身份证明就可提货。因此，空运单据对出口商而言存在较大的风险。为防范空运方式下的风险，出口商应严格审查进口商的资信情况，以免造成钱、货两空的局面。

第六节 其他单据

一、产地证

产地证(Certificate of Origin，C/O)是证明出口货物原产地或制造地的书面文件，供进口国海关采取不同的进口管制政策和关税待遇。根据签发人的不同，产地证分为以下几种：

1.普惠制原产地证

普惠制原产地证又称 Form A 产地证,全称为 Generalized System Of Preferences(G. S. P.)Form A。普惠制即普遍优惠制,是发达国家(给惠国)对发展中国家(受惠国)给予单方面关税优惠的一种普遍的、非歧视的和非互惠的国际性制度。受惠国向给惠国出口规定的商品时,必须出具普惠制产地证才能享受约定的关税优惠待遇。目前世界上有 31 个给惠国,受惠国家和地区达 160 多个。我国是发展中国家,已有英国、法国、德国、意大利、荷兰、卢森堡、比利时、爱尔兰、丹麦、希腊、葡萄牙、西班牙、日本、挪威、新西兰、澳大利亚、瑞士、瑞典、芬兰、奥地利、加拿大和波兰等 22 个国家对我国实行普惠制。

Form A 产地证中的相关内容必须与其他单据相符外,还应注意以下几点:

(1)第 2 栏收货人应填写给惠国最终收货人名称,不能填中间转口商的名称,更不能和提单一样做成指示性抬头。

(2)第 4 栏由商检机构根据需要填写。如果出口商在装运货物后申请签发,则只能签发"后发"证书,由签发机构加盖"ISSUED RETROSPECTIVELY"印章,日本一般不接受"后发"证书。如果证书因遗失或损毁签发"复本",需加盖"DUPLICATE"印章,并声明原证书作废。

(3)第 8 栏为原产地标准,用字母表示。"P"代表完全原产,无进口成分。"W"表示含有进口成分,但符合原产地标准。"F"是对加拿大出口商品,含有进口成分。

(4)第 10 栏为发票号码和日期,必须填写,不能留空。有的信用证在附加条款中规定:"All documents except draft and invoice must not show the credit number and invoice number"(除汇票和发票外的所有单据不能显示信用证号码和发票号码),这种情况下,受益人收到信用证后必须及时修改该条款,否则无法做到与信用证条款一致,因为商检机构不会签发无发票号码的普惠制产地证。

(5)第 11 栏为签发机构的签章,由签发机构的印章和有权签发人的手签组成。签发日期不能早于发票日期(第 10 栏)和出口商的申报日期(第 12 栏),也不能晚于提单日期,不然要在第四栏盖"后发"章。在我国唯一的授权签发机构是各地的出入境检验检疫局。

Form A 上的内容不允许有更改,出现错误应重新填制。出口商填制 Form A 无误后由商检局审核后签署。

2.一般原产地证

一般原产地证由各地出入境检验检疫局或中国国际贸易促进委员会(简称贸促会)出具,证书全称为"CERTIFICATE OF ORIGIN OF THE PEOPLE's

REPUBLIC OF CHINA"。中国国际贸易促进委员会(China Council for the Promotion of International Trade, CCPIT)是对外的中国商会。

一般原产地证的填制内容与 Form A 基本一致,其中第 8 栏 H. S. Code 为商品 H. S. 编码栏。H. S. 是"The Harmonized Commodity Description and Coding System"的缩写,即"商品名称及编码协调制度",每个商品由 8 位数的代码来表示。如果同时涉及不同的商品,应将编码分别填入。第 10 栏为发票号码和日期,不能留空。第 11 栏和第 12 栏与 Form A 有关栏目的位置编排正好相反。这两种单据均需有权签字人手签。

3. 出口商原产地证

出口商原产地证是由出口商自行签发的产地证。如果合同或信用证没有具体规定由谁来签发产地证时,出口商可以自己出具产地证,也可以直接在商业发票上加注原产地证明的文句(This is to certify that the goods are produced in China)。有些国家和地区不允许产地证明联合出现在商业发票上,则应单独出具产地证。

二、检验证书

检验证书是商检机构对进出口商品的品质、数量、重量、卫生、等级、性能、技术指标等进行检验或鉴定后,根据实际检验结果出具的证明文件。进出口商品检验是国际贸易中的一个重要环节,也是一个国家为维护国家安全、国民健康,保护自然环境而采取的一项措施。世界各国一般都设有专门的检验检疫机构,也产生了一些著名的、被许多国家认可的检验机构,如美国食品药物管理局(FDA)、瑞士日内瓦通用鉴定公司(SGS)等,它们的鉴定结果是商品进入国际市场的通行证。我国的官方检验机构是国家出入境检验检疫局。

在国际贸易中,检验证书是进出口商品通关验收、合同履行、货款结算、征收关税、诉讼理赔的重要证明文件。检验证书应由信用证或合同规定的检验机构出具。如果没有特别规定,该证书可以由商检机构、进出口商或生产厂商出具。证书内容除与合同或信用证相符外,还必须和其他单据保持一致,商品的检验或鉴定结果及评定意见是证书最主要的内容,措辞上应与合同或信用证一致。检验证书上必须有签发人的印章和有权签字人的签字。

商品检验证书种类繁多,常见的有以下几种:

(1)品质检验证书(Inspection Certificate of Quality)

(2)重量检验证书(Inspection Certificate of Weight)

(3)数量检验证书(Inspection Certificate of Quantity)

(4)卫生检验证书(Sanitary Inspection Certificate)
(5)兽医检验证书(Veterinary Inspection Certificate)
(6)消毒检验证书(Inspection Certificate of Disinfection)
(7)植物检疫证书(Phytosanitary Certificate)
(8)熏蒸证书(Inspection Certificate of Fumigation)
(9)分析证书(Inspection Certificate of Analysis)
(10)健康证书(Inspection Certificate of Health)

三、装箱单和重量单

1. 装箱单(Packing List)

装箱单是说明货物包装情况的单据,记载货物的名称、规格、数量、唛头、件数、毛重、净重和尺码等内容。出口货物除散装货外,一般都要求提供装箱单。装箱单上不应显示商品的单价和总值。

2. 重量单(Weight List)

重量单是说明货物重量情况的单据。以重量为计价单位的货物需要出具重量单,除装箱单上的内容外,还应列明每件货物的毛重、净重以及货物总的毛重和净重。

装箱单和重量单是对商业发票的补充说明,是海关、检验机构和进口商核对货物的依据,是商业单据中的重要单据。

四、受益人证明

受益人证明(Beneficiary's Certificate)又称"受益人声明"(Beneficiary's Statement),由信用证项下受益人根据信用证的要求出具的证明,表明自己已经按照信用证的要求履行相关义务。受益人证明的内容可以非常广泛,常见的有"寄单证明"、"寄样证明",此外,还包括货物符合合同要求,已发装运通知等证明。

1. 寄单证明

寄单证明是出口商在货物装运后的一定期限内将全套或部分副本单据(有时包含正本单据)寄给进口商后出具的证明。很多信用证都会做出如下规定:"One full set of non-negotiable documents should be sent to the applicant by registered airmail within 24 hours after shipment and beneficiary's certificate to this effect is required."

单据格式如下:

Beneficiary's Certificate

Invoice no. ×××
L/C NO. ×××
Date：×××

We hereby certify that one full set of non-negotiable documents has been sent to the applicant by registered airmail within 24 hours after shipment.

ABC CO.
(Signature)

2. 寄样证明

寄样证明是出口商将即将装运的货物样品寄给进口商以后出具的证明。

单据格式如下：

Beneficiary's Certificate

Invoice no. ×××
L/C NO. ×××
Date：×××

We hereby certify that shipment samples have been sent to the applicant by registered airmail before shipment.

ABC CO.
(Signature)

五、船公司证明

船公司证明(Shipping Company's Certificate)是由船公司或承运人出具的，证明船舶的国籍、船级、船龄等内容的单据。根据业务需要，有不同的种类。常见的有：

1. 船籍证明(Certificate of Vessel's Nationality)

阿拉伯国家开来的信用证中，往往规定禁装以色列籍船只，其航程不得停泊以色列港口。如：

Certificate

B /L Lading No. ×××
Per S. S. ×××
Date：×××

To whom it may concern：

We certify that the above-mentioned steamer is not Israeli vessel and will not call at any Israeli port or water.

ABC Shipping Co.
Signature

2. 船龄证明(Certificate of Vessel's Age)

进口商为了保障船只及货物在运输途中的安全，会要求出口商装运货物的船只不超过15年船龄，并提供相应的证明。此外，有些国家要求到达卸货港的船舶船龄不超过15年，许多保险公司对15年以上的超龄船不予承保。

Certificate

B /L Lading No. ×××
Per S. S. ×××
Date：×××

To whom it may concern：

We evidence that the carrying vessel is not more than 15 years old.

ABC Shipping Co.
Signature

3. 班轮公会船只证明(Conference Line Certificate)

班轮公会是一些班轮公司为达到航线垄断、控制运价的目的建立的联盟。为了维持自己的利润，在同一航线上或相关航线上经营班轮运输的公司自愿组合成班轮公会。公会成员共同制定船期表、运价，并在成员之间分配载货比例。这种机制通过避免航线过于拥挤和激烈的价格竞争来确保船公司的赢利。

Shipping Company's Certificate

Invoice no. ×××
L/C NO. ×××
Date：×××

To whom it may concern：

This is to certify that shipment has been effected by Conference Line vessel covered by Institute Classification Clause.

ABC Shipping Co.
Signature

4. 船级证明(Certificate of Classification)

船级证明是说明载货船舶符合一定船级标准的证明。该证明由船舶检验机构出具,反映船舶的技术状况和营运性能,关系到船舶保险的保费和租金的高低。例如,某信用证要求伦敦劳埃德船级协会出具一张证明,证明货物系由一流、非超龄船只装运:

Certificate

B /L Lading No. ×××
Date:×××

To whom it may concern:

We certify that shipment is made by first class non-overage vessel.

Lloyds, London
Signature

六、装船通知

装船通知(Shipping Advice)是出口商装运货物后在规定时间内将装运情况通知进口商的书面文件。该通知一般以电讯方式发出,主要目的是为了便于进口商安排卸货、租仓和保险等事宜。在 FCA、FOB、CFR、CPT 等的价格条件下,出口商必须及时向进口商发出装船通知,也可以根据进口商的要求直接将装船通知发给保险公司。如果进口商办理的是预约保险单,保险人和被保险人签订的保险合同只规定总的保险范围、货物种类、运输方式、险别和费率等内容,货物起运后进口商应立即将装运细节通知保险公司。装船通知中应包括货物的品名、船名、航次、起运港、目的港、装运日期、预计到达时间、提单号码、发票号码和金额等内容。

【重要名词】

跟单汇票;商业发票;海运提单;航空运单;保险单据;产地证书

【复习思考题】

1. 单据在国际贸易结算中有哪些作用？
2. UCP600 对商业发票作出了哪些规定？
3. 海运提单和海运单有何区别和联系？
4. UCP600 中规定的运输单据有哪些？
5. 根据收货人的不同，提单有几种转让方式？
6. 什么是“清洁运输单据”？

第四章 汇款和托收

在贸易合同中,结算方式通常被称为付款条件或支付条件(Terms of Payment),意即交易双方将资金从付款的一方转移至收款的一方过程中对时间、条件和程序等做出的安排。

国际结算方式按其资金和结算工具的流向是否相同可以划分为顺汇(Remittance)和逆汇(Reverse Remittance)两种。其中,顺汇结算方式又称顺汇法或汇付法,是指汇款人主动将款项交给银行,委托银行通过结算工具再转托国外银行将款项付给国外的收款人的结算方式。顺汇法下,资金的流向和结算工具的流向一致。而逆汇结算方式又称逆汇法或出票法,是指收款人委托本国银行再转托国外银行向国外的付款人收取款项的结算方式。逆汇法下,资金的流向和结算工具的流向相反。在几种主要的结算方式中,汇款属于顺汇结算,而托收和信用证等都属于逆汇结算。

第一节 汇 款

一、汇款的概念

汇款是一种古老的结算方式。在早期的国际贸易结算中,它曾经是最主要的结算方式,也是其他各种结算方式产生和发展的重要基础。如今它仍被广泛地运用在各种贸易和非贸易结算中。

汇款(Remittance)即汇付,是指某国银行应其客户的申请将一定的货币资金转移到其国外的联行或代理行,并指示后者将款项付给国外的某指定人或公司的结算方式,又称国际汇兑(International Exchange)。

二、汇款业务的当事人

汇款业务涉及的主要当事人有四个：

(1)汇款人(Remitter)：指汇出款项的人。在进出口业务中，通常指进口商。当然，在出口商退汇或支付赔款时，也可能充当汇款人。

(2)收款人(Payee)：指收取款项的人，又称受益人(Beneficiary)。在进出口业务中，通常指出口商。

(3)汇出行(Remitting Bank)：指接受汇款人的委托汇出款项的银行。在进出口业务中，通常指进口地的银行。汇出行办理的汇款业务叫做汇出汇款(Outward Remittance，O/R)业务。

(4)汇入行(Paying Bank)：指接受汇出行的委托解付汇款的银行，又称解付行或付款行。在进出口业务中，通常指出口地的银行。而且，它与汇出行之间往往存在着联行或代理行关系。汇入行办理的汇款业务叫做汇入汇款(Inward Remittance，I/R)业务。

三、汇款业务的类型和基本流程

根据所使用的支付工具不同，汇款结算可分为电汇、信汇和票汇三种类型。它们都属于汇款结算方式，但又有着各自不同的特点。

1. 电汇(Telegraphic Transfer，T/T)

电汇是指汇出行应汇款人的申请，以电讯方式将电汇付款委托书传递给汇入行，指示其解付一定金额给收款人的汇款方式。电汇工具一般包括：电报(Cable)、电传(Telex)、SWIFT 等，一般都采用密押方式进行证实。而且由于 SWIFT 具有传递速度快、准确性高、收费合理且操作方便等优点，SWIFT 通讯方式已被各国银行广泛应用，并逐渐取代了电报和电传。

电汇结算收款快捷安全，但电汇费用较高，且一般由汇款人负担，所以通常只有金额较大或急用的汇款才会使用电汇结算。值得一提的是，国际外汇交易市场的现汇汇率是以电汇汇率为依据的。

从基本的操作流程来看(如图 4.1 所示)，要办理电汇结算首先须由汇款人填写汇款申请书，并注明采用电汇方式，并将所汇款项和手续费交给汇出行。汇出行如受理该业务则将电汇回执交给汇款人。然后，汇出行根据电汇申请书指示通过电报或电传向汇入行发出解付指示，其主要内容包括汇款金额及币种、收款人名称和地址、汇款人名称和地址、头寸拨付方法、附言等。汇入行收到电报或电传后，先核对密押：如果密押不符，应立即拟电文向汇出行查询；如果密押相

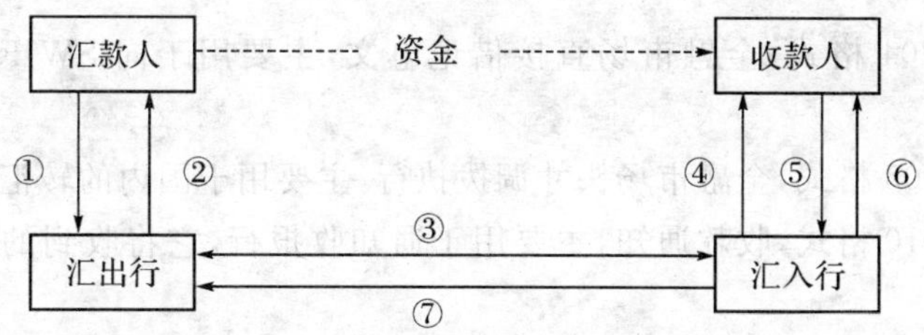

图 4.1　电汇的基本业务流程

①电汇申请书，交款付汇；②电汇回执；③电汇付款委托书；

④电汇通知书；⑤收据上签字；⑥付款；⑦付讫通知书

符，则应缮制电汇通知书，通知收款人前来取款。如果收款人在汇入行开立有账户，则汇入行可仅凭电文将款项入收款人账户。最后，汇入行将付讫借记通知书寄给汇出行，并取得款项的偿付。

若采用电报、电传方式进行汇款，则电文的主要内容包括：

(1)FM：(汇出行名称)

(2)TO：(汇入行名称，一般用电报挂号形式表示)

(3)DATE：(发电日期)

(4)TEST：(密押)

(5)OUR REF NO. ＿＿＿＿＿＿(汇款编号)

(6)NO ANY CHARGES FOR US(我行不负担费用)

(7)PAY (AMOUNT) VALUE (DATE) TO(BENEFICIARY)(付款金额、起息日和收款人)

(8)MESSAGE ＿＿＿＿＿＿(汇款附言)

(9)ORDER ＿＿＿＿＿＿(汇款人)

(10)COVER ＿＿＿＿＿＿(头寸拨付)

若采用 SWIFT 方式进行汇款，其对于汇款的适用格式包括：

(1)MT100 格式，客户汇款，主要用于请求资金调拨；

(2)MT200 格式，单笔金融机构头寸调拨至发报行自己账户，主要用于请求将发报行的头寸调拨至其他金融机构的该行账户上；

(3)MT201 格式，多笔金融机构头寸调拨至它自己的账户，主要用于多笔 MT200；

(4)MT202 格式，单笔普通金融机构头寸调拨，主要用于请求在金融机构之间的头寸调拨；

(5)MT203 格式，多笔普通金融机构头寸调拨，主要用于多笔 MT202；

(6)MT204 格式,金融市场直接借记电文,主要用于向 SWIFT 会员银行索款;

(7)MT205 格式,金融市场头寸调拨执行,主要用于国内的转汇请求;

(8)MT210 格式,收款通知,主要用于通知收报行,它将收到的头寸记在发报行账户上。

以客户汇款为例,应使用 MT100 报文格式,如表 4.1 所示。

表 4.1 MT100 CUSTOMER TRANSFER

M/O	Tag 项目编号	Field Name 项目名称
O	15	Test key
M	20	Transaction reference number
M	32A	Value date, currency code, amount
M	50	Ordering customer
O	52X	Ordering bank
O	53S	Sender's correspondent bank
O	54S	Receiver's correspondent bank
O	57S	"Account with" bank
M	59	Beneficiary customer
O	70	Details of payment
O	71A	Details of charges
O	72	Bank to bank information

注:M(Mandatory)为必选项目,O(Optional)为可选项目。

2. 信汇(Mail Transfer,M/T)

信汇是指汇出行应汇款人的申请,将信汇委托书(M/T Advice)或支付委托书(Payment Order)寄给汇入行,授权其解付一定的金额给收款人的汇款方式。信汇工具是邮寄支付凭证,一般采用签字证实。

信汇费用相对低廉,但是收汇时间较迟。因为汇入行要在款项收妥后才会付款给收款人,所以信汇的汇出行可以占用一个邮程时间内的信汇资金。这种方式目前已经很少采用。

从基本的操作流程来看(如图 4.2 所示),要办理信汇结算首先须由汇款人填写汇款申请书,注明采用信汇方式,并将所汇款项和手续费交给汇出行。汇出

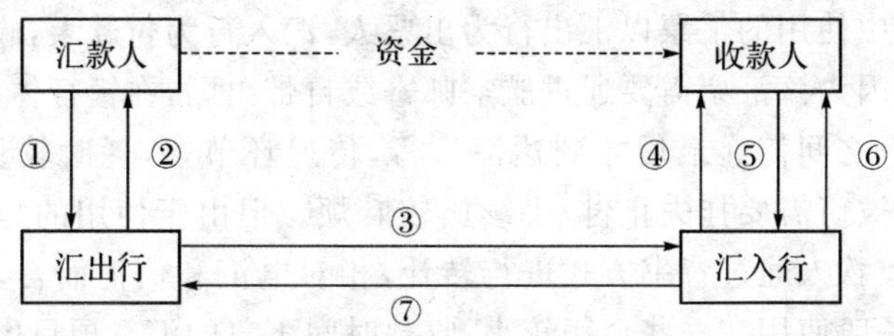

图 4.2　信汇的基本业务流程

①信汇申请书，交款付汇；②信汇回执；③信汇付款委托书；
④信汇通知书；⑤收据上签字；⑥付款；⑦付讫通知书

行如果受理该业务则将信汇回执交给汇款人。然后，汇出行根据信汇申请书指示通过邮寄方式将信汇委托书或支付委托书寄给汇入行发出解付指示（如图 4.3 所示），其主要内容包括汇款金额及币种、收款人名称和地址、汇款人名称和地址、头寸拨付方法、附言等。汇入行收到委托书后先核对签字：如果签字不符，则应立即向汇出行查询；如果签字相符，则汇入行应缮制信汇通知书通知收款人前来取款。收款人持信汇通知书到汇入行取款时，须在"收款人收据"上签字或盖章后交汇入行。

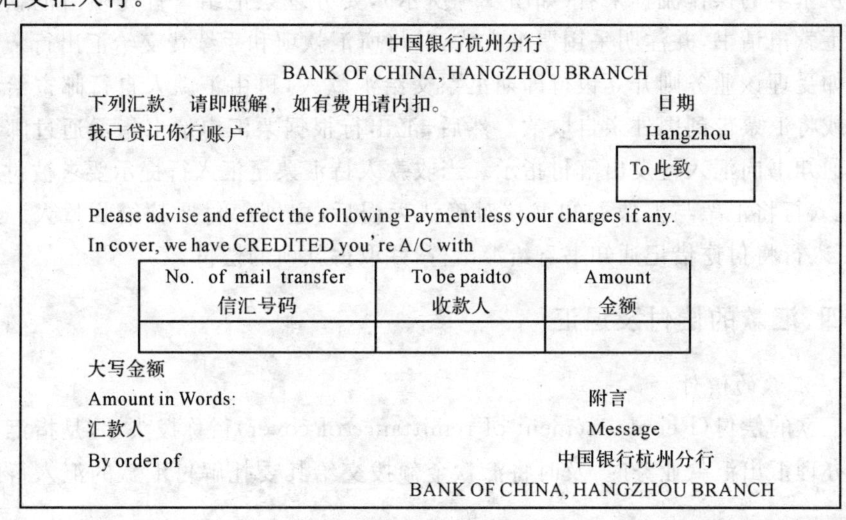

中国银行杭州分行

BANK OF CHINA, HANGZHOU BRANCH

下列汇款，请即照解，如有费用请内扣。　　日期

我已贷记你行账户　　Hangzhou

To 此致

Please advise and effect the following Payment less your charges if any.

In cover, we have CREDITED you're A/C with

No. of mail transfer 信汇号码	To be paidto 收款人	Amount 金额

大写金额

Amount in Words:　　附言

汇款人　　Message

By order of　　中国银行杭州分行

BANK OF CHINA, HANGZHOU BRANCH

图 4.3　信汇委托书

3. 票汇（Remittance by Banker's Demand Draft，D/D）

票汇是指汇出行应汇款人的申请，代汇款人开立以其联行或代理行为汇入行的银行即期汇票，支付一定的金额给收款人的汇款方式。票汇工具是银行即期汇票，一般采用签字证实。

票汇业务中使用的汇票以汇出行为出票人，汇入行为付款人，收款人就是汇票的收款人。因为该汇票需要通过航空邮寄或自带出国，在银行体系外流通，在汇款人、收款人之间传递最后才到达汇入行，传递环节多，耗时较长，安全性较差。其遗失和被窃需要挂失止付，手续比较麻烦。但由于使用的是一张独立的票据，可以由收款人通过背书方式进行转让，相对电汇和信汇而言，它更为灵活和便利，所以一般使用在一些金额较小，收款时间不急的汇款项目中。

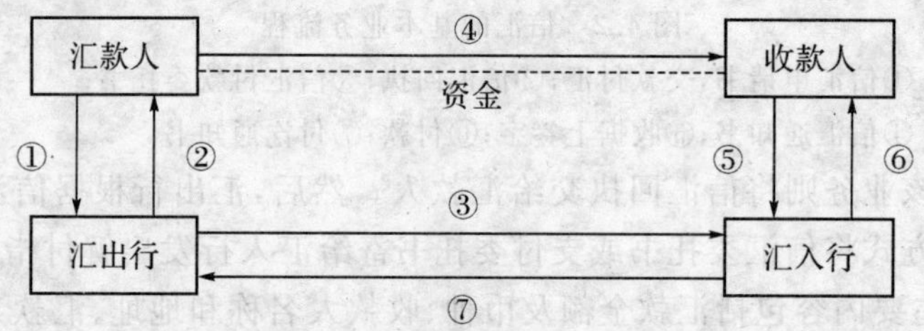

图 4.4 票汇的基本业务流程

①票汇申请书，交款付费；②银行即期汇票；③汇票通知书；

④银行即期汇票；⑤汇票付款提示；⑥付款；⑦付讫通知书

从基本的操作流程来看(如图 4.4 所示)，要办理票汇结算首先须由汇款人填写汇款申请书，并注明采用票汇方式，并将所汇款项和手续费交给汇出行。汇出行如受理该业务则开立银行即期汇票交给汇款人，再由汇款人自行邮寄给收款人或将汇票带到国外亲自取款。然后，汇出行根据票汇申请书指示通过邮寄汇票通知书向汇入行发出解付指示。当收款人持汇票至汇入行提示要求被付款时，汇入行将汇票与汇票通知书核对确认无误后，立即解付票款给收款人。最后，汇入行将付讫借记通知书寄给汇出行，并取得款项的偿付。

四、汇款的偿付及退汇

1. 汇款的偿付

汇款的偿付(Reimbursement of remittance of cover)俗称拨头寸，是指汇出行在办理汇出汇款业务时，及时将汇款金额拨交给其委托解付汇款的汇入行的行为。

汇款的偿付是汇款资金顺利汇达收款人的重要保证，也是汇出行与汇入行之间业务合作的关键环节。按照通行的惯例，汇入行往往遵循“收妥头寸，解付汇款”的业务原则。针对每一笔具体的汇款业务，双方银行可以在订立代理行合同时确定其偿付方法，也可以在付款委托书或汇票通知书中逐笔加以明确。

根据汇出行与汇入行之间账户设置情况的不同，拨头寸的方式主要有以下几种：

(1)账户行直接入账型

当汇出行和汇入行之间建立有往来账户，无论是单边开户还是双边开户，都可以通过账户行直接收付偿付头寸。

(a)汇入行在汇出行开立账户

汇出行委托汇入行解付汇款时，在支付委托书上注明"In cover, we have credited the sum to your account with us". 当汇入行收到该支付委托书后，则确认已经收妥了头寸，并用该头寸向收款人解付汇款。

(b)汇出行在汇入行开立账户

汇出行委托汇入行解付汇款时，在支付委托书上注明"In cover, please debit the sum to our account with you"。当汇入行收到该支付委托书后，则凭以借记汇出行在自己银行开立的账户，并向收款人解付汇款。

(2)共同账户行转账型

当汇出行与汇入行之间不存在直接的账户行关系，但是双方银行都在共同的第三方银行那里开立了账户，则可以通过第三方银行的介入实现头寸的拨付。

在这种情况下，当汇出行委托汇入行解付汇款时，在支付委托书上注明"In cover, we have authorized × bank to debit our account and credit your account with them. "当汇入行收到该支付委托书及第三方银行的头寸贷记报单后，则确认已经收妥了头寸，可以向收款人解付汇款。

(3)账户行的共同账户行转账型

当汇出行和汇入行在不同的银行开立账户，则头寸的拨付需要各自账户行的介入才可以完成。

在这种情况下，当汇出行委托汇入行解付汇款时，在支付委托书上注明"In cover, we have instructed × bank to pay the proceeds to your account with B bank"。当汇入行收到该支付委托书及其账户行的头寸贷记报单后，则确认已经收妥了头寸，可以向收款人解付汇款。

2. 汇款的退汇

退汇主要是指在汇入行解付前对该笔汇款的撤销行为。当然，如果汇入行在此之前已经完成了汇款的解付，则不能退汇，而只能由汇款人和收款人进行交涉。

(1)收款人退汇

如果退汇是由收款人提出，则收款人需要向汇入行说明退汇理由，然后由汇入行拒收。具体到不同的汇款类型，处理方式也有所差异：在电汇和信汇业务中，汇入行应将汇款委托书退回；而在票汇业务中，汇入行应将汇票退回。同时，汇入行还应该将头寸退还给汇出行，最后由汇出行通知汇款人前来办理退汇手续。

(2)汇款人退汇

如果退汇是由汇款人提出，在电汇和信汇业务中，汇款人可以通过向汇出行提交书面退汇申请的方式，交验汇款回单，由汇出行审核完成后，通知汇入行止付。而在票汇业务中，要具体区分不同的情况：如果是汇款人仍然掌握有汇票，他可持汇票正本前往汇出行注销该汇票。而如果汇票已经被寄出，汇出行一般不再办理退汇。

(3)汇入行退汇

款项汇出后，如果超过一定的时间收款人仍没有前来取款，汇入行有权主动通知汇出行注销汇款，办理退汇。

五、汇款在国际贸易中的应用

在国际贸易中利用汇款结算方式，主要有预付货款和延迟付款两种形式。

1. 预付货款(Payment in advance)，俗称前 T/T

预付货款是进口商(付款人)在出口商(收款人)将货物或货运单据交付以前将货款的全部或者一部分付给出口商，出口商收到货款后，在合同约定的时间内，将货物发给进口商的做法。

预付货款是一种较有利于出口商，而不利于进口商的结算方式。因为出口商在发货前就已收到货款，实际上相当于得到了进口商提供的无息贷款。而且由于收款在前，所以主动权大大增强，不用担心进口商取消购货合同。当然，进口商不仅等于向出口商提供了无息贷款，造成了利息损失，同时也要承担出口商在付款后不按时、按质、按量发货的巨大风险，所以进口商一般不愿意采用这种方式。

2. 延迟付款(Deferred payment)，俗称后 T/T

与预付货款正好相反，延迟付款是进口商在收到货物以后，立即或一定时期以后再付款给出口商的作法，通常也被称为货到付款(Payment after arrival of the goods)或赊销(Open account transaction)。

延迟付款是一种较有利于进口商，而不利于出口商的结算方式。在资金的占用和风险的承担两方面，它与预付货款方式也刚好相反，出口商不仅要承担进口商可能不付款、不按时付款或不付足款的风险，而且还要承担一定的资金占用成本，所以出口商一般不愿意采用这种方式。货到付款在国际贸易中可分为售定和寄售两种。

(1)售定(Goods sold)

售定是指买卖双方已经签订了销售合同,确定了交易价格与付款时间。一般来说,付款时间通常是货到即付款或者是货到后一定时期再付款。习惯上,也将它称之为“先出后结”。这种做法常常存在于有长期贸易往来且资信良好的交易对手之间。

(2)寄售(Sold on consignment)

寄售是指出口商在出运货物时还没有明确买方,而只是委托国外的经销商在当地市场根据事先规定的条件代其销售货物。一般来说,将出口商称之为委托人,将接受寄售的经销商称之为受托人,两者之间订立的协议称为寄售货物协议。因为没有明确的订单,所以货物的销售价格与支付时间有待于销售情况明确后才能确定。有的协议中还往往规定如果货物一段时间后仍未售出,每隔固定的时间,可降价多少个百分点进行出售的内容。这种做法常常用于新产品试销、滞销产品促销等。

第二节 托 收

作为典型的逆汇结算方式,托收在高度竞争的国际贸易领域应用非常广泛。由于其格外受到进口商的青睐,所以虽然对于出口商而言风险相对集中,但也常被出口商采用以充当出口竞争的重要手段。与汇款结算相比,托收结算虽然也是建立在商业信用基础上的,但由于交货与付款方式发生了变化,出口商收到货款的安全性大大增强了。

一、托收的概念与类型

1. 托收的概念

经过长期的酝酿与准备,1958 年国际商会终于拟定并发行了其第 192 号出版物——《商业单据托收统一规则》(Uniform Rules for Collection of Commercial Paper)。但是由于它仅仅是一个草案,在当时并未引起广泛的关注和重视。此后,银行界和商界在相互的商贸和金融往来活动中开始逐步熟悉直至最终认可了这一规则。为了更好地调和当事人之间的矛盾,顺利开展相关的经贸活动,1967 年国际商会正式制定并且公布了《商业单据托收统一规则》(国际商会第

254 号出版物)(简称 254 规则),并建议各国银行采用。此后,基于国际贸易和国际金融业务的不断发展,1978 年国际商会再次对 254 规则进行了修订,并改名为《托收统一规则》(Uniform Rules for Collection)(国际商会第 322 号出版物)(简称 URC 322)。1993 年开始,适应时代演变和形势发展的要求,国际商会又一次对 URC 322 进行了修订,并于 1995 年 7 月正式公布了《托收统一规则》(Uniform Rules for Collection)(国际商会第 522 号出版物)(简称 URC 522)。从 1996 年 1 月 1 日起正式开始生效,并一直沿用至今。URC 522 在保留了 URC 322 基本精神的基础上,更加明确地规范了托收的运作流程,确立了银行在托收业务中的权责地位,因而更加有利于相关当事人使用和借鉴。

关于托收的定义,URC522 第 2 条规定:"Collection means the handling by banks of documents as defined in sub-Article2(b), in accordance with instructions received, in order to :(1)obtain payment and/or acceptance, or(2)deliver documents against payment and/or against acceptance, or(3)deliver documents on other terms and conditions. "而第 2 条 b 款中对单据的规定是"Documents means financial documents and/or commercial documents"。也就是说,"托收是指银行根据收到的指示处理第 2 条 b 款所定义的单据,以便:(1)取得付款和/或承兑;或(2)凭付款和/或承兑交单;或(3)按照其他条款和条件交单。"而这里提到的单据主要是"金融单据和/或商业单据"。

在进出口贸易结算中托收主要是指出口商为了向国外的进口商收取货款,通过开立汇票或提交有关单据的方式委托出口商所在地银行通过其在进口地的联行或代理行向进口商收取货款的结算方式。

2. 托收的类型

根据不同的分类方式,可以将托收划分为不同的业务类型:

(1)根据托收业务主体对托收的称谓不同可以分为:

(a)出口托收(Outward Collection,O/C)

出口托收是指出口商和出口方银行对托收的称谓。

(b)进口代收(Inward Collection,I/C)

进口代收是指进口商和进口方银行对托收的称谓。

所以,针对每一笔具体的托收业务,具体可以分解为出口托收和进口代收两个业务区域。

(2)根据托收业务涉及的单据的类型和性质不同可以分为:

(a)光票托收(Clean Collection)

光票托收是指仅有金融单据而不附带商业单据(主要是货运单据)的托收方

式。在实务中,商业汇票、银行汇票、支票、本票等都可以凭以到银行办理光票托收。光票托收通常用于国际贸易的小额交易、预付货款、保证金、利息及其他贸易从属费用的收取以及非贸易领域的款项托收等。因为涉及金额一般不大,所以多使用即期汇票。当然,光票托收并不一定不附带任何单据,有时也附有一些非货运单据,如发票、垫款清单等。

光票托收手续简便,费用低廉;但是收汇速度慢,而且由于缺乏商业单据,对进口商付款缺乏约束力。

(b)跟单托收(Documentary Collection)

跟单托收是指金融单据附带商业单据的托收,或是商业单据不附带金融单据的托收方式。在国际贸易结算中,托收业务一般都属于跟单托收类型。常见的跟单托收是既有金融单据也有商业单据的使用。但是,欧洲大陆一些国家为了避免印花税,也有不开汇票,只提交商业单据委托银行代收的情况。在国际贸易跟单托收中,常见的商业单据包括发票、装箱单据或重量单据、物权凭证单据等。

(3)直接托收(Direct Collection)

直接托收是指委托人不经过托收行,自行委托代收行向国外付款人收取款项的托收方式。这在国际商会第 550 号出版物中有明确的定义。但是由于 URC522 不愿意包括这种不经过银行间合作来办理的托收形式,所以它未被列入到 URC522 的规则当中。从形式上来看,这种托收虽然比上述的银行托收(光票托收和跟单托收的合称)方式效率高,但就现实情况来看应用并不广泛。

二、托收业务的当事人及其权责

托收的主要当事人包括出口商、进口商、出口方银行和进口方银行。同时,根据具体业务内容和类型的不同,也可能涉及其他的当事人。

1. 委托人(Principal)

委托人指主动向银行提出托收申请,委托银行向国外付款人收取款项的当事人。在跟单托收业务中,委托人通常是出口商。因为他也是开出汇票的当事人,所以也被称为出票人(Drawer)。

作为出口商,委托人必须履行与进口商之间签订的贸易合同,负有按合同交货和交单的义务和责任。同时,作为委托银行办理托收的主体,他必须履行与银行之间签订的委托代理合同,负有填制托收申请书(Collection Application),支付各项费用等责任。具体来说,委托人应在银行提供的托收申请书上做出明确的指示,以及在发生意外时做出及时的指示;并向银行提交相关的金融单据和(或)商业单据，还需支付包括手续费、电报费、邮费、拒绝证书费等在内的各项费用。

2. 托收行(Remitting Bank)

托收行是指接受委托人的委托负责办理托收业务的银行。在跟单托收业务中，托收行通常是出口方银行。由于它地处出口商所在地，且通常要转托进口商所在地的银行代为办理汇票提示和货款收取等事项，所以须将单据寄往进口方银行，因而也常称之为寄单行或委托行。

托收行作为受托方，必须严格按照遵守与委托人之间签订的委托代理合同，完全按照委托人的指示来代收款项。托收行在接受委托人的托收申请后，应仔细检查以确认所收单据与托收申请书所列一致，但不负责审核具体的单据。对于委托人的指示无法照办时，也应立即通知委托人。如果委托人没有给予明确指示的，托收行可以按照常规来处理。但对于任何由于传递中发生的遗失或差错概不负责。同时，作为委托代收行向债务人收取款项的当事人，他必须在托收指示(Collection Instruction)中给予代收行明确的指示。代收行将仅仅遵循托收指示中的命令来代收款项。

3. 代收行(Collecting Bank)

代收行是指接受托收行的委托代为办理汇票提示和货款收取等事项的银行，也称受托行。在跟单托收业务中，代收行通常是进口方银行。代收行在接受托收行的委托后，也应仔细检查以确认所收单据与托收指示中所列一致，但不负责审核具体的单据。而且，它也必须严格按照托收指示的内容行事。当无法照办时，应立即通知托收行。同样地，代收行对于任何由于传递中发生的遗失或差错概不负责。

值得注意的是，未经代收行事先同意，货物不能直接发给代收行。如果未经同意就将货物发给银行或以银行为收货人，该银行无义务提取货物，仍由发货人承担货物的风险和责任。

此外，代收行负有保管单据的职责。但是根据 URC522 第 26 条规定，托收行在收到拒付通知后，必须做出处理单据的相应指示。在发出拒付通知的 60 天内，代收行仍未接到相应指示的，可以将单据退回给托收行，代收行不再承担任何责任。

4. 付款人(Payer)

付款人是指根据托收行的指示，由代收行向其提示汇票并收取款项的当事人。在跟单托收业务中，付款人通常是进口商。因为他也是汇票上注明的应接受无条件支付命令的当事人，所以常称之为受票人(Drawee)。

5. 提示行(Presenting Bank)

提示行是指向付款人提示汇票和单据的银行,又称交单行。一般来说,代收行即为提示行;但如果代收行与付款人之间素无往来关系(即付款人未在代收行开户)而它与付款人的往来银行之间存在账户关系时,为了如期获得承兑或付款,可以委托付款人的往来银行充当提示行。

6. 需要时代理(Representative to Act as Case-of-Need)

需要时代理是指在托收中如果发生拒付,委托人需指定为其办理在货物运至目的港时所有关于货物的存仓、保险、重新议价、转售或运回等事项的当事人。需要时代理一般在委托人填制托收申请书时就应注明,并应具体规定其所能拥有的权限。否则,银行将不接受需要时代理做出的任何指示。

三、托收的相关业务凭证

1. 托收申请书(Collection Application)

托收申请书是指委托人委托托收行办理托收业务时应该填制的契约性文件,也是托收行从事该笔业务的依据。

托收申请书的主要内容包括:

(1)付款人的名称、地址和联系方式等信息。

(2)业务编号。

(3)关于指定代收行的意见。

(4)托收的币种、金额和付款期限。

(5)单据的种类和份数。

(6)托收的交单条件(付款交单还是承兑交单)。同时须明确,如果在付款交单条件下遇拒付时对于货物的处理办法。

(7)付款期限的附加规定,主要包括付款人延迟付款是否加收利息,提前付款是否给予贴息;利息的支付标准,计息期限算法以及是否不得放弃收取。

(8)款项收妥后代收行汇交款项的方式(电信还是航邮)。

(9)如果付款人拒付或遭遇到其他意外情形,应以何种方式通知(电信还是航邮),是否要做成拒绝证书等。

(10)银行费用的处理方式。一般由进出口双方各自负担本国银行的费用,但应明确如果付款人不支付代收行的费用是否可以交单。根据 URC522 的规定,如果未申明不得放弃收取费用,则当付款人拒付费用时,银行可以放弃收取。这一点和利息的收取原则是一致的。

(11)需要时代理的指定及其代理权限。

(12)委托人的姓名、地址、签字盖章和联系方式等信息。

托收申请书(如图 4.5 所示)中如遇指示不完整、不明确或是指示有误时,所造成的延误和损失都将由委托人自己承担。

APPLICATION FOR COLLECTION

To: Date:

We enclose for collection

Please follow instruction Profixed "×"

DRAFT NO._____AMOUNT________TENOR_________DRAWN ON__________

The following documents marked with letter "O" are attached

	B/L	INVOICES	INS CERT	CTF OF RIGIN	MAIL RCT	MISCELIANEOUS
1 copy						
2 copies						
3 copies						

□Deliver documents against payment

□Deliver documents against acceptance

□All collection charges are for account of drawer

□All collection charges are for account of drawee

□Airmail expenses for forwarding documents for account of draweeh

□Do not Protest

Protest for □Non-payment

□Non-acceptance

Cable advice of □Non-acceptance□Non-payment

□Have proceeds remitted by cable / airmail

□Waive or □do not waive charges if refuse by drawee

□Allow drawee discount of US $____________

□Interest to be collected at____% p.a. From___to____

□In case of need refer to______

□Credit our account with proceeds.

Your faithfully

图 4.5 托收申请书式样

2. 托收指示(Collection Instruction)

托收指示是指托收行根据托收申请书内容缮制,授权代收行办理托收业务的面函(Covering Letter),它随托收的单据一起被寄送给代收行。虽然每家银行都有自己特定的托收指示格式，但其形式和内容基本一致。

根据 URC522 第 4 条规定，所有的托收单据都必须附带有托收指示。而且，除非托收指示另有授权，代收行将不理会除向其发出托收的一方/银行以外的任何一方/银行的任何指示。

托收指示的主要内容基本和托收申请书的一致，但还包括一些其他内容：

(1)托收行的详细资料，主要包括全称、邮政地址、签字/盖章、电传、电话和传真号码等。

(2)托收的业务编号。

(3)代收行的详细资料，主要包括全称、邮政地址、电传、电话和传真号码等。

(4)拨头寸的方式。

根据 URC522 第 4 条的规定，如果委托人、托收行没有提供所需的资料，代收行对于延迟或者不符之处不承担责任。代收行对于缺少资料应发出通知，在收到完整的资料前，代收行没有义务采取行动办理托收。

3. 托收汇票

在跟单托收中，如果开立汇票，则出票人通常是出口商，受票人通常是进口商，而汇票的收款人既可以是出口商自己，也可以为托收行或者代收行。因为填写的收款人不同，汇票的流通性也不一样，具体如下：

(1)收款人是出口商

如果出口商开立以自己为收款人的汇票，通常称之为已收汇票。当出口商向托收行提交该跟单汇票时，为了委托银行代其向进口商索要货款，应该对汇票做空白背书。托收行寄单给代收行，应再次对汇票做记名背书，而且限定代收行为被背书人。

(2)收款人是托收行

如果出口商开立以托收行为收款人的汇票，则托收行在收到后只需对其做记名背书，并限定代收行为被背书人就可以了。

(3)收款人是托收行

如果出口商开立以代收行为收款人的汇票，则托收行在收到后只需寄送给代收行，由其作为汇票的持票人(收款人)向付款人提示票据。

四、托收业务流程

1. 基本业务流程

跟单托收业务的产生是建立在出口商与进口商事先已经通过协商拟定的进出口贸易合同基础上的。出口商根据合同规定装船发货后，取得运输单据和其他要求提供的商业单据和金融单据后，前往托收行办理托收业务。在托收申请书中，他应该完整而明确地填写各项托收命令以便使托收行能遵照指示合理行事。托收行受理该托收申请后，应该将托收回执交给托收申请人。此后，托收行根据托收申请书重新缮制一份新的托收指示，连同跟单汇票一起寄送给代收行。后者则根据托收指示的内容，向进口商提示跟单汇票要求其付款或承兑赎单。根据不同的交单条件，进口商或付款赎单，或承兑取单并于到期日付款。此后，代收行将收妥的票款贷记托收行账户，并发送贷记通知书。最后，托收行在收到贷记通知书后，将收妥的票款入出口商的账户。

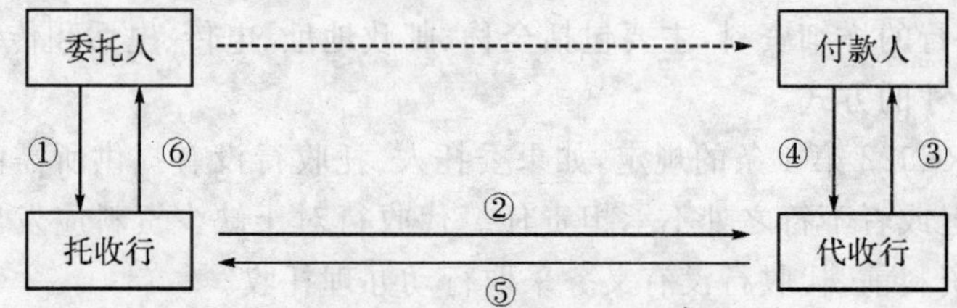

图 4.6　跟单托收的基本业务流程

①托收申请书、单据和手续费；②托收指示和单据；③D/P 或 D/A 条件下提示单据；④承兑或付款；⑤款项收妥通知；⑥结汇

2. 托收的交单条件

交单条件是指代收行向付款人交出商业单据和金融单据的前提条件，具体包括以下几种：

(1)即期付款交单(Document against Payment at Sight，简称 D/P at Sight)

即期付款交单是指代收行或提示行向进口商提示即期汇票和商业单据，进口商见票并审核单据无误后立即付款，代收行将商业单据释放给进口商的行为。即期付款交单的业务流程如图 4.7 所示。

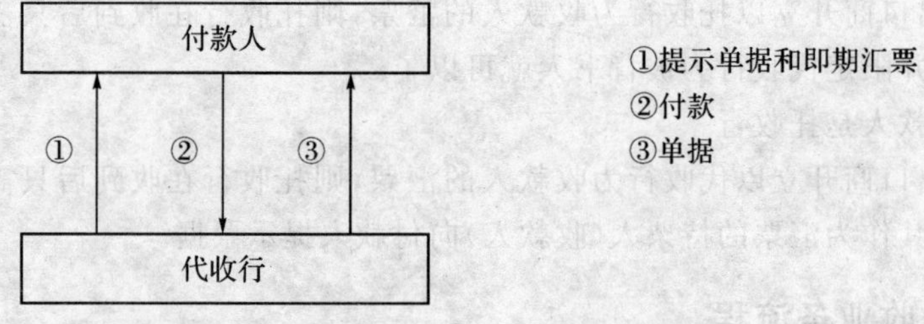

图 4.7　即期付款交单的业务流程

(2)远期付款交单(Document against Payment of Usance Bill，简称 D/P after sight)

远期付款交单是指代收行或提示行向进口商提示远期汇票和商业单据，进口商见票并审核单据无误后即对汇票进行承兑，并于票据到期日付款，代收行将商业单据释放给进口商的行为。远期付款交单的业务流程如图 4.8 所示。

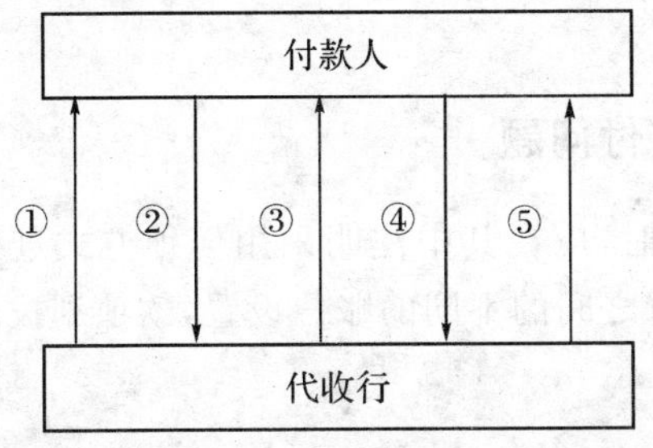

图 4.8　远期付款交单的业务流程

(3)承兑交单(Documents against Acceptance,简称 D/A)

承兑交单是指代收行或提示行向进口商提示远期汇票，进口商见票后先对汇票进行承兑，代收行将商业单据释放给进口商；待票据到期日进口商被再次提示汇票时进行付款。承兑交单的业务流程如图 4.9 所示。

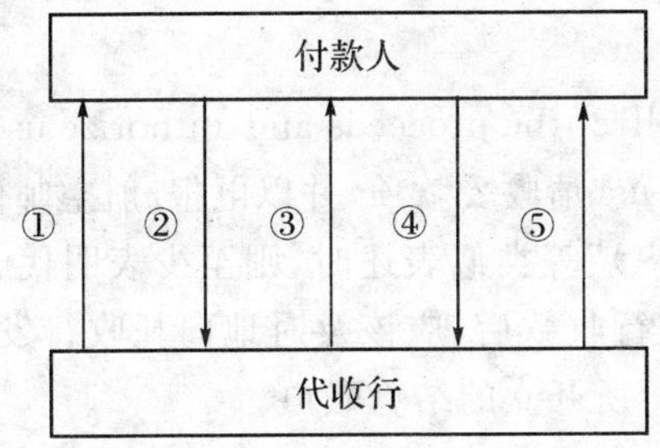

图 4.9　承兑交单的业务流程

通常，我们将前两种交单条件合称为付款交单，使其与承兑交单区别开来。因为比较而言，承兑交单对于出口商而言成本和风险都比较大：一方面，他对进口商提供了资金融通；另一方面，出口商在收到货款之前已经失去了对货物所有权的控制，将完全依靠进口商的信用来收取货款。除此之外，还包括出口商的卖方贷款利息(如果有)、运输费用、办理各种单证的费用、银行费用等损失的可能性。而在付款交单条件下，只要进口商未付款，物权凭证仍掌握在代收行手中，仍属于出口商所有。但是，这并不等于没有风险损失。如果进口商不来付款赎单，则出口商仍要负担出口商的卖方贷款利息(如果有)；双程运输费用(如果将货物运回本国处理)；在进口国港口存仓、保险、支付代理人的费用(如果货物寻求当地处理)以及货物临时处理而带来的价格损失、银行费用等的损失。

(4)凭其他条件和条款交出商业单据

除上述的三种主要的交单方式外，还有其他的一些交单条件，具体有：分批部分付款、凭本票交单、凭付款承诺书交单、凭签字的信托收据交单等。此处囿于篇幅，不再一一详述。

五、款项划拨的方式和利息支付问题

当托收行向代收行发出托收指示时，应在其中注明采用何种方式进行款项的划拨。实际上，根据托收行与代收行之间的不同的账户设置，款项划拨也存在着不同的形式，常见的有：

1. 主动贷记型

如果在托收指示中出现"When collected, please credit our account with you under your cable/airmail advice to us(收妥款项，请贷记我行在你行开立的账户，并以电报/航空邮件的方式通知我行)"等类似表述时，则至少表明托收行在代收行开立了结算账户。所以，当代收行收款后，应该及时地贷记托收行在本行开立的账户，并向托收行发出贷记报单。

2. 授权借记型

如果在托收指示中出现"Please collect the proceeds and authorize us by cable/airmail to debit your account with us(请收妥款项，并以电报/航空邮件的方式授权我行借记你行在我行开立的账户)"等类似表述时，则至少表明代收行在托收行开立了结算账户。所以，当代收行收款后，应该及时地向托收行发出"支付授权书"，授权其借记自己在对方银行所开立的结算账户。

3. 第三方银行转账型

如果在托收指示中出现"Please collect and remit the proceeds to × bank for credit of our account with them under their cable/airmail advice to us(请收妥款项，并将其汇至×银行贷记我行在该行的账户，并请该银行以电报/航空邮件的方式通知我行)"等类似表述时，则表明托收行和代收行之间不存在着账户行关系。所以，在托收行在国外第三方银行开立了账户的情况下，当代收行收款后应及时将其汇至该第三方银行贷记托收行的账户。

六、跟单托收的特点与风险防范

1. 特点

作为国际贸易结算中常用的结算方法，跟单托收有着不同于汇款的明显特征：

(1)资金的流动方向和结算工具的传递方向相反,属于逆汇结算方式。

(2)托收款项能否收到完全取决于进口商的信用,所以出口商采用这种结算方式被拒付的风险较大,但是却减少了钱货两空的风险。

(3)进口商有较大的主动性;但是在凭付款交单条件下,买方仍可能遭遇到单货不符的风险。

(4)银行受理并且参与托收业务,但是没有义务也不负责担保出口商最终一定能得到进口商的付款或承兑。同时,银行在托收结算中往往还会对进出口商提供一些融资业务,这也超出了商业银行参与结算的中间业务范畴。

(5)手续较繁,费用较高。

2. 风险与防范

托收结算是以商业信用为基础的。出口商仅凭进口商的信用发货后才能采用这一方式去向进口商索要货款,无论进口商出于何种原因拒付,出口商都将蒙受巨大的损失。

出口商承担的风险主要包括:

(1)市场风险:出口商发运货物后,遭遇进口地的货价下降,进口商不愿意付款赎单或者是承兑取单,转而借口货物不符合合同某项要求为由要求减价。

(2)政治或经济风险:因进口国政治上或经济上的原因,进口商所在国家改变进口政策,导致进口商无法获取进口许可证或申请不到外汇,以致遭遇货物已经到达进口商所在地而无法进口的尴尬。

(3)经营风险:进口商自身破产或者倒闭以至于无力付款。

为此,出口商应在决定采用托收结算后,积极进行事前的风险防范,尽力避免可能会发生的损失:

(1)对进口商进行详尽的资信调查与评估。

(2)在合同签订时,尽可能争取对自己有利的贸易条件,如 CIF 方式。

(3)向银行申请办理托收时,尽可能使用付款交单方式。

(4)了解进口国有关政策规定,如进口国家的银行是否做远期付款交单业务以及如何处理这类业务;进口国海关在进口手续、港口管理等方面的有关规定;进口国外汇管制方面的有关规定等。

(5)尽可能选择进口商的账户行作为代收行,以利于进口商获得融资,按时付款。

(6)在进口商所在地设置分支机构或安置代理人,为其办理在货款一旦被拒付时可能带来的货物存仓、保险、转售或运回等手续。

除了出口商以外,进口商在托收结算中也存在一定的风险。虽然托收比汇款更受进口商青睐,因为托收减少了进口商的费用开支和资金占用。但是,进口商仍然可能遭遇货物与合同不符或是出口商其他的恶意欺诈行为等。因此,进口商也有必要进行适时的风险防范与控制。

(1)对出口商进行详尽的资信调查与评估。

(2)尽可能要求出口商同意以承兑交单或凭信托收据借单方式办理托收。

(3)明确规定出口商应提交符合合同规定的单据类型和份数,并严格要求单据与单据之间的一致。

此外,代进出口双方办理出口托收和进口代收业务的银行作为结算中介,成本和风险都比较小。但是如果银行未能按照惯例和常规行事,未尽到善意和合理的谨慎还是要承担相应责任的。同时,如果银行应进出口商要求自行对他们提供了融资便利,则应该注意防范和控制相关风险,因为此时的商业银行已经由原本的结算中介而演变为交易中的信用中介了。

七、托收中的资金融通

商业银行在办理托收业务时,同样可以作为信用中介为客户提供融资服务,虽然这已经超出了传统的托收业务范畴,但是因为这一方面可以迎合进出口商的资金需求,另一方面也符合银行的赢利动机,所以在现代托收业务中非常普遍。

1. 托收出口押汇(Collection Bill Purchased)

托收出口押汇又称议付,指托收行买入出口商开立的跟单汇票及/或装运单据,按照票面金额扣减从付款日到估计收到票款日的利息及银行手续费,将净额付给出口商的融资行为。托收项下贷款相当于部分贷款作押汇,但与押汇不同,出口商在流动资金不足的情况下,可以要求托收行发放低于托收金额的贷款,待到期日还贷。

2. 凭信托收据借单(Document against Payment at X days after sight to issue Trust Receipt in exchange for documents,简称 D/P-T/R)

允许进口商在付款前开立信托收据(T/R)交给代收行,凭以借出货运单据先行提货,以便出售,待售得货款后偿还代收行,换回信托收据的融资方式。信托收据是进口商的书面担保文件,在承认货物所有权归银行的前提下,保证以银行受托人的身份代为处理货物;待货物出售后,将货款偿付代收行,换回信托收据。

在信托收据融资活动中,代收行与进口商之间形成了一种新的权利义务关系。作为信托人(Truster)的代收行享有随时取消信托的权利,而且如果进口商倒闭清盘，它对于融资项下的货物或者货款享有优先权。而作为被信托人(Trustee)的进口商应该承认货物的所有权仍然归代收行所有，故应将融资项下的货物与他所拥有的其他货物分开存仓或分开保险，而且不得将货物用于抵押。

【重要名词】

付款条件；顺汇；逆汇；汇款；信汇；电汇；票汇；预付货款；延迟付款；售定；寄售；托收；光票托收；跟单托收；直接托收；托收申请书；托收指示；交单条件；托收出口押汇；凭信托收据借单

【复习思考题】

1. 国际结算中主要的付款条件有哪些？
2. 信汇、电汇和票汇的主要特点是什么？
3. 跟单托收主要包括哪些结算程序(用流程图表示)？
4. 凭信托收据借单方式下，各主要当事人的责任和风险是什么？

第五章 信用证和银行保函

第一节 跟单信用证

在西方，“信用证”(Letter of Credit)一词最早使用于银行签发的“旅行者信用证”(Traveller’s Letter of Credit)，它是银行为便利其客户去境外旅行时从当地银行支取现金而签发的，可以减少客户因随身携带大量现金而产生的风险。根据客户的申请，开证行向其境外的代理行或机构签发一份正式信函，要求其在客户出示开证行签发的正本件支取现金时提供资金帮助，该信函规定了客户支取现金的期限以及可以支取的最高金额。开证行在境外的代理行或机构凭开证行的“信函”(letter)向客户提供“信用”(credit)，然后开立以开证行为付款人的汇票向开证行索偿，汇票金额为已支付给客户的金额加上相关费用。现代信用证在此基础上发展而来，并逐渐演变为贸易结算的支付工具。除“信用证”外，这一结算工具又被称为“商业信用证”(Commercial Credit)，这是因为信用证业务总是与一笔商业交易有关；或“跟单信用证”(Documentary Credit)，这是因为信用证业务处理的是单据。还有一种信用证叫“备用信用证”(Standby Letter of Credit)，这是一种特殊的信用证，只有当交易中发生违约时，开证行才需履行付款责任，有关“备用信用证”的内容我们将在本章第二节作专门论述。

一、《跟单信用证统一惯例》简介

跟单信用证是以银行信用为基础的结算方式。信用证的产生极大地便利了国际贸易结算，推动了国际贸易的发展，并成为贸易结算最重要的支付方式之一。但早期的信用证业务由于缺乏统一的国际准则，各国商人和银行从维护自身利益出发，根据本国法律和规则处理信用证业务，解释信用证条款，导致争议和纠纷不断。为了统一各国对跟单信用证的理解、解释和应用，解决各国间因规则不统一、条款互相矛盾引发的争议，国际商会于1933年第一次正式发布《跟单信用证统一惯例》（国际商会第82号出版物）。此后，随着科技、贸易、运输、金融和保险业的不断发展，七十多年来国际商会又对统一惯例进行了多次修订，使其条款更全面地反映信用证实务，也使统一惯例在全球范围内得到了更广泛的应用。

国际商会成立于1919年，是一个非政府国际组织。《跟单信用证统一惯例》（Uniform Customs and Practice for Documentary Credits，简称UCP）由国际商会制定和颁布，是迄今为止最为成功的一套非官方贸易规则，已经成为指导跟单信用证业务的国际准则。

国际商会对统一惯例的历次修订均以国际商会出版物的形式公布。1933年的第82号出版物明确了信用证是单据交易，而非货物买卖，将单据与单据所代表的货物分离开来。1951年的第151号出版物（第一次修订）对"可转让信用证"作了详尽的规定，并对许多条款和术语作了统一的解释。1962年的第222号出版物（第二次修订）明确了"信用证"的定义和各当事人之间的关系。1974年的第290号出版物（第三次修订）反映了运输业的最新发展，对"联合运输单据"作了专门规定。1983年的第400号出版物（第四次修订）将统一惯例的适用范围扩大到"备用信用证"。1993年的第500号出版物（第五次修订）强调了信用证凭单付款的性质，明确了信用证的不可撤销性和开证行、保兑行在信用证下的付款责任，进一步维护了受益人的权益，促进了信用证业务的发展。

UCP500自1994年1月1日生效实施以来，随着银行、运输和保险业的发展，围绕UCP500条款又产生了新的争议和纠纷。为此，国际商会陆续出版发表了一系列的官方意见、决定和出版物，对UCP500条款进行解释和补充。国际商会在UCP500修订前进行的一系列全球调查结果显示，信用证下的单据大约有70%在第一次交单时因为不符点而遭到拒付。这一现象如果继续发展下去，将对信用证业务的发展产生非常不利的影响。实务中愈演愈烈的不符点费的收取更是对这一问题起了推波助澜的作用，严重影响了信用证作为国际支付方式的发展。为了促进信用证业务的顺利发展，国际商会银行技术和惯例委员会根据UCP500执行以来出现的新问题、新情况，于2003年5月开始对原有的规则进行修订，整个修订过程历时三年多的时间。2006年10月25日，在法国巴黎举行的国际商会银行技术和惯例委员会2006年秋季年会上，国际商会以投票表决的方式，通过了《跟单信用证统一惯例》的最新修订，新的修订本为国际商会第600号出版物，即UCP600，它的出版宣告了UCP500的修订工作暂告一段落，也标志着UCP500在使用了13年后即将退出历史的舞台。新的国际惯例UCP600已于2007年7月1日生效。这是《跟单信用证统一惯例》自1933年首次公布以来的第六次修订。

UCP600第一条"UCP的适用范围"指出:《跟单信用证统一惯例》,2007年修订本,国际商会第600号出版物(简称UCP)是一套规则,该规则适用于在其文本中明确表明受本规则约束的跟单信用证("信用证")(包括在其适用范围内的备用信用证)。除非信用证明确修改或排除,该规则对信用证所有当事人都具有约束力。

纵观UCP的历次修订,大约10年左右的时间修订一次,每一次修订都反映了国际贸易和国际结算领域理论和实务方面的最新发展。随着国际贸易和国际结算的不断发展,统一惯例必将做出进一步的修订,以适应贸易和结算实务的发展变化。

二、跟单信用证的概念及特点

1. 跟单信用证的概念

信用证是开证行根据进口商的要求,凭信用证规定的单据向出口商做出的付款承诺。国际商会《跟单信用证统一惯例》(UCP600)第二条指出:信用证意指一项安排,无论其名称或描述如何,该项安排不可撤销,并构成开证行对相符交单予以承付的确定承诺。

从"信用证"的定义可以看出,信用证是开证行不可撤销的付款承诺。UCP600第三条也指出:"信用证是不可撤销的,即使未如此表明。"开证行付款的条件是信用证项下提交"相符单据"。UCP600第二条对"相符单据"(complying presentation)的定义是"与信用证条款、本惯例适用条款以及国际标准银行实务一致的交单"。信用证使出口商在相符交单条件下能够获得银行确定的付款保证,对进口商而言,开证行的这种付款保证是有条件的,即只有在收到相符单据时开证行才会付款,因此,信用证结算方式使进出口双方的权益都比较有保障。

2. 跟单信用证的特点

根据信用证的定义,我们可以看出信用证具有三个基本特点:

(1) 开证行承担第一性的付款责任

信用证是以银行信用为基础的结算方式。银行凭自己的信用向出口商做出付款保证,只要出口商提交了"相符单据",开证行就必须付款。开证行第一性付款原则意味着即使进口商因破产、倒闭等原因无力偿付开证行或因市场环境变化无利可图而拒绝偿付开证行，开证行仍然必须付款。

UCP600 第七条"开证行的责任"(Issuing Bank Undertaking)a 款指出"只要规定的单据提交到被指定银行或开证行，并且构成相符交单，则开证行必须付款"；b 款指出"开证行自开立信用证之时起即不可撤销地承担付款责任"。

UCP600 第八条"保兑行的责任"(Confirming Bank Undertaking)a 款规定"只要规定的单据提交到保兑行或其他任何被指定银行，并且构成相符交单，则保兑行必须付款"；b 款规定"保兑行自对信用证加具保兑之时起即不可撤销地承担付款责任"。

无论是开证行或保兑行对出口商做出的付款都是不可追索的(without recourse)，也就是说该项付款是终局性的(final)，开证行或保兑行在"相符交单"情况下不能要求受益人归还已经支付的款项。

(2)信用证是一项独立文件

信用证是开证行与出口商之间的一份书面合同。信用证的独立性是指信用证下的付款以"相符交单"为条件，不受其他任何因素的影响。信用证虽然以贸易合同为依据开立，但是一经开立就不再受到贸易合同的约束。银行履行信用证下的付款责任仅以出口商满足信用证规定的条件为前提，不受贸易合同争议的影响，也不受申请人与开证行之间关系的影响。信用证的独立性原则(Independence Principle)在 UCP600 的很多条款中都有所体现，除上述 UCP600 第七条和第八条外，UCP600 第四条"信用证与合同"(Credits v. Contracts)做出如下规定：

a. 就其性质而言，信用证与可能作为其开立基础的销售合同或其他合同是相互独立的交易，即使信用证中含有对此类合同的任何援引，银行也与该合同无关，且不受其约束。因此，银行关于承付、议付或履行信用证项下其他义务的承诺，不受申请人基于其与开证行或与受益人之间的关系而产生的任何请求或抗辩的影响。

受益人在任何情况下不得利用银行之间或申请人与开证行之间的合同关系。

b. 开证行应劝阻申请人试图将基础合同、形式发票等文件作为信用证组成部分的做法。

根据本条 a 款，信用证与销售合同是互不相关，互相分离的，而且开证行在信用证下的付款责任是不受进口商与开证行或出口商之间关系影响的。

(3)信用证业务处理的对象是单据

信用证是单据业务。银行只根据表面上符合信用证条款的单据付款，对单据的准确性、真实性或法律效力不负责任,单据所代表的货物的质量也不是银行关心的问题。如果信用证下的货物存在质量问题,进口商可以根据贸易合同向出口商提出索赔,只要是"相符交单",开证行就必须付款。信用证凭单付款的原则体现在以下条款中:

UCP600 第五条"单据与货物、服务或履约行为"(Documents v. Goods, Services or Performance)规定:"银行处理的是单据,而不是单据可能涉及的货物、服务或履约行为。"本条清楚地表明信用证是关于单据的业务,与货物、服务或履约行为无关。

UCP600 第十四条"单据审核标准"(Standard for Examination of Documents)a 款指出:"按指示行事的被指定银行、保兑行(如果有的话)及开证行必须审核单据,并仅根据单据本身确定其是否在表面上构成相符交单。"

UCP600 第三十四条"关于单据有效性的免责"(Disclaimer on Effectiveness of Documents)又规定:银行对任何单据的形式、充分性、准确性、内容真实性、虚假性和法律效力,或对单据中规定或添加的一般或特殊条件,概不负责;银行对任何单据所代表的货物、服务或其他履约行为的描述、数量、重量、品质、状况、包装、交付、价值或其存在与否,或对发货人、承运人、货运代理人、收货人、货物的保险人或其他任何人的诚信与否、作为或不作为、清偿能力、履约或资信状况,也概不负责。

信用证的这三个基本特点是相辅相成、不可分割的。开证行第一性付款责任以"相符单据"为条件,"相符单据"是与信用证条款、UCP600 条款以及国际标准银行实务相一致的交单,不受贸易合同等因素约束,也不受单据表面文字记载以外内容的影响。

〔案例〕信用证单据清洁，而货物质量与合同不符争议案

案情简介

开证行I银行应进口商A公司要求，开出一张以美国B公司为受益人的可分批装运的即期信用证，金额为1,250,000美元，装船期为9月20日，有效期为10月5日。7月25日，开证行收到议付行N银行寄来的第一批装运单据，全额为780,000美元，经开证行I银行审单，单据与信用证相符，进口商A公司付款赎单。付款后一个月，第一批货物到港，进口商A公司验货，发现质量与合同规定严重不符。9月12日，收到议付行N银行寄来的第二批单据，全额为470,000美元，经开证行I银行审单，单证相符，进口商A公司要求扣除第一批货物因质量问题应赔付给进口商A公司的损失后将余款支付。开证行I银行根据UCP的规定，拒绝了进口商的要求，并于到期日对外付款。后来，进出口双方根据合同规定，自行解决了问题。

案情分析

根据信用证业务的三个基本特征，信用证下开证行承担第一性的付款责任，信用证与合同是相互独立的两个契约，各有关当事人处理的是单据。本案中，进口商要求开证行从第二次付款中扣减第一次赔偿，作为开证行，一定要以单证为唯一标准来决定是否接受单据。如果单证相符，无论货物有什么问题，都必须付款，决不能卷入进出口双方的贸易纠纷中去，以维护银行的良好声誉。

（选自陈岩主编《信用证典型案例评析》，中国商务出版社2005年版）

三、信用证业务的当事人

信用证业务涉及的当事人有很多，最基本的当事人包括开证申请人、开证行和受益人，由于信用证是以银行信用为基础的结算方式，在整个信用证业务流程中涉及的银行特别多，如通知行、保兑行、付款行、承兑行、议付行、被指定银行、偿付行、索偿行等，它们在信用证业务中扮演不同的角色，发挥不同的作用。正是由于信用证业务涉及的当事人较多，与汇款和托收结算方式相比，信用证结算手续更复杂，费用也更高。

1. 开证申请人(Applicant)

开证申请人是国际贸易中的进口商(Importer)，又被称为开证人(Opener)、

付款人(Accountee)或委托人(Principal),是向开证行申请开立信用证的当事人。当进出口双方在贸易合同中确定采用信用证结算方式时,进口商必须在合同规定的期限内到其往来银行申请开立信用证。

信用证业务中,开证申请人受两种契约关系的约束。一是与出口商的贸易合同,由这份贸易合同带来了对支付信用的需要。贸易合同是解决进出口商在信用证项下贸易纠纷的依据,虽然信用证业务不受贸易合同约束,但贸易合同却是开立信用证的基础,因此开证申请人必须开立符合合同条款的信用证。二是向开证行递交的开证申请书。这份开证申请书保证了信用证下收进的单据和付出的款项将由开证申请人赎还。在信用证业务中虽然开证行承担第一性的付款责任,但开证行是根据开证申请人的申请开立信用证的,信用证项下的款项最终应由开证申请人支付,开证申请人对"相符单据"承担付款责任,不得以货物与合同不符提出拒付。开证申请人在付款赎单提货后,如果发现货物与合同不符,可以根据贸易合同通过法律诉讼或仲裁要求出口商做出赔偿,但不能向开证行追偿货款。

2. 开证行(Issuing Bank)

UCP600 第二条指出:"开证行是根据开证申请人的要求或代表自己开出信用证的银行。"通常情况下,开证行是开证申请人所在地的一家银行。如果开证行根据开证申请人的指示开立信用证,只要出口商提交了"相符单据",开证行就必须付款。如果开证行代表自己开出信用证,表明开证行自营进口业务,该信用证基本当事人只有两个,即开证行和出口商。

在信用证业务中,开证行受开证申请书和信用证双重约束。开证申请书是开证申请人对开证行的开证指示,开证行以此对外开立信用证;信用证是开证行对受益人做出的付款承诺,信用证一旦开出,开证行即承担不可撤销的第一性付款责任。开证行在信用证项下的付款责任不受开证行与申请人或申请人与出口商之间产生的纠纷约束。开证行不得以开证申请人无力付款或货物不符合合同规定为由拒付。开证行的付款是终局性的,付款后对受益人没有追索的权利。

UCP600 第七条"开证行责任"做出如下规定:

a. 只要规定的单据提交到被指定银行或开证行,并且构成相符交单,则开证行必须付款,如果信用证的支款方式为:

i. 由开证行即期付款、延期付款或承兑;

ii. 由被指定银行即期付款而该被指定银行未付款;

iii. 由被指定银行延期付款而该被指定银行未承担延期付款责任,或虽已承担延期付款责任,但未在到期日付款;

iv. 由被指定银行承兑而该被指定银行未承兑以其为付款人的汇票，或虽已承兑以其为付款人的汇票，但未在到期日付款；

v. 由被指定银行议付而该被指定银行未议付。

b. 开证行自开立信用证之时起即不可撤销地承担付款责任。

c. 开证行保证偿付已对相符交单进行付款或议付并将单据寄往开证行的被指定银行。对承兑或延期付款信用证项下相符交单金额的偿付在到期日进行，无论被指定银行是否在到期日之前预付或购买了单据。开证行对被指定银行的偿付责任独立于开证行对受益人的责任。

3. 受益人(Beneficiary)

受益人是国际贸易中的出口商(Exporter)，开证行开立的信用证以出口商为受益人。信用证下受益人获得付款的条件是提交"相符单据"。

受益人受贸易合同和信用证的约束，受益人与开证申请人之间存在一份贸易合同，与开证行之间存在一份信用证。一方面受益人必须提供符合贸易合同的货物，另一方面受益人必须提交"相符单据"。受益人提交"相符单据"后有权取得信用证项下的款项，如果遭到开证行的无理拒付，可以根据信用证条款以及《跟单信用证统一惯例》维护自己的权益。如果遇开证行倒闭，信用证无法兑现，则受益人可以根据贸易合同要求进口商付款，进口商仍应承担付款责任。如果信用证条款与合同不符，或信用证条款无法履行，受益人将无法提交"相符单据"，也就无法获得开证行的付款，这时，受益人必须要求开证申请人指示开证行修改信用证，或拒绝接受信用证。受益人凭"相符单据"获得开证行的付款后，如果货物不符合合同要求，仍应根据贸易合同向开证申请人做出赔偿。

开证申请人、开证行和受益人是信用证业务中最基本的当事人，他们之间的关系可以用图 5.1 来表示。

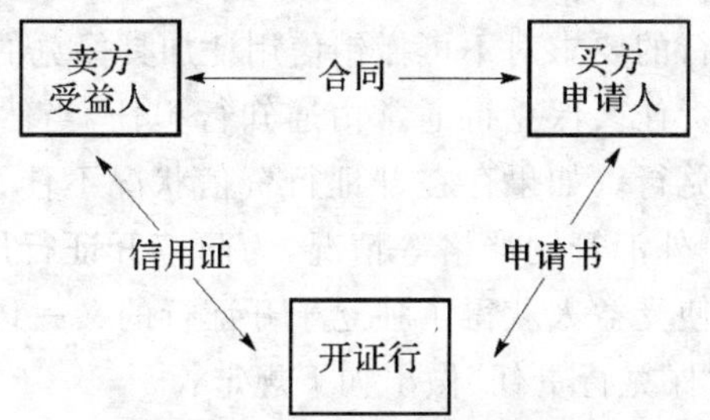

图 5.1 开证申请人、开证行和受益人的关系

4. 通知行(Advising Bank)

通知行是应开证行的要求将信用证通知给受益人的银行。它是开证行在受

益人所在地的分行或代理行。通知行的责任是审核信用证的表面真实性并将信用证及时通知给受益人。如果通知行不能确定信用证的表面真实性，即无法核对信用证的签字或密押，或无法通知信用证（如受益人地址不详），则应毫不延误地告知从其处收到指示的银行，并可暂不通知受益人。如通知行仍决定通知该信用证，则必须告知受益人印押待核。通过通知行通知信用证可以确保信用证的真实性，有利于维护受益人的利益。通知行对信用证内容不承担责任。

UCP600 第九条"信用证和修改的通知"做出如下规定：

a. 信用证及其修改可以通过通知行通知给受益人。非保兑行的通知行通知信用证及修改时不承担付款或议付的责任。

b. 通知行通知信用证或修改表明其已确认信用证或修改的表面真实性，并且该通知准确地反映了所收到的信用证或修改的条款。

c. 通知行可以通过另一家银行（"第二通知行"）将信用证及修改通知受益人。第二通知行通知信用证或修改表明其已确认收到的通知的表明真实性，并且该通知准确地反映了所收到的信用证或修改的条款。

d. 通过通知行或第二通知行通知信用证的银行必须通过同一银行通知其后的任何修改。

e. 如果一家银行被要求通知信用证但决定不予通知，它必须毫不延误地告知自其处收到信用证、修改或通知的银行。

f. 如果一家银行被要求通知信用证或修改但不能确认信用证、修改或通知的表面真实性，它必须毫不延误地告知从其处收到指示的银行。如果该通知行或第二通知行决定仍然通知信用证或修改，则应告知受益人或第二通知行其不能确认信用证、修改或通知的表面真实性。

5. 保兑行(Confirming Bank)

保兑行是应开证行的要求对不可撤销信用证加具保兑的银行。保兑行承担与开证行相同的付款责任。保兑行通常由通知行担任，当然也可以由开证行指定的其他银行担任保兑行。如果存在开证行资信状况不佳、规模较小或开证行所在国政治局势动荡、外汇管制严格等情况，为防范开证行风险，信用证可由另一家银行加保。保兑使受益人获得了独立于开证行的又一付款保证。

UCP600 第八条"保兑行责任"做出如下规定：

a. 只要规定的单据提交到保兑行或其他任何被指定银行，并且构成相符交单，则保兑行必须：

i. 付款，如果信用证的支款方式为

a) 由保兑行即期付款、延期付款或承兑；

b）由另一家被指定银行即期付款而该被指定银行未付款；

c）由另一家被指定银行延期付款而该被指定银行未承担延期付款责任，或虽已承担延期付款责任，但未在到期日付款；

d）由另一家被指定银行承兑而该被指定银行未承兑以其为付款人的汇票，或虽已承兑以其为付款人的汇票，但未在到期日付款；

e）由另一家被指定银行议付而该被指定银行未议付。

ii. 议付，如果信用证由保兑行议付。

b. 保兑行自对信用证加具保兑之时起即不可撤销地承担付款或议付的责任。

c. 保兑行保证偿付已对相符交单进行付款或议付并将单据寄往保兑行的另一家被指定银行。对承兑或延期付款信用证项下相符交单金额的偿付在到期日进行，无论另一家被指定银行是否在到期日之前预付或购买了单据。保兑行对另一家被指定银行的偿付责任独立于保兑行对受益人的责任。

d. 如果开证行授权或要求一家银行对信用证加具保兑，而该银行不准备照办时，它必须毫不延误地通知开证行，并可通知此信用证而不加保兑。

保兑行和开证行一样对受益人承担第一性的付款责任。保兑行有权自行决定是否对信用证加保，但保兑行一旦对该信用证加具了保兑，就对信用证承担独立的确定的付款责任，必须对向它提示相符单据的受益人或其指定人支付信用证款项。保兑行付款后有权向开证行索偿。保兑行的付款是终局性的，付款后不能再向受益人追索。

6. 付款行(Paying Bank)

付款行是即期付款或延期付款信用证项下承担付款责任的被指定银行。付款行可以是开证行，也可以是开证行指定的另一家银行或任何一家银行(如果该信用证为自由支款信用证)。当付款行是开证行以外的银行时，该行可以自行决定是否接受开证行的委托和指定成为付款行，如果付款行不接受开证行的指定，或虽根据开证行的指定承担延期付款责任，但未在到期日付款，开证行或保兑行对相符单据承担最终付款责任。付款行一旦付款，就不得向受益人追索，只能向开证行索偿。

7. 承兑行(Accepting Bank)

承兑行是对远期信用证下受益人签发的远期汇票进行承兑，并承担到期付款责任的银行。承兑行可以是开证行，也可以是开证行指定的另一家银行或任何一家银行(如果该信用证为自由支款信用证)。如果承兑行不是开证行，该行有权自行决定是否接受开证行的委托和指定成为承兑行，如果承兑行因不接受开证行的指定而未承兑以其为付款人的汇票，或虽已承兑汇票，但未在到期日付款，开证行或保兑行应承担最终付款的责任。承兑行的付款是终局性的，对受益人没有追索权。承兑行付款后可以要求开证行偿付。

8. 议付行(Negotiating Bank)

UCP600 第二条指出："议付是在相符交单条件下，被指定银行在获得偿付的银行工作日当天或之前向受益人预付或同意预付款项，从而购买汇票(付款人为被指定银行以外的其他银行)及或单据的行为。"从"议付"的定义可以看出，"议付"包含两个方面的内容，即"预付"(立即付款)或"同意预付"(承担付款责任)，也就是说预付款项行为既可以发生在受益人交单的当天，也可以发生在交单之后、开证行或保兑行偿付之前的任何时间。

议付的本质是对受益人的提前融资。议付的前提是受益人向被指定银行提交相符单据。如果单据不符，就不存在议付和议付行。议付银行买入受益人提交的信用证项下的汇票和单据，按票面金额扣除从议付日到汇票到期日(预计收款日)的融资利息和费用，将净额支付给受益人。议付行可以由开证行在信用证中指定(限制议付信用证)，也可以是任何一家银行(自由议付信用证)。议付行议付后，根据信用证要求向开证行或保兑行寄单索偿。议付行对受益人的议付既可以是保留追索权的融资，也可以是无追索权的买断，对此 UCP 没有做出具体规定。实务中，议付行出于风险考虑，往往对议付保留追索权。因此，当开证行因不符点而拒付时，议付行有权向受益人追索。

议付行在信用证下的权益较有保障，因为议付是开证行授权被指定银行提前融资的行为，只要是相符交单，议付行就有权得到开证行的偿付。在信用证业务中，如果受益人实施欺诈，开证行和申请人可以根据欺诈例外原则对抗受益人，即使受益人提交的单据与信用证完全相符，也可以解除付款责任。但如果被指定银行根据开证行的授权已经善意地进行了议付，则开证行和申请人不得对抗议付行，必须偿付该议付行已支付给受益人的融资款项。

9. 被指定银行(Nominated Bank)

UCP600 第二条指出："被指定银行是可在其处支取款项的银行，如果是可在任一银行支款的信用证，则任何银行均为被指定银行。"被指定银行是由开证行指定或授权，对信用证项下的单据及/或汇票进行即期付款、延期付款、承兑或议付的银行。具体而言，被指定银行是指对汇票及/或单据作即期付款或延期付款的付款行、对远期汇票作承兑的承兑行以及对汇票及/或单据作议付的议付行。UCP600 第十二条"指定"做出如下规定：

a. 除非被指定银行为保兑行，承付或议付的授权并不构成被指定银行承付或议付的义务，除非该被指定银行明确表示同意，并且告知受益人。

b. 指定一家银行承兑汇票或承担延期付款责任，即为开证行授权该被指定银行预付或购买其已承兑的汇票或承担的延期付款责任。

c. 非保兑行的被指定银行收到或审核并寄送单据的行为并不使该被指定银行承担承付或议付的责任，也不构成承付或议付。

被指定银行可以是记名的一家银行，也可以是不记名的任何一家银行。在自由支款信用证中，任何银行均可以是被指定银行。被指定银行有权不按开证行指示行事，但如果付款行或承兑行凭相符单据作了付款或先承兑后付款，是对受益人无追索权的付款，付款之后可以根据与开证行的偿付协定获得偿付。

10. 偿付行(Reimbursing Bank)

偿付行是开证行指定的对被指定银行(付款行、承兑行或议付行)进行偿付的银行。为了结算上的方便，开证行可以委托另一家有账户关系的银行代其向被指定银行偿付。偿付行是开证行的账户行，也是信用证货币的清算中心所在地的银行。当信用证中有偿付条款时，开证行授权被指定银行可以在相符交单条件下直接向偿付行索偿，同时将单据寄往开证行。因此，偿付行无需审核单据，偿付行的责任是在对外付款前将被指定银行的索偿电文或邮寄面函与开证行的偿付指示(偿付授权书)进行核对，并确认开证行账户中有足够余额。如果开证行在偿付后发现单证不符，可以向被指定银行追索已经支付的信用证项下的款项。如果偿付行没有根据信用证的规定对被指定银行付款，开证行有责任履行付款义务。

为了规范银行间偿付，国际商会出版了《跟单信用证项下银行间偿付统一规则》(ICC Uniform Rules For Bank-to-Bank Reimbursements under Documentary Credits，“URR”)，该规则是国际商会第 525 号出版物，简称 URR525，自 1996 年 7 月 1 日起生效。随着 UCP600 的修订，该规则也同步进行了更新和升级，新版本为 URR725，自 2008 年 10 月 1 日生效。URR725 共有 17 个条款，其中，第一条“URR 的适用范围”规定，URR 适用于银行间的偿付，开证行负责在跟单信用证中规定偿付遵循该规则。第十一条“索偿的处理”a 款指出“偿付行在收到索偿后，最多在三个银行工作日内应对索偿要求进行处理。银行营业时间之外收到的索偿要求，将被认为是在下一个银行工作日收到的”。该条 c 款指出“如果偿付是在一个将来的时间，偿付请求不能在该预先确定日期的十天之前提交给偿付行。如果偿付请求在该预先确定日期的十天之前提交，偿付行对该偿付要求可以不予置理。”URR 对银行间偿付作出了详尽的规定。与此同时，UCP600 也有专门的条款涉及银行间偿付，但内容上远没有 URR 全面和完整。

UCP600 第十三条“银行间偿付安排”做出如下规定：

a. 如果信用证规定由被指定银行(“索偿行”)向另一方(“偿付行”)取得偿

付，信用证必须声明该偿付是否遵循信用证开立之日有效的国际商会银行间偿付统一规则。

b. 如果信用证没有声明偿付是否遵循国际商会银行间偿付统一规则，以下条款适用：

i. 开证行必须向偿付行提供偿付授权，该偿付授权应符合信用证支款方式。偿付授权不应规定到期日。

ii. 开证行不应要求索偿行向偿付行提供单据与信用证条款相符的证明。

iii. 如果偿付行没有根据信用证条款见索即偿，开证行将承担利息损失，以及由此产生的任何费用。

iv. 偿付行的费用由开证行承担。但是，如果费用由受益人承担，开证行有责任在信用证及偿付授权中注明。如果偿付行的费用由受益人承担，该费用应在偿付时从付给索偿行的金额中扣收。如果偿付未发生，偿付行的费用仍由开证行承担。

c. 如果偿付行未能见索即付，开证行不能免除偿付责任。

四、信用证的形式和内容

1. 信用证的形式

根据信用证的开立方式，信用证可以分为信开信用证和电开信用证。

信开信用证是银行以信函形式开立的信用证。信用证开出后以航空挂号信寄给通知行，一般是正副本各一份。这是一种传统的开立信用证的方式。信开信用证上必须有开证行有权签字人的签字，通知行收到信开信用证后必须根据和开证行建立代理行关系时预留的签字样本核对签字，以确定信用证的表面真实性。

电开信用证是银行以加押电传、电报或 SWIFT 形式开立的信用证。电开信用证又分为简电和全电两种。

简电开证(Brief Cable / Pre-Advice)是开证行将信用证金额、装效期、开证申请人和受益人等主要内容以简电的形式通过通知行预先通知受益人，以便赶上合同规定的开证期限或让受益人早日备货。电文中一般注明“随寄证实书”(Mail Confirmation to Follow)或“详情后告”(Full Details to Follow)等字样，随后银行将信开信用证或简电证实书寄出。简电不是信用证的有效文本，受益人不能以此作为向银行交单和收款的依据，只有证实书才是受益人交单议付的有效文本。

全电开证(Full Cable)是开证行以电讯方式开立的内容完整的信用证。全电一般是信用证的有效文本，有时电文中会特别注明“This is the operative instrument”(这是信用证的有效文本)，但如果电文中注明“Mail Confirmation to

Follow "(随寄证实书),则应以邮寄证实书为准。早期的电开信用证以电传、电报形式开立(为防止电文遗失或出错,开证行一般都随寄证实书并以证实书为准),费用较高,为了节省费用,开证行以简电形式开出信用证,然后将内容完整的信开信用证寄出,这样可以节省很多费用。目前由于 SWIFT 的广泛使用,以简电形式开立的信用证以及信开信用证已经不多,因为 SWIFT 系统快速安全、格式规范、费用低廉,只要网络通畅,收发电文在瞬间就能完成,而且通过 SWIFT 开出的信用证,SWIFT 系统可以自动加押、核押,业务处理上更方便。

UCP600 第十一条"电讯传输和预先通知的信用证及修改"做出如下规定:

a. 以经过证实的电讯方式发出的信用证或修改被视为信用证或修改的有效文本,任何后续的邮寄证实书将不予理会。如果电讯文本声明"详情后告"(或类似用语),或声明邮寄证实书是信用证或修改的有效文本,则该电讯文本不被视为信用证或修改的有效文本。开证行必须随即开立信用证或修改的有效文本,不得延误,其条款应与该电讯文本相一致。

b. 开证行只有在准备开立信用证或修改的有效文本时,才可以发出开立信用证或修改的预通知。开证行发送预通知即不可撤销地承诺开立信用证或修改的有效文本,不得延误,且其条款应与预通知相一致。

2. 信用证的内容

跟单信用证使用标准化的格式。虽然信开信用证中不同银行有各自印就的固定格式,但基本内容大体相同。通过 SWIFT 开立的信用证采用 MT700 和 MT701 格式,当信用证内容较多时可以使用一个 MT700 和一个或几个 MT701 格式开立。由于国际商会跟单信用证统一惯例的不断修改,信用证的格式也随之发生一些变化。1994 年为了配合 UCP500 的出版,国际商会制定了《为 UCP500 制定的新版标准跟单信用证格式》(The New Standard Documentary Credit Forms for the UCP500),即国际商会第 516 号出版物。随着 UCP600 的出版,SWIFT 格式又将发生新的变化,MT700 中将新增一栏必要项目 40E-UCPURR LATEST VERSION 或 eUCP LATEST VERSION。同时根据 UCP600 中规定的不同运输方式,MT700 中的 44 项新增 A、E、F、B 四个选项,44E 适用于起运港或起运机场,44F 适用于卸货港或目的地机场,44A 和 44B 则将用于海运和空运以外的其他运输方式。为了适应 UCP600 第十六条银行拒付时单据处理方法的变化,MT734 中 77B 也将做出相应变化。一份 SWIFT 格式的信用证包含以下基本内容:

(1)开证行名称(Name of Issuing Bank)

开证行名称包括开证行的 SWIFT 代码,以及开证行的全称和详细地址。

每一个加入SWIFT组织的银行都有一个SWIFT代码，即银行识别代码(BIC-Bank Identification Code)，该代码由8～11位字母和数字组成，1～4位是银行代码，5～6位是国家代码，7～8位是方位代码，9～11位是分行代码。

(2)序号(Sequence of Total)

这是信用证的页次，如果一份信用证由一个MT700和一个MT701组成，序号用1/2和2/2来表示。

(3)信用证形式(Form of Documentary Credit)

这里指的是信用证的撤销性和转让性。根据UCP500第六条的规定，信用证必须清楚地表明是可撤销的还是不可撤销的。如果没有表明，则视为不可撤销。根据UCP600的规定，所有信用证都必须是不可撤销的。如果开证行开出的是一份可转让信用证，必须在此处注明"transferable"字样，否则该信用证不可转让。

(4)信用证号码(Documentary Credit Number)

这是开证行对所开立信用证的编号，便于开证行进行业务查询和核对受益人提交的信用证下的单据。

(5)开证日期(Date of Issue)

这是信用证中必须标注的日期，因为信用证一旦开立，开证行即承担不可撤销的付款责任。开证日期是信用证生效的日期。

(6)适用规则(Applicable Rules)

这是最新增加的项目，用来显示适用的UCP、eUCP或URR规则。UCP600下，SWIFT格式的信用证不再自动受国际惯例的约束，而是必须在信用证中清楚地表明。

(7)有效日期和地点(Date and Place of Expiry)

信用证的有效日期是受益人向银行交单的最迟期限。在信用证的有效日期内，开证行承担第一性的付款责任。对信用证有效日期以后的交单，开证行不再承担付款责任。有效地点是受益人向银行交单的地点。有效地点的规定可以在开证行，也可以在开证行指定的被指定银行，受益人必须在信用证规定的有效日期前将单据交到指定地点。对受益人而言，有效地点的规定在本国比较有利，如果规定在开证行到期，必须将寄单的邮程考虑在内，以便在到期日前将单据寄到开证行指定地点。

(8)申请人银行(Applicant's Bank)

这不是每一份信用证中都会出现的内容，有些国家的银行为了控制开证风险，对外开立信用证时以总行的名义统一开立，业务处理由各分支机构办理。申请人银行是申请人的业务往来银行，是业务受理行，也往往是被指定银行向其寄单的银行。

(9)开证申请人(Applicant)

开证申请人是贸易合同中的进口商,信用证中应显示申请人完整的名称和详细的地址。

(10)受益人(Beneficiary)

受益人是贸易合同中的出口商,信用证中应显示受益人完整的名称和详细的地址。如果信用证中受益人的名称地址和受益人实际使用的名称地址有误,会给受益人后续的制单带来很多麻烦,因此受益人必须确保其正确无误,如有不符,应在收到信用证后及时修改。

(11)信用证币种金额(Currency Code, Amount)

信用证币种统一使用三个字母的缩写符号,常见的币种有 USD(美元)、HKD(港币)、JPY(日元)、EUR(欧元)、GBP(英镑)等。金额一般以小写表示,也可同时用大小写记载,信用证金额是开证行承担付款责任的金额。

(12)信用证最大金额/溢短装(Percentage Credit Amount Tolerance)

有的信用证除了规定数量金额以外,还规定该数量金额可以在一定范围内浮动,信用证最大金额是开证行承担付款责任的最高金额。

(13)信用证支取方式(Available with... by...)

信用证项下款项的支取方式有四种:即期付款、延期付款、承兑和议付。由此产生四种类型的信用证:即期付款信用证(credit available by sight payment)、延期付款信用证(credit available by deferred payment)、承兑信用证(credit available by acceptance)和议付信用证(credit available by negotiation)。

(14)汇票(Drafts at...)

汇票的出票人为信用证的受益人,但并不是所有的信用证都要求提交汇票。付款信用证不需要提交汇票,承兑信用证一定要求提交汇票,绝大多数的议付信用证也要求受益人提交汇票。

(15)汇票付款人(Drawee)

信用证下汇票的付款人一定是银行,可以是开证行、偿付行或被指定银行。信用证不可以要求受益人提交以开证申请人为付款人的汇票。

(16)分批装运(Partial Shipments)

根据 UCP600 第三十一条的规定,如果信用证没有规定是否允许分批装运,视为允许分批装运。

(17)转运(Transhipment)

货物是否允许转运应在信用证中做出明确的规定。

(18)起运地(Port of Loading/Airport of Departure)

根据不同的运输方式，MT700 格式信用证中的 44E 适用于起运港或起运机场，44A 适用于海运和空运以外的其他运输方式。

(19)目的地(Port of Discharge/Airport of Destination)

根据不同的运输方式，MT700 格式信用证中的 44F 适用于卸货港或目的地机场，44B 适用于海运和空运以外的其他运输方式。

(20)最迟装运日(Latest Date of Shipment)

受益人必须在信用证规定的最迟装运日前装运货物，不然会造成"迟装运"(late shipment)。

(21)货物描述(Description of Goods and/or Services)

货物描述部分包括商品名称(Name of commodity)、规格(Specification)、数量(Quantity)、合同号(Contract No.)、包装(Packing)、单价(Unit price)和总金额(total amount)等内容。

(22)单据要求(Documents Required)

单据要求中需列明单据的名称、份数和具体内容。基本单据有商业发票、运输单据、保险单据、装箱单，此外，还有产地证、检验证书、受益人证明等。如果信用证含有某些条款而未列明需提交的与之相符的单据，即为非单据条款(如载货船只的船龄不得超过 15 年)，受益人可以不予理会。

(23)附加条款(Additional Conditions)

附加条款规定信用证的一些额外条件，如所有单据中显示信用证号码，船只不得停靠以色列港口，不符点费的计收，寄单指示等。

(24)费用(Charges)

信用证业务涉及的银行费用较多，一般规定开证行的费用由开证申请人承担，开证行以外的费用由受益人承担。

(25)交单期(Period for Presentation)

交单期是对受益人交单时间的限制，一般规定为货物装运日以后十天或十五天。如果信用证中没有规定交单期，根据 UCP600 的规定，受益人应不迟于装运日以后 21 天向银行交单。信用证的有效日期也是对受益人交单时间的限制，受益人的最迟交单日期应以两者中先到的日期为准。

(26)保兑指示(Confirmation Instructions)

这是对信用证通知行的指示，要求其对信用证保兑或不保兑。

(27) 偿付行(Reimbursing Bank)

根据偿付安排，开证行授权被指定银行直接向偿付行索偿。

(28)开证行指示(Inst/Paying/Accpt/Negotiate Bank)

这是开证行对被指定银行(付款行、承兑行和议付行)的指示,内容包括要求被指定银行将议付金额在正本信用证上背书,承诺对提交的相符单据承担到期付款责任,或授权被指定银行在到期日向偿付行索偿等。

(29)转通知行(Advise Through Bank)

开证行要求通知行将信用证通过受益人的业务往来银行通知受益人。

以下为一份通过 SWIFT 方式开立的 MT700 标准格式信用证:

Formatted incoming SWIFT message MT	
Own BIC/TID	:II:ICBKCNBJ××× BIC identified as: INDUSTRIAL AND COMMERCIAL BANK OF CHINA, HEAD OFFICE OF BEIJING 55 FUXINGMENNEIDAJIE BEIJING, CHINA
SWIFT Message Type	:MT:700 Issue of Documentary Credit
Correspondents BIC/TID	:IO:MHBKJPJS×××BIC identified as: MIZUHO BANK LTD. YODOYABASHI CENTER BUILDING 3—4—10 KOURAIBASHI CHUO—KU 541—0043 OSAKA, JAPAN
Sequence of Total	:27:1/1
Form of Documentary Credit	:40A:IRREVOCABLE
Documentary Credit Number	:20:30—0480—004340
Date of Issue	:31C:2007.02.05
Applicable Rules	:40E:UCPURR LATEST VERSION
Date and Place of Expiry	:31D:2007.03.20 NEGOTIATING BANK
Applicant	:50:APIDES CO., LTD. 1—9—7 MORINOMIYACHUO CHUO—KU OSAKA 540—0003 JAPAN
Beneficiary	:59:HANGZHOU REO SEA GROUP CO. LTO. 200 HEDONG ROAD, HANGZHOU, CHINA
Currency Code and Amount	:32B:USD9,540.00
Percentage Credit Amount Tolerance	:39A:5/5
Available with... By...	:41D:ANY BANK BY NEGOTIATION
Drafts at...	:42C:BENEFICIARY'S DRAFT(S) AT SIGHT FOR FULL INVOICE VALUE SHOWING THIS DOCUMENTARY CREDIT NUMBER
Drawee	:42D:MHBKJPJS BIC identified as: MIZUHO BANK LTD. YODOYABASHI CENTER BUILDING 3—4—10

	KOURAIBASHI CHUO—KU 541—0043 OSAKA, JAPAN
Partial Shipments	:43P:ALLOWED
Transshipment	:43T:PROHIBITED
Port of Loading/Airport of Departure	:44E:CHINESE PORT
Port of Discharge/Airport of... Destination	:44F:JAPANESE PORT
Latest Date of Shipment	:44C:2007.02.28
Description of Goods and/or Services	:45A:

1,800PCS BED PAD
AS PER APPLICANT'S ORDER SHEET NO.
NS—2114/06—0 DATED 29/JAN/2007
CFR JAPANESE PORT

Documents Required :46A:

+SIGNED COMMERCIAL INVOICE IN 3

+2/3 SET OF CLEAN ON BOARD MARINE BILLS OF LADING MADE OUT TO ORDER AND BLANK ENDORSED, MARKED 'FREIGHT PREPAID', NOTIFY APPLICANT, INDICATING CREDIT NUMBER.

+ PACKING LIST IN 3

+G. S. P. CERTIFICATE OF ORIGIN FORM A IN 1 PHOTO COPY

Additional Conditions :47A:

1. BENEFICIARY'S CERTIFICATE REQUIRED STATING THAT ONE SET OF NON — NEGOTIABLE DOCUMENTS INCLUDING ORIGINAL G. S. P. CERTIFICATE OF ORIGIN FORM AND 1/3 ORIGINAL B/L HAVE BEEN SENT DIRECTLY TO THE APPLICANT BY DHL OR SPEED POST MAIL AFTER SHIPMENT IMMEDIATELY.
2. SHIPMENT: 1 X 20FT CONTAINER.

Charges	:71B:ALL BANKING CHARGES OUTSIDE JAPAN ARE FOR BENEFICIARY'S ACCOUNT.
Period for Presentation	:48:DOCUMENTS MUST BE PRESENTED WITHIN 20 DAYS AFTER THE DATE OF SHIPMENT, BUT WITHIN THE VALIDITY OF THIS CREDIT.
Confirmation Instructions	:49:WITHOUT
Inst/Paying/Accpt/Negotiate	:78:

INSTRUCTIONS TO THE NEGOTIATING BANK:

T. T. CLAIM FOR REIMBURSEMENT IS PROHIBITED.

ON RECEIPT OF DOCUMENTS IN ORDER, WE'LL REMIT AS PER YR INSTRUCTION.

ALL DOCUMENTS MUST BE AIRMAILED IN ONE LOT BY COURIER SERVICE TO US MIZUHO BANK LTD OSAKA I. O. C. YODOYABASHI CENTER BUILDING 3－4－10 KOURAIBASHI CHUO－KU OSAKA 541－0043 JAPAN.

A DISCREPANCY FEE WILL BE DEDUCTED/CHARGED IF DOCUMENTS ARE PRESENTED WITH DISCREPANCIES. .

"Advise Through" Bank :57D: YOUR HANGZHOU BRANCH

五、信用证业务流程

一笔信用证结算业务大约要经过以下 12 个环节(如图 5.2 所示):

(1)进出口双方签订贸易合同,在贸易合同中确定采用信用证结算方式。

(2)开证申请人(进口商)填写开证申请书要求其银行(开证行)开立以出口商为受益人的不可撤销信用证。开证申请书中必须规定受益人应提交的单据以及信用证下应满足的所有条件。

(3)开证行签发以出口商为受益人的不可撤销信用证,并向受益人做出不可撤销的、独立的付款承诺,条件是受益人提交"相符单据"。跟单信用证下开证行承担的付款责任是和进出口商品、劳务或其他行为相互独立的,即使开证申请人不愿意或无能力偿付开证行,开证行的付款责任不可撤销。

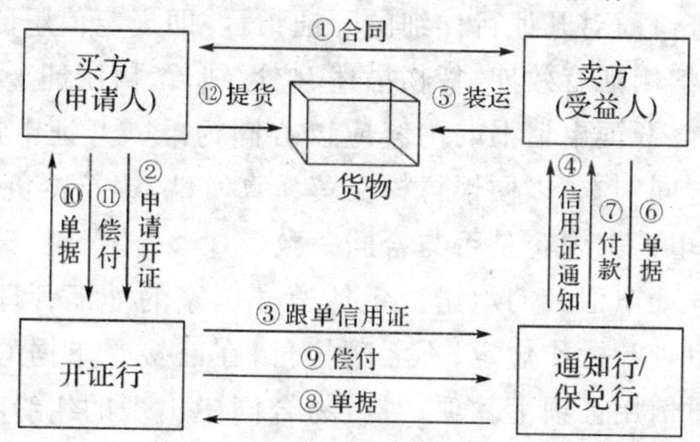

图 5.2 跟单信用证业务流程图

(4)通知行将信用证通知给受益人。通知行也常常是受益人向其交单议付或付款的被指定银行。有时通知行还应开证行的要求,对信用证加具保兑,成为保兑行,使受益人获得除开证行外又一不可撤销的、独立的付款保证。

(5)受益人根据信用证要求装运货物,并取得相关单据。

(6)受益人将信用证要求的全套单据提交到被指定银行。受益人可以向信用证中指定的银行,或任何一家银行交单,也可以直接向开证行交单。如果信用证要求的所有单据都已提交,信用证下的所有条件都已满足,受益人一定能够获得付款。

(7)被指定银行(通知行或保兑行)对受益人提交的单据议付或付款,条件是受益人提交"相符单据"。

(8)被指定银行将全套单据寄往开证行。

(9)开证行收到单据审核无误后,对被指定银行进行偿付。开证行也可以授权另一家银行对被指定银行进行偿付。

(10)开证行向开证申请人提示信用证下的单据,要求开证申请人付款赎单。

(11)开证申请人付款赎单。信用证业务是凭单付款的业务。

(12)开证申请人凭单据提取货物。

上述环节中和银行关系密切的是申请、开证、通知、议付、索偿和付款等环节。有时,信用证还要经过修改和注销这两个环节。

1. 申请开证

进出口双方在贸易合同中确定采用信用证结算方式后,进口商就应在合同规定的装运期以前及时向其往来银行申请开立信用证。进口商应填写开证申请书,作为银行开立信用证的依据。开证申请书是开证申请人和开证行之间的法律性契约。

开证申请书包括两部分内容:

第一部分是进口商对开证行详细的开证指示,即规定信用证中的内容,包括受益人名称地址、信用证有效期、货物描述、装运细节、信用证金额、期限、支取方式、应提交单据等。开证申请书的内容应以合同为准。开证申请人在提交申请书的同时应提交合同副本,以便银行核实贸易真实性,银行不负责审核合同的具体内容,也不核对申请书内容是否与合同一致。

第二部分是开证申请人的承诺。包括遵守国家的外汇管理政策与法规;尊重银行有关业务审查和操作规定;不无理拒付,在已接受单据的情况下,保证在规定的时间内支付信用证项下款项;对贸易合同中出现的纠纷将在遵循有关国际惯例的基础上解决。

2. 开立信用证

银行收到进口商的开证申请后,首先要进行审查:

一是审查申请人的开证资格。对首次开证的申请人要审查是否具有进出口业务经营权,并了解企业生产经营状况。

二是审查该笔开证是否符合国家外汇管理政策与法规,是否需要进口批文和许可证。

三是审查开证申请书的内容是否符合国际惯例,是否完整、明确,是否自相矛盾等。

其次，要落实开证保证金。信用证一旦开出，开证行就承担了独立的付款责任。如果申请人到期无法付款，开证行必须垫款。为了防范风险，开证行必须首先核实申请人在本行是否有开证授信额度。授信额度是银行根据客户的信用等级、资信状况等给予客户开立信用证的额度。信用证必须在额度内开立，否则客户必须交纳全额保证金。

开证资金的落实方式主要有三种：一是信用开证，完全凭企业的信誉开证，适用于经营状况好、信用等级高、资信优良的企业；二是担保开证，又分为抵押、质押和保证三种；三是保证金开证，根据企业资信状况交存不同比例的保证金，最高可达 100%。一般情况下，银行开立远期信用证必须根据企业信用等级缴纳不同比例的保证金。开证资金由银行的信贷部门落实。审查完毕，开证行应严格按照开证申请书的内容开立信用证。开证申请书是开证行开证的基础。在正式开出信用证前，开证行应选择受益人所在地的一家银行作为通知行。该通知行通常为开证行的代理行或境外分支机构。

3. 信用证通知

出口商银行收到开证行开来的信用证后，应审核信用证的表面真实性。如果是信开信用证，应核对印鉴(有权签字人的签字)，如果是电开信用证，应核对密押。只要密押、印鉴无误，通知行就可以确认其表面真实性。如果印、押不符或无法核对，通知行必须立即将无法鉴别的事实通知开证行。通知行还应该审核信用证条款，对不明确或难以做到的条款要提醒受益人自行接洽申请人。在确认信用证的真实性后，通知行应对来证进行编号并缮制信用证通知书，将正本信用证交给受益人，副本归档留存备查。

在受益人对开证行资信不满意或开证行主动要求的情况下，开证行可以指示另一银行对信用证加具保兑。受开证行邀请，对信用证加具保兑的银行就是保兑行，它通常为出口地的通知行或其他信誉卓著的银行。在开证行委托通知行通知信用证时，可同时要求通知行对信用证加保。通知行或其他银行对信用证保兑后，就承担与开证行相同的责任。

4. 交单议付

为确保安全收汇，受益人制作的单据应完全符合信用证的规定，单据的种类、份数、名称、出单时间等应和信用证条款相吻合。同时单据应在合理时间内提交到银行。合理时间是信用证到期日与最迟交单日两者中先到的日期。交单银行为信用证上的被指定银行。受益人交单时应同时提交正本信用证及所有修改书，以便银行审查核对。被指定银行应根据信用证及其修改审核单据。不符点(Discrepancy)是指信用证项下受益人所提交的单据表面出现不符合信用证条款的错误。当单据出现不符点后，信用证开证行和保兑行就可以免除付款责任。

(1)审单相符被指定银行对单据的处理

如果单据没有不符点，被指定银行可以根据信用证的要求对受益人提交的单据做出付款、承兑或议付，然后在正本信用证背面将交单金额、日期作记录，即背批(Endorsement)，最后向开证行或保兑行寄单索汇。被指定银行从开证行或保兑行处获得偿付。

(2)被指定银行对不符单据的处理方法

如果单据存在不符点，被指定银行必须及时通知受益人并协商处理不符点单据。通常有以下几种方法：

1)如果不符点可以修改，由受益人重新提交修改后的正确单据。

2)受益人要求对信用证进行必要的修改。

3)如果不符点无法修改或信用证修改没有涉及该不符点，经受益人同意被指定银行可以将不符点电告开证行，询问开证行是否接受不符点。开证行收到电文后通常会征求开证申请人的意见。在获得开证行接受不符点的授权后，被指定银行可以办理付款、承兑或议付，同时将单据寄给开证行。

4)被指定银行可以在不通知开证行的情况下，凭受益人担保议付。该担保只在受益人和接受担保的银行之间有效。如果到时开证行拒付，被指定银行可以向受益人追索。有些信用证不允许被指定银行凭受益人担保议付(Negotiation under reserve is not allowed)。

5)被指定银行可以不对单据进行付款、承兑或议付，而是直接单寄开证行，等收到开证行的款项后再向受益人付款。需要注意的是，即使单据存在不符点，被指定银行的寄单面函上也不可以表明单据以托收方式处理，因为单据仍受UCP600条款的约束。

5. 寄单索偿

根据信用证的规定，单据可以一次性寄出，也可以分两次寄出。如果信用证中规定了偿付行，应向偿付行索偿。如果偿付行未能偿付，被指定银行应立即向开证行索偿，并要求开证行支付由此产生的迟付利息。

6. 审单付款

开证行收到被指定银行的寄单后，应审核单据以确定是否承担付款责任。

(1)审单相符开证行的责任

如果单据经审核没有不符点，开证行必须接受单据，并根据被指定银行的指示做出偿付。开证行付款后从申请人处获得偿付。

(2)开证行对不符单据的处理方法

根据UCP600第十六条c款的规定，开证行决定拒付时，必须给予交单人一份拒付通知。该通知必须声明银行拒绝承付或议付，及银行拒绝承付或者议付所依据的每一个不符点，并且要提出单据处理意见。在UCP600下，银行对不符单据有四种处理方法：

1)银行留存单据听候交单人进一步的指示。

2)开证行留存单据直到其从申请人处接到放弃不符点的通知并同意接受该放弃，或者其同意接受对不符点的放弃之前从交单人处收到其进一步指示。

3)银行将退回单据。

4)银行将按之前从交单人处获得的指示处理。

和UCP500相比，UCP600新增第二和第四种处理方法。这也反映UCP条款的修订更加务实。因为信用证下实际退单的比例并不高，很多信用证下的拒付是开证行为了维护自身的利益，免除付款责任或为了收取不符点费而做出的决定。拒付后受益人可以通过和申请人的友好协商获得付款，为了使申请人在拒付后能付款赎单，又不至于因为拒付时声明持单听候处理而引发争议，很多银行在开证或拒付时声明如果申请人同意放弃不符点，银行将交单付款，尽管在此之前曾声明持单听候交单人的指示。UCP600关于拒付后单据的处理方法更加灵活，有利于受益人尽快收汇。

拒付时开证行应做到以下几点：

1)必须在收到单据后的第五个银行工作日结束之前，对寄单行或受益人(如果单据直接从受益人处收到)发出拒付通知。

2)拒付通知应以电讯方式发出，如果不可能，可以使用其他快捷的通讯方式。

3)拒付通知中应一次性提出全部不符点。凡在拒付通知中未提及的不符点，以后不能再提出。

4)拒付通知中应说明单据如何处理。

开证行不受开证申请人放弃不符点决定的约束。如果开证申请人同意放弃不符点，开证行仍可自行决定是否同意接受单据。开证行并不因为开证申请人放弃不符点而必须放弃不符点。如果开证行收到了开证申请人放弃不符点的通知，仍决定拒付单据，它必须根据UCP600第十六条规定发出拒付通知。如果开证行同意开证申请人放弃不符点，则必须接受单据并对外付款。接受有不符点的单据并不意味着修改信用证或使开证行必须接受本信用证或其他信用证下存在相同不符点的单据。

7. 信用证修改

信用证的修改应由开证申请人提交信用证修改申请书,由原开证行办理,并通过原通知行通知给受益人,不得直接通知受益人,也不得委托其他银行通知信用证的修改。修改手续费由提出修改一方承担。如果修改涉及两个以上的条款,受益人必须全部接受或全部拒绝,不能只接受一部分,拒绝另一部分。不可撤销信用证的修改必须得到开证行、受益人以及保兑行(如有)的一致同意才能生效。对于不可撤销信用证下的修改,受益人具有最后的接受权或否决权。受益人可以明确地向通知行表示接受或拒绝接受,也可以通过默示的方法表明态度,即当受益人交单时,如果单据和修改后的信用证条款一致,则表明接受了修改,如果单据与修改前的信用证条款一致,则表明拒绝修改。

UCP600 第十条"修改"做出如下规定:

a. 除第三十八条另有规定者外,未经开证行、保兑行(如有)及受益人同意,信用证既不能修改,也不能撤销。

b. 开证行自发出修改之时起,即不可撤销地受其约束。保兑行可将保兑扩展至修改,并自通知该修改之时,即不可撤销地受其约束。但是,保兑行可以选择将修改通知受益人而不对其加具保兑。如果这样,其必须毫不延误地将此告知开证行,并在其给受益人的通知中告知受益人。

c. 在受益人告知通知修改的银行其接受该修改之前,原信用证(或含有先前被接受的修改的信用证)的条款对受益人仍然有效。受益人应提供接受或拒绝修改的通知。如果受益人未能给予通知,当交单与信用证以及尚未表示接受的修改的要求一致时,即视为受益人已做出接受修改的通知,并且从此时起,该信用证被修改。

d. 通知修改的银行应将任何接受或拒绝的通知转告发出修改的银行。

e. 对同一修改的内容不允许部分接受,部分接受将被视为拒绝修改的通知。

f. 修改中关于除非受益人在某一时间内拒绝修改否则修改生效的规定应被不予理会。

8. 信用证注销

有效期内的信用证,在得到开证行、受益人以及保兑行(如有)的同意后可以撤销。如果受益人在效期内未使用信用证导致信用证逾期,开证行可自动注销该信用证。

〔案例〕信用证修改案

案情简介

我国一外贸食品厂向韩国出口 15 吨辣椒制品，信用证不允许分批装运。在装运前，受益人收到修改，要求数量增加 5 吨。受益人认为货物已经整装待运，且按原证要求一次发运，符合要求，而后增加的 5 吨货物也可以按要求不分批在最迟装期前一次性发运，于是将原证 15 吨货物发运，后增加的 5 吨 4 天后又一次性发运。交单后，收到开证行的拒付电，称单据存在不符点：信用证规定不允许分批装运，但开证行却收到两套单据。

案情分析

本案中受益人在向银行提交单据时，本可以提出拒绝修改，保证 15 吨货物的安全收汇，却因分批装运，导致单证不符。这个案例告诉我们，信用证的修改存在潜在的风险，对信用证的修改条款一定要仔细理解，以免给自己造成不必要的损失。

（选自张东祥主编《国际结算》，首都经济贸易大学出版社 2005 年版）

六、信用证的种类

信用证的种类很多。根据其用途、性质、期限、支款方式、保兑以及可转让性等情况，信用证主要有以下几种类型：

1. 根据信用证的性质划分，分为跟单信用证和备用信用证

跟单信用证(Documentary Credit)是开证行凭与信用证条款相符的单据向受益人付款的信用证，是受益人履约后开证行承担付款责任的一种信用证。备用信用证(Standby Credit)是一种信用证形式的银行保函，是申请人违约后开证行承担付款责任的一种信用证。备用信用证被广泛地使用于各类需要银行提供担保的场合。关于跟单信用证和备用信用证的主要区别，请看本章第二节的相关内容。

2. 根据信用证是否附带货运单据划分，分为光票信用证和跟单信用证

光票信用证(Clean Credit)是开证行仅凭受益人出具的汇票支付款项的信用证。由于没有货运单据，银行得不到物权保障，风险较大，因此光票信用证很少用于贸易结算，只开给资信较高的公司，或用于贸易从属费用的结算。光票信用证已有较长的历史，最早出现的 Traveler’s Letter of Credit(旅行者信用证)

就是一种光票信用证,主要是为了方便去境外的旅行者现金的转移与支取。备用信用证也是一种光票信用证。备用信用证所要求的单据,除了受益人的汇票外,往往还有一份说明开证申请人违约的受益人申明。

跟单信用证是开证行凭信用证规定的货运单据付款的信用证。货运单据指代表货物所有权的证明文件,全套货运单据通常包括商业发票、海运提单、保险单据、商检证书、产地证书等,其中海运提单是最重要的物权单据。银行通过对物权单据的控制来控制货物所有权,从而控制信用证下的风险。跟单信用证广泛地应用于贸易结算。

3. 根据开证行对开出的信用证所负的责任来区分,分为可撤销信用证和不可撤销信用证

可撤销信用证(Revocable Credit)是开证行无需事先征得受益人同意就有权撤销或修改其条款的信用证。可撤销信用证使受益人没有任何付款保障可言。不可撤销信用证(Irrevocable Credit)是未经开证行、保兑行(如有)以及受益人同意,既不能撤销也不能修改的信用证。不可撤销信用证有开证行确定的付款保证,具有不可撤销性。

为了有效维护受益人在信用证下的权益,最新出版的 UCP600 摈弃了可撤销信用证,强调信用证的不可撤销性。UCP600 第三条指出:"信用证是不可撤销的,即使信用证中未注明也是如此。"UCP600 第二条信用证的定义也指出信用证是不可撤销的。同时,新规则删除了 UCP500 第六条"可撤销和不可撤销信用证",以及第八条"信用证的撤销",表明在 UCP600 下所有信用证都是不可撤销的,开证行一旦开出信用证即构成了确定的付款承诺,受益人收汇更有保障。当然,在征得开证行、保兑行和受益人一致同意的情况下,即使是不可撤销信用证也是可以撤销和修改的。

4. 根据是否有另一家银行加保兑,分为保兑信用证和不保兑信用证

保兑信用证(Confirmed Credit)是开证行以外的另一家银行经开证行授权对信用证加具保兑的信用证。一份保兑信用证除了有开证银行确定的付款保证外,还有另一家银行确定的付款承诺。信用证保兑后,受益人获得了开证行和保兑行的双重付款保证,可以要求其中任何一家银行履行付款责任。能够获得保兑的信用证必定是不可撤销信用证。被开证行授权加保兑的银行有权决定是否对信用证加保,已对信用证加保的保兑行也有权决定是否对信用证修改加具保兑。当开证行规模较小、资信状况不佳或开证行所在国政治经济局势动荡时,开证行可主动开立或经受益人要求开立保兑信用证。保兑信用证下,受益人往往要额外支付一笔昂贵的保兑费。

不保兑信用证(Unconfirmed Credit)是未经另一家银行加保、由开证行独自承担付款责任的信用证。实务中,不保兑信用证的使用更为广泛。

5. 根据信用证的支款方式划分,分为即期付款信用证、延期付款信用证、承兑信用证和议付信用证

UCP600 第六条规定:"信用证必须规定其是以即期付款、延期付款、承兑还是议付的方式支取。"

即期付款信用证(Sight Payment Credit)是开证行或指定的付款行收到与信用证条款相符的单据后立即付款的信用证。只要受益人提交了符合信用证规定的单据,就能立即获得付款。出于免缴印花税的考虑,即期付款信用证一般不要求受益人提交汇票,直接凭单据付款。开证行可以自己付款,也可以授权其他银行为付款行。SWIFT 格式的即期付款信用证 41D 项表述为"Credit Available by Payment"。

延期付款信用证(Deferred Payment Credit)是开证行或指定的付款行收到与信用证条款相符的单据后,在将来某个日期履行付款责任的信用证。它是一种远期信用证,付款期限为一个确定或可以确定的将来时间,通常为运输单据或交单后的一段时间。付款行可以是开证行,也可以是开证行授权的其他银行。由于是付款信用证,也不要求提交汇票。SWIFT 格式的延期付款信用证 41D 项表述为"Credit Available by Deferred Payment"。

承兑信用证(Acceptance Credit)也是一种远期信用证,是开证行或指定的承兑行收到符合信用证条款的远期汇票及单据后,先承兑汇票,然后在到期日履行付款责任的信用证。与延期付款信用证不同的是,受益人必须提交以承兑行为付款人的远期汇票。承兑行可以是开证行,也可以是开证行授权的其他银行。SWIFT 格式的承兑信用证 41D 项表述为"Credit Available by Acceptance"。

承兑信用证的受益人如果想在远期承兑汇票到期日前获得付款,可通过贴现获得融资。由于贴息利息和费用由受益人承担,所以被称为"卖方远期信用证",又称"真远期信用证"。还有一种承兑信用证也要求受益人提交远期汇票,但同时又规定:"远期汇票可即期付款,贴现利息和承兑费用由申请人承担(Usance drafts are payable on a sight basis. Discount charges and acceptance commission are for applicant's account)。"这是"买方远期信用证",又称"假远期信用证"。使用这种信用证对受益人来说能够即期收汇,开证申请人却可在远期汇票到期时,才向开证行付款并承担利息和承兑费用。它代表了开证行对申请人的资金融通。

议付信用证(Negotiation Credit)是开证行在信用证中授权被指定银行在相

符交单条件下购买受益人提交的汇票及/或单据的信用证。议付信用证可以是即期的,也可以是远期的,一般要求提交汇票。议付行一定是开证行以外的其他银行。议付信用证可以是限制议付或自由议付信用证。限制议付信用证只能由开证行在信用证中指定的银行担任议付行。自由议付信用证中,任何银行都是被指定银行,都可以对受益人提交的单据进行议付。SWIFT 格式的议付信用证 41D 项表述为"Credit Available by Negotiation"。

所有信用证都必须注明是上述哪一种类型的信用证。有的信用证可以是部分即期付款,部分承兑或延期付款。根据 UCP600 第六条"支取方式、截止日和交单地点"a 款的规定:"信用证必须规定可在其处支取款项的银行,或是否可在任一家银行支取,规定在被指定银行支取的信用证也可以在开证行支取。"这意味着无论是何种支款方式的信用证,开证行均可授权某一指定银行作为受益人交单取款的银行,也可规定向任何一家银行交单取款,受益人还可以直接向开证行交单。而在 UCP600 以前,只有自由议付信用证下的受益人才可以向任何一家银行交单,议付信用证以外的信用证,开证行必须指定交单银行。UCP600 下受益人交单取款具有更大的灵活性。

议付信用证中的被指定银行在受益人向其提交相符单据时,可以给予受益人提前融资的便利,这种融资行为是得到开证行授权的。如果开证行在付款前发现受益人欺诈,而被指定银行已善意地做了议付时,开证行只能对抗受益人,但必须偿付该议付行已支付给受益人的融资款项。UCP500 中只有议付信用证项下的被指定银行有开证行的提前融资授权,议付信用证以外的开证行在信用证中没有授权被指定银行提前付款。延期付款信用证项下开证行(或保兑行)的责任是到期付款,而承兑信用证项下开证行(或保兑行)的责任是先承兑汇票,然后到期付款。以开证行作为承兑行的承兑信用证,由于有开证行承兑汇票时做出的付款承诺,对融资银行来说也比较有保障。以被指定银行作为承兑行的承兑信用证,被指定银行作为承兑行贴现汇票,在到期日也有权获得开证行的偿付。延期付款信用证由于不需要受益人提交汇票而失去票据法的保护,融资银行必须承担在信用证交易中受益人欺诈的风险,如果发生欺诈,已对出口商办理融资的银行在到期日将无法获得开证行的偿付。

〔案例〕

案情简介

在 1999 年的桑坦德银行诉巴黎巴银行(Banco Santander v. Banque Paribas)案件中,Santander 银行既是保兑行又是被指定银行,对提单日后 180 天的延期付款信用证,在单证相符的条件下提前付款 2030 万美元,到期日前开证行却发现受益人伪造单据欺诈。当 Santander 银行以保兑行和被指定银行的双重身份要求开证行偿付时,开证行以没有授权贴现为由,拒绝偿付,得到法庭支持。法庭认为延期付款信用证中开证行并没有给予被指定银行向受益人融资的授权,本案中 Santander 银行给予受益人的融资完全是该行自己的决定,风险自负。最终,法庭判决 Santander 银行败诉,导致 Santander 银行因为欺诈损失 2030 万美元。为防止风险,延期付款信用证下的被指定银行往往不对受益人做融资贴现。

(选自苏宗祥等主编《国际结算》第三版),中国金融出版社 2004 年版)

UCP600 使延期付款信用证和承兑信用证享有了和议付信用证一样的融资权利,出口商可获得银行提前融资的信用证种类不再局限于议付信用证。UCP600 第十二条 b 款规定:"开证行指定一家银行承兑汇票或做出延期付款承诺,即为授权该被指定银行预付或购买其已承兑的汇票或已做出的延期付款承诺。"根据这一规定,当开证行指定一家银行对其开立的信用证做出延期付款承诺或承兑汇票时,也即授权该行在受益人提交相符单据时,可以向受益人提供预付款融资或贴现已承兑的汇票。由于这种预付融资或贴现行为是开证行明确授权的,即使事后发现欺诈,开证行仍必须偿付该被指定银行。

6. 红条款信用证

红条款信用证(Red Clause Credit)又称预付款信用证或预支信用证,是开证行授权受益人在装货交单前支取部分货款的信用证。早期的信用证以信开为主,授权预付的条款为了醒目,常常用红色大写字体打印,所以这类信用证被称为红条款信用证。虽然目前的信用证多采用 SWIFT 方式开立,已不再出现红色字体打印的条款,但这一名称却保留了下来。预支货款时受益人需向银行提交:

(1)受益人签署的预付款收据;

(2)受益人保证使用这部分资金备货装运的书面承诺;

(3)受益人保证在信用证有效期内向被指定银行提交全套单据的书面承诺。

被指定银行向开证行索偿时应提交上述单据。为了控制风险，被指定银行应留存正本信用证，以防止受益人向它行交单取款。红条款信用证代表了进口商对出口商的资金融通，融资风险由进口商承担。受益人可用这部分预支款来备货装运，缓解资金紧张问题。在货物供不应求或交易双方非常信任的情况下可以使用红条款信用证。

7. 对开信用证

对开信用证(Reciprocal Credit)是以交易双方互为开证申请人和受益人、金额大致相等的信用证。甲开出以乙为受益人的信用证，同时乙开出以甲为受益人的信用证，后开的信用证(第二张信用证)称为回头证。第一份信用证的开证行和通知行分别是第二份信用证的通知行和开证行。

对开信用证的生效方法有两种：

(1)两份信用证同时生效。第一份信用证开出后暂不生效，待对方开来回头证，经受益人接受后，通知双方银行，两证同时生效。

(2)两份信用证分别生效。各证开出后立即生效。这种情况下，先开证一方存在一定风险，只有在交易双方非常信任的情况下使用。

对开信用证广泛用于易货贸易、来料加工贸易、补偿贸易等。在补偿贸易、来料加工贸易中，进口原料和设备一般要求远期付款，出口产成品则要求即期付款，可以采用对开信用证的结算方式，把进口开出的远期付款信用证和出口开出的即期付款信用证结合起来。

8. 循环信用证

循环信用证(Revolving Credit)指在信用证的部分或全部金额被使用之后能恢复原金额继续使用的信用证。其内容要比一般信用证多一个循环条款，用以说明循环方法、次数及总金额。循环信用证适用于大额的、长期合同下的分批交货。进口商可以减少多次开证的麻烦和手续费的支出，减轻交存开证保证金的资金占用。循环信用证有两类：

(1)按时间循环的信用证

按时间循环的信用证指受益人在一定时间内支取信用证金额后，仍可在下次一定时间内支取规定金额的信用证。如信用证规定：在 6 个月的信用证有效期内，每个月可以装运 USD25,000 (USD25,000 may be drawn each month during the six-month validity of the credit) 。

按时间循环的信用证根据每期信用证余额处理方式的不同，又分为：

1)累积循环信用证(Cumulative Revolving Credit)

累积循环信用证指上一循环期未用完的余额可以在下一循环期累加使用的信用证。在累积循环信用证下，可使用的信用证金额可能超过每期信用证提供的金额。在上述例子中，如果前五个月都没有装运，那么第六个月可以装运的金额为USD150,000。

2)非累积循环信用证(Non-cumulative Revolving Credit)

非累积循环信用证指上一循环期未用完的余额在下一循环期不可累加使用的信用证。未用完部分过期作废。非累积循环信用证中，每期可使用的最高金额不超过当期信用证规定的金额。在上述例子中，如果前五个月都没有装运，那么第六个月可以装运的金额仍然为USD25,000。

(2)按金额循环的信用证

按金额循环的信用证指在信用证规定的金额使用完之后，可以恢复到原金额循环使用的信用证。恢复使用信用证金额的方法有三种。

1)自动循环信用证

自动循环信用证指每期用完一定金额后，不需要等开证行通知，自动恢复到原金额的信用证。自动循环信用证必须规定在有效期内可支取的最高金额，不然开证行的付款责任无法计算。在上述例子中，如果每次可以装运USD25,000，那么从理论上来说六个月的有效期内可以装运180次。开证行的风险非常大，因此会规定一个最高金额。如：本信用证的循环金额为2万5千美元，有效期内最高可支取25万美元(This credit shall revolve for USD25,000 during its validity up to a maximum overall drawing value of USD250,000)。

2)半自动循环信用证

半自动循环信用证指每期用完一定金额后，必须等待信用证规定的一段时间，如开证行未通知受益人停止循环使用，等待期结束可立即恢复至原金额的信用证。

3)被动循环信用证

被动循环信用证每期用完一定金额后，必须等开证行通知到达后，才能使信用证恢复到原金额的信用证。

半自动循环和被动循环信用证中开证行可有效控制风险。

9.背对背信用证

背对背信用证(Back to Back Credit)是信用证的受益人以自己为申请人，以境外买方开来的信用证作为抵押，要求其银行以开证行身份开立的以实际供货商为受益人的信用证。背对背信用证业务中涉及两份信用证：原证和新证，新证就是背对背信用证。

背对背信用证是中间商为了保守商业秘密而开立的与原证相似的新的信用证。中间商既是原证的受益人，又是新证的开证申请人。原证开证申请人是实际买家，新证受益人是实际供货商，他们因为中间商的存在而相互隔绝。背对背信用证在原证的基础上开立，是为了使实际供货商在规定的期限内交来原证要求的单据，便于中间商在原证期限内更换发票和汇票，赚取差价。新证和原证相比，金额、单价、交单期等应减少或缩短。

关于背对背信用证要注意以下几点：

(1)原证和新证是两份完全独立的信用证，开证行各自承担独立的付款责任；

(2)新证下的部分交单可以作为原证下的交单；

(3)无论是否收到原证下的款项，中间商都必须向新证开证行支付新证下的款项；

(4)原证只能作为新证付款来源的证明，不能作为新证的付款保证；

(5)新证开证行应妥善保管好原证信用证正本。

为防范风险，新证开证行应确保新证中的单据反映了原证的要求。原证和新证的条款应尽可能一致，除非中间商有足够的证据表明他有能力提交新证以外的其他单据作为原证下的交单，或能对原证和新证之间条款的不一致做出合理的解释。

背对背信用证业务流程如下(见图 5.3)：

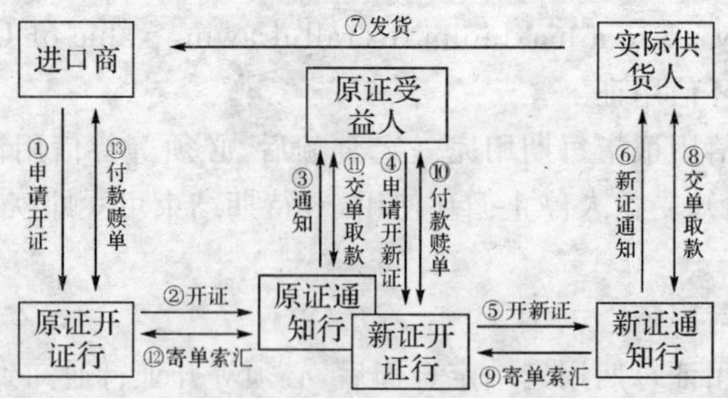

图 5.3　背对背信用证流程图

(1)进口商申请开立背对背信用证；

(2)进口商银行开证；

(3)原证通知；

(4)原证受益人(中间商)申请开立信用证(新证)；

(5)原证通知行开立新证；

(6)新证通知；

(7)新证受益人(实际供货商)发货;

(8)新证受益人交单取款;

(9)新证通知行或被指定银行寄单索汇;

(10)新证开证行要求中间商付款赎单;

(11)中间商(换单后)交单取款;

(12)原证通知行(新证开证行)寄单索汇;

(13)原证开证行通知进口商付款赎单。

10. 可转让信用证

可转让信用证(Transferable Credit)是受益人可以将信用证项下的权利(即装运货物、交单取款的权利)转让给他人的信用证。一份信用证要转让,必须注明"可转让"字样,否则为不可转让信用证。SWIFT MT700 格式的信用证 40A 项应表述为"Irrevocable Transferable"。办理信用证转让的银行为转让行(Transferring Bank),必须由开证行在信用证中指定,以防止可转让信用证下的多次交单,控制转让信用证中的风险。信用证一经转让,信用证上的原受益人便是第一受益人(First Beneficiary),受让者是第二受益人(Second Beneficiary)或受让人(Transferee)。信用证的转让由第一受益人安排,费用也由第一受益人承担,转让行在第一受益人没有付清费用之前没有办理转让的义务。

在一笔最简单的信用证交易中,出口商装运货物,然后取得信用证下的款项。这时的出口商是出口商品的供货商。但是在很多情况下,进口商和中间商做交易。中间商手上并没有存货,在装运前必须先从别处购买货物,但是流动资金不足。可转让信用证应运而生,中间商可凭收到的信用证作为从供货商处购买货物的保证。在可转让信用证下,真正的买家向银行申请开立以中间商为受益人的可转让信用证,中间商向其银行申请将信用证的全部或部分金额转让给供货商。如果中间商从多个供货商处购买货物,可要求银行将信用证金额分批转让给多个供货商。转让给供货商的总额是中间商要支付的金额,它与原信用证金额之间的差额是中间商赚取的利润。

通过信用证的转让,供货商获得了向银行交单取款的权利,可以在很大程度上控制和中间商交易的风险。对中间商而言,以信用证作为对供货商的保证可以不动用自己的任何资源,却可获取丰厚的利润。但可转让信用证增加了原证申请人的风险,因为它对交易的第三方(供货商)并不了解,容易面临欺诈的风险,而开证行在收到符合信用证条款的单据后必须履行付款义务。

可转让信用证业务流程如下(如图 5.4 所示):

(1)开证申请人和受益人签订贸易合同,合同中约定由开证申请人向银行申请开立可转让信用证；

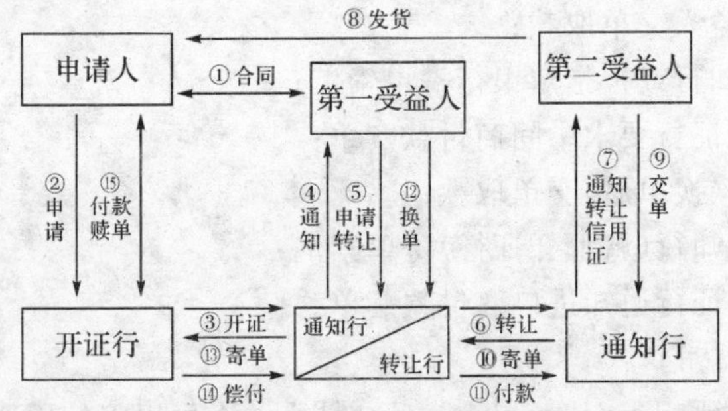

图 5.4　可转让信用证业务流程

(2)开证申请人向银行申请开立不可撤销的可转让信用证；

(3)开证行将信用证发至中间商所在国的通知行，在信用证中指定转让行；

(4)通知行将信用证通知给第一受益人；

(5)第一受益人向转让行申请将信用证的部分金额转让给供货商(第二受益人)；

(6)转让行办理信用证的转让，开立以供货商为第二受益人的转让信用证；

(7)转让信用证通知给第二受益人；

(8)第二受益人根据信用证要求装运货物，货物直接装运至转让证中指定的地点；

(9)第二受益人提交信用证中规定的全套单据，单据中包括第二受益人的发票及汇票(如果信用证要求)；

(10)第二受益人向转让行寄单或通过当地的银行寄单；

(11)转让行(同时又是保兑行时)收到单据后，支付货款；

(12)中间商(第一受益人)以自己的发票和汇票(如有)替换第二受益人的发票和汇票，完成原信用证下的交单，并支取汇票差额；

(13)转让行向开证行寄单索汇；

(14)开证行审核单据并对外偿付；

(15)进口商付款赎单。

在实际业务中，转让行为了控制风险，收到第二受益人的交单后不会马上付款，而是要等收到开证行付款以后才向第二受益人支付货款。已转让信用证中通常包含下列条款："The transferring bank will pay to the second beneficiary only when funds are received from the issuing bank."

UCP600 第三十八条"可转让信用证"做出如下规定：

i. 如果第一受益人应提交其自己的发票和汇票(如有),但未能在第一次要求时照办,或第一受益人提交的发票导致了第二受益人的交单中本不存在的不符点,而其未能在第一次要求时修正,转让行有权将从第二受益人处收到的单据照交开证行,并不再对第一受益人承担责任。

j. 在要求转让时,第一受益人可以要求在信用证转让后的支取地点,在原信用证的截止日之前(包括截止日),对第二受益人承付或议付。本规定并不损害第一受益人在第三十八条 h 款下的权利。

k. 第二受益人或代表第二受益人的交单必须交给转让行。

关于可转让信用证应注意下面三方面的内容:

(1)转让行可以是通知行、保兑行、被指定银行或开证行。UCP600 新增开证行可以担任转让行。如果是可自由支取信用证(credit available with any bank),开证行通常指定通知行为转让行。其他情况下,由信用证指定的办理付款、承兑、议付或保兑的银行担任转让行。如果是在开证行到期的信用证,由开证行担任转让行符合开证行的利益。

(2)可转让信用证可转让给多个第二受益人(只要信用证允许分批装运或分批支款),但第二受益人不得继续进行转让。如果第二受益人不接受已转让的信用证并通知转让行,可将已转让的部分退回第一受益人。第一受益人有再转让的权利。

(3)转让信用证的金额、单价、到期日、最后交单日、装运期限等内容可减少或缩短,但投保比例可以增加。这是因为第一受益人从第二受益人处购买货物的价格要低于第一受益人对开证申请人的销售价格,因此必须提高保险比例,才能满足原证规定的保险金额。如果原信用证金额为 USD100,000.00,投保比例为 110%,已转让信用证的金额为 USD90,000.00,那么投保比例必须提高到 122.222%,才能达到原信用证规定的 USD110,000.00 的保险金额。如果已转让信用证的金额为 USD80,000.00,那么投保比例必须提高到 137.5%。

可转让信用证与背对背信用证有许多相似之处。它们都是涉及中间商的交易,都需要进行单据替换,都是在原证的被指定银行柜台到期,以便进行单据替换并控制不符点。但两者又有很大的区别。可转让信用证中新证的存在和使用以原证为前提和基础,第一受益人和第二受益人都获得同一开证行的付款保证。而背对背信用证涉及两笔完全独立的信用证,开证行承担完全独立的付款责任,背对背信用证受益人与原证受益人得到不同开证行的付款保证。

a. 银行无办理信用证转让的义务，除非其明确同意。

b. 就本条而言：

可转让信用证系指特别注明“可转让”字样的信用证。可转让信用证可应受益人(第一受益人)的要求转为全部和部分由另一受益人(第二受益人)支取。

转让行系指办理信用证转让的被指定银行，或当信用证规定可在任一银行支取款项时，指开证行特别如此授权并办理转让的银行。开证行也可担任转让行。

已转让信用证指已由转让行转为可由第二受益人支取的信用证。

c. 除非转让时另有约定，有关转让的所有费用(诸如佣金、手续费、成本或开支)须由第一受益人支付。

d. 只要信用证允许部分支款或部分发运，信用证可以分部分地转让给数名第二受益人。

已转让信用证不得应第二受益人的要求转让给任何其后受益人。第一受益人不视为其后受益人。

e. 任何转让要求须说明是否允许及在何条件下允许将修改通知第二受益人。已转让信用证须明确说明该项条件。

f. 如果信用证转让给数名第二受益人，其中一名或多名第二受益人对信用证修改的拒绝并不影响其他第二受益人接受修改。对接受者而言该已转让信用证即被相应修改，而对拒绝修改的第二受益人而言，该信用证未被修改。

g. 已转让信用证须准确转载原证条款，包括保兑(如有)，但下列项目除外：

——信用证金额；

——规定的任何单价；

——截止日；

——交单期限；

——最迟发运日或发运期间。

以上任何一项或全部均可减少或缩短。

必须投保的保险比例可以增加，以达到原信用证或本惯例规定保险金额。

可用第一受益人的名称替换原证中的开证申请人名称。

如果原证特别要求开证申请人名称应在除发票以外的任何单据中出现时，已转让信用证必须反映该项要求。

h. 第一受益人有权以自己的发票和汇票(如有)替换第二受益人的发票和汇票，其金额不得超过原信用证的金额。经过替换后，第一受益人可在原信用证下支取自己发票与第二受益人发票间的差价(如有)。

七、跟单信用证方式下单据的审核

跟单信用证方式下单据的审核是对已经缮制、备妥的单据对照信用证的有关内容进行检查和核对。国际结算业务处理的对象是单据,单据制作得正确与否直接关系到出口商能否安全及时地收汇。实务中,单据上任何细微的差错都有可能作为不符点,成为银行拒付的理由,影响出口商的安全收汇。因此单据的审核是国际结算业务的一项重要内容。跟单信用证方式下的单据既要符合信用证的要求,又要符合相关的国际惯例和某些单据的特殊规定。

单据的审核是一项原则性和技术性很强的工作,审单人员除了具备国际结算专业知识以外,还必须具备较强的工作责任心和严谨细致的工作作风。在整个信用证业务流程中,同一套单据需要经过不同的当事人审核。受益人在向银行提交全套单据之前需要预先审核单据,以确定单据的种类份数是否齐全、内容是否符合信用证的规定。被指定银行收到受益人提交的单据后需要进行审核,以确定单据的表面状况是否符合信用证的规定。保兑行收到被指定银行寄来的单据后进行审核,决定是否承担保兑责任。开证行收到单据后的首要任务也是审核单据,以确定单据中是否存在不符点,并最终决定是付款还是拒付。

1. 国际商会关于单据的有关规定

国际商会非常强调信用证业务的独立性。UCP600 第二条"信用证"的定义指出开证行凭"相符单据"付款;第五条规定在信用证业务中,银行处理的是单据,而不是单据所涉及的货物、服务或其他行为;第十四条指出被指定银行、保兑行及开证行必须审核单据,并仅基于单据本身确定其是否在表面上构成相符交单;第三十五条又强调银行对于单据的形式、充分性、准确性、内容真实性、虚假性或法律效力等概不负责。

在信用证业务流程中,各有关当事人处理的仅仅是单据。只要受益人提交符合信用证条款的单据,银行就必须履行付款责任,货物的实际状况并不是银行关心的问题。反之,即使货物完全符合合同的规定,只要单据不符合信用证规定,银行就有权拒绝付款。但是信用证业务处理单据的原则并不意味出口商可以不按合同规定的品质和数量交货,因为违反合同,进口商还是可以通过法律手段向出口商索赔,维护自己的权益。

2. 审单标准和方法

(1)审单标准

UCP600 第十四条指出"单据中的内容,在与信用证、单据本身以及国际标准银行实务参照解读时,无须与该单据本身中的内容、其他要求的单据或信用证中的内容等同一致，但不得矛盾。"也就是说单据的内容要与信用证相符、与其他单据相符、与国际标准银行实务相符。为确保单据和信用证内容一致，受益人在收到信用证时应首先审核并正确理解信用证条款，核对其是否符合合同条款。对那些既不符合合同的规定，又无法做到的条款，受益人必须及时修改信用证，等到交单时才发现某些条款无法履行就为时已晚，不符点将不可避免。有些信用证含有限制出口商履约、交单的条款，损害出口商的利益，这些条款被称为"软条款"，如信用证规定"开证行在货到目的港后通过进口商品检验后才能付款"，或在受益人提交的单据中包括"开证申请人签发的检验证书一份"。国际商会出版物 ISBP 第四条规定："信用证不应规定提交由开证申请人出具或副签的单据。如果信用证含有此类条款，则受益人必须要求修改信用证，或者遵守该条款并承担无法满足这一要求的风险。"信用证条款的审核是一项基础性工作，是确保单据制作质量的前提。

除了单据和信用证内容一致外，单据之间的内容也要相互一致，不得互相矛盾。例如，单据之间的唛头、数量、毛重、净重、信用证号码等必须一致。当发票中使用的贸易术语是 FOB 时，如果提单上显示 "Freight Prepaid" ，即构成单据和单据之间的不一致。单据之间内容一致并非是说单据中的所有项目都必须一字不差，有些内容只需要做到互不矛盾即可，UCP600 规定发票中的货物描述必须与信用证严格相符，其他单据中的货物描述可使用与信用证中的描述不矛盾的概括性用语。

单据内容还必须与国际标准银行实务相一致。由于各国对 UCP 条款的理解及各国银行审单标准的不统一，信用证纠纷案不断增多。为解决这一问题，国际商会在意大利罗马召开的 2002 年秋季年会上首次通过了《关于审核跟单信用证项下单据的国际标准银行实务》(即 ISBP，国际商会(ICC)出版物 645 号)。作为 UCP 条款的重要补充，ISBP 统一和规范了信用证项下单据的审核实务。随着新版 UCP600 的出版，国际商会对 ISBP 也进行了修订，以便与 UCP600 相匹配。ISBP 最新修订版已于 2007 年 4 月 26 日在新加坡召开的银行技术与惯例委员会上正式通过。作为国际商会第 681 号出版物，ISBP 和 UCP600 于 2007 年 7 月 1 日同时生效。

长期以来，人们对不符点的认定存在较大的差异，如对"拼写错误、字母遗漏"等轻微的不符能否构成足以拒付的不符点存在不一致的看法。单证之间和单单之间相符到何种程度才算一致没有一个统一的标准。关于单据的审核形成了两个标准，一个是"严格相符"(Strict Compliance)，一个是"实质相符"(Substantial Compliance)。"严格相符"要求单据和信用证之间逐字逐句完全相同，然而实务中完全相符的单证的比例并不高。“实质相符”是指实质性问题相符即可，只要单据中的不一致不会对开证申请人造成损害就不构成不符点，但“实质相符”的标准难以掌握。在贸易实务中，当信用证项下进口的货物价格下跌，开证申请人认为已无利可图，甚至亏损时，会极力要求开证行对外拒付。如果开证行应申请人的要求找出细微的非实质性的不符点对外拒付，不仅会损害开证行的声誉，也极易给申请人以可乘之机，使银行卷入商务纠纷，违背信用证的独立性原则。

ISBP详细规定了审单细节，为单据审核提供了审查清单，使单据审核更有章可循。如ISBP(681号)第25条关于拼写和打印错误做出如下规定“如果拼写及/或打印错误并不影响单词或其所在句子的含义，则不构成单据不符”。例如，在货物描述中用“machne”表示“machine”(机器)，用“fountan pen”表示“fountain pen”(钢笔)，或用“modle”表示“model”(型号)都不会导致不符。但是，将“model 321”(型号321)写成“model 123”(样品123)则不应视为打印错误，而应是不符点”。ISBP对信用证项下单据的审核具有重要的指导意义。

(2)审单方法

银行审单工作的时效性非常强。对受益人来说，单据必须在信用证规定的有效期、最迟装运日和交单期内制作并审核完毕后提交。对银行来说，UCP600第十四条规定的各家银行审核单据的时间最多为从交单次日起的五个银行工作日。目前国内许多银行为了提高服务质量承诺24小时内完成出口单据的审核。及时审核单据就能及时发现问题，使受益人能及时改正单据上的差错，从而保证按时寄单收汇。单据的审核，除了必须具备相关的专业知识，耐心细致的工作态度，还必须掌握一定的方法，只有这样才能达到事半功倍的效果。信用证项下单据的审核要做到以下几步：

1)将全套单据和信用证及修改(如有)进行核对。以信用证为中心，将商业发票等全套出口单据与信用证中的有关条款逐一核对，做到单证相符。如果信用证有修改，还必须将单据和修改后的条款进行核对，除非受益人已发出拒绝接受修改的通知。通过SWIFT开立的信用证通常采用MT700和MT701格式，每一个栏目的内容比较固定。如果信用证是通过电传或信函方式开立的，其内容在格式上是不固定的。因此审单过程中应对信用证所有条款仔细阅读，因为即使是SWIFT格式的信用证有些条款也有可能没有出现在指定的栏目。信用证项下需要审核的单据应是信用证明确要求提交的单据。UCP600第十四条g款规定：“提交的非信用证所要求的单据将被不予理会，并可被退还给交单人。”

2)单据之间相互进行核对。以商业发票为中心，将其他单据与发票中的相关内容进行核对，做到单单相符。单据表面上互不相符，应视为表面上与信用证条款不相符。

3)将单据和UCP600条款以及ISBP(ICC681)条款进行核对。信用证中没有明确规定的内容，应根据UCP600及配套的ISBP办理，如关于最迟交单日期的计算、关于海运提单的签署、关于装船批注的内容、关于正本和副本单据等，在UCP600及ISBP中都有明确的规定。

3. 常见的单据不符点

信用证项下常见的不符点有：

- Late shipment(迟装运)；
- Late presentation(迟交单)；
- L/C expired(信用证过效期)；
- Words and figures on the drafts do not agree(汇票上金额大小写不符)；
- Overshipment / L/C overdrawn(超装/超信用证金额支取)；
- Shortshipment / L/C underdrawn(短装/信用证金额少支取)；
- Description of goods on invoice does not correspond with the description of goods shown on Credit(发票上的货物描述与信用证不符)；
- Partial shipment effected(when Credit prohibits part shipment)(当信用证禁止分批装运时，分批装运)；
- Unit price on commercial invoice not as stipulated in Credit(商业发票上的单价和信用证规定不符)；
- Goods insured later than the date of shipment(货物投保日期晚于装运日期)；
- The amount of insurance is insufficient(投保金额不足)；
- B/L not indicating the name of the carrier(提单上没有显示承运人名称)；
- On board notation not dated(装船批注上无日期)；
- Ports of loading not as per Credit(起运港和信用证不符)；
- Unauthenticated alteration to transport document(运输单据上的修改未经证实)；
- Bill of lading made out to order of shipper and not endorsed in blank(提单做成托运人指示抬头，未空白背书)；
- The currency in which the insurance document is expressed is not that of the Credit(保险单上的币种与信用证不符)；
- The wording of the inspection certificate not as stipulated by the Credit (检验证书上的措辞与信用证规定不符)；

● Certificate of origin not issued by party as stipulated in the Credit(产地证不是由信用证规定的当事人签发);

● Packing list contains data inconsistent with other documents(装箱单上显示与其他单据不符的内容)。

〔案例〕审单不仔细导致惨重损失案

案情简介

伦敦W银行4月26日开证,我出口商装运、议付、寄单索汇,5月5日收妥货款。5个月后,9月8日,开证行提出"货物误装目的港",要求退款。我方经仔细审单后发现,来证的目的港为太平洋西岸哥林多的南圣胡安(San Juan del sur/corinto),但我出口单据的目的港为西印度群岛波多黎各(Puerto Rico)的圣胡安(San Juan)。议付行审单时未发现,开证行W银行审单付汇时也未审出这一不符点。

哥林多南圣胡安进口商由于未收到货物,拒绝付款赎单。伦敦W银行以错装目的港为由要求我方退款,并要求查访货物下落。按国际惯例,开证行付款后即无向受益人追索的权利。我方出口商与议付行因已收回货款,并未受到损失,但伦敦W银行却因此而损失惨重。

案情分析

本案例的要害在于审单工组的重大失误,不仅我方出口单位和议付行未发现目的港的差错,而且伦敦W银行也未审查出来而使其遭受了重大损失。由于开证行付款后即无追索权,我方才免除了责任与损失。即使我方在经济方面未受损失,但在审单工作上却有重要的教训值得记取。

(选自蒋先玲主编《国际贸易结算实务与案例》,对外经济贸易大学出版社2005年版)

第二节 备用信用证

备用信用证不是一种结算方式,而是银行为承担交易风险的一方提供的信用担保。国际经济交往中,交易双方签订交易合同。当交易一方认为合同不足以约束对方或对另一方履行合同义务产生不信任时,可以要求第三方对该当事人合同的履行及其他有关事项提供额外的保证，这样就产生了国际担保业务。担保业务中的担保人可以是保险公司、政府以及工商企业。保险公司主要为保险业务提供担保；政府担保以政府信用为基础，相当可靠，但普通交易中的当事人不太可能获得政府担保；工商企业提供的担保，是母公司为子公司或工商企业之间相互提供的担保，属于商业信用的范围。商业银行也是国际担保业务的积极参与者，由于银行的资信通常能被交易当事人普遍认可和接受，从而为合同的履行提供了可靠的第三方担保。银行提供担保可以采用备用信用证或银行保函的形式。本节主要讲述备用信用证，下一节我们讲述银行保函。备用信用证和银行保函都属于银行信用。

一、备用信用证的概念

备用信用证(Standby Letter of Credit，SL/C)是开证行对受益人做出的、承诺在开证申请人未能履约时凭信用证中规定的单据向受益人付款的书面承诺。作为一种付款承诺，备用信用证的开证行只有在申请人违反基础合同的情况下才需要付款。如果开证申请人按期履行合同义务，受益人就无需要求开证行付款，因此备用信用证具有“备用”的性质。

备用信用证既具有信用证的特点，又具有银行保函的特点，是一种信用证形式的银行保函。由于备用信用证不要求货运单据，因此属于光票信用证，一般不直接用于货款的结算，而是作为一种担保手段使用(主要用于信用担保)。备用信用证起源于19世纪中后期的美国。当时美国的法律禁止银行参与担保业务，美国监管当局认为保函等担保业务是为他人的违约事项承担责任，应由担保公司办理，不在银行的业务经营范围之内。为了逃避法律监管，以及拓展业务的需要，美国商业银行创立备用信用证代替保函，并得到了广泛的接受。银行禁止开立保函的限制在美国早已取消，但备用信用证这一担保形式却保留了下来。

在国际经济交往中，如果一方当事人担心另一方不履行合同义务，就可以要求对方通过银行开立以本人为受益人的备用信用证向本人做出付款承诺。在贸易结算中，备用信用证常常和以商业信用为基础的结算方式结合使用，为当事人提供担保。例如，当进出口双方采用汇款中的货到付款结算方式时，如果出口商觉得收汇风险较大，可以要求进口商向银行申请开立以其为受益人的备用信用证，当出口商没有按约定取得货款时，可以根据信用证条款要求备用信用证的开证行履行付款义务。同样，在预付货款方式下，如果进口商觉得风险较大，可以要求出口商向银行申请开立以其为受益人的备用信用证，当出口商没有按合同规定履行交货义务，由备用信用证的开证行偿还进口商的预付货款。备用信用证还可以和跟单托收相结合作为支付方式，跟单托收项下的货款一旦遭到进口商拒付时，出口商可凭备用信用证所列条款，追偿货款。

随着备用信用证在越来越多的国家广泛使用，国际商会银行委员会认为有必要对备用信用证的使用进行规范，并于 1977 年 3 月提出备用信用证符合《跟单信用证统一惯例》(UCP)中有关信用证的定义和特点，应遵循统一惯例，并首次在 1983 年版的 UCP400 中将 UCP 的适用范围扩大到备用信用证，UCP500 和 UCP600 继续将备用信用证纳入其适用范围。

二、备用信用证的种类

备用信用证的应用范围十分广泛，在国际结算、贸易融资以及国际经济技术合作的各类业务中都可以使用。由于备用信用证的使用具有很大的灵活性，其种类繁多，常见的有：

(1)履约备用信用证(Performance Standby)：支持一项除支付金钱以外的义务的履行，包括对由于申请人在基础交易中违约所致损失的赔偿。

(2)预付款备用信用证(Advance Payment Standby)：担保申请人对受益人的预付款所应承担的义务和责任。这种备用信用证通常用于国际工程承包项目中业主向承包人支付的合同总价 10%～25%的工程预付款，以及进出口贸易中进口商向出口商支付的预付款。

(3)投标备用信用证(Bid Bond Standby)：担保申请人中标后执行合同的义务和责任，若投标人未能履行合同，开证行必须按备用信用证的规定向受益人履行赔款义务。

(4)反担保备用信用证(Counter Standby)：支持反担保备用信用证受益人所开立的另外的备用信用证或其他承诺。

(5)融资备用信用证(Financial Standby)：支持一项付款义务，包括对借款偿还义务的任何证明性文件。

(6)保险备用信用证(Insurance Standby)：支持申请人的保险或再保险义务。

(7)商业备用信用证(Commercial Standby)：支持申请人对货物或服务的付款义务，如国没有以其他方式付款。

(8)直接付款备用信用证(Direct Payment Standby)：担保到期付款，主要用于担保企业发行债券或订立债务契约时的到期支付本息义务。

以下为一份商业备用信用证：

ISSUING BANK PLC LONDON
International Sellers Ltd,
35th Floor, Two Exchange Square,
Connaught Place,
Hong Kong
20 March 2007
Dear Sirs

We hereby issue our irrevocable standby letter of credit No. HS066 by order of Buyer (UK) Ltd., 100 High Street, London EC4, for an amount of GBP100,000.00(one hundred thousand pounds) which expires at our counters on 31 December 2007.

This credit is available by payment against presentation to us of the following documents:

i. Your sight draft drawn on Issuing Bank plc for the amount of your drawing.

ii. Your certificate stating that you have made shipment of the required goods and have supplied the required documents to Buyers (UK) Ltd and have not been paid within 30 days of the invoice date.

Partial drawings are allowed.

All charges under this standby letter of credit are for account of the beneficiary.

Except where otherwise expressly stated, this standby letter of credit is subject to the Uniform Customs and Practice for Documentary Credits (2007 Revision) ICC Publication No. 600. Please quote our reference number on any correspondence.

Yours faithfully

ISSUING BANK PLC

三、备用信用证与跟单信用证的比较

严格地说，备用信用证也是一种跟单信用证，但我们通常所说的跟单信用证更多的是指作为贸易结算方式的商业信用证。

1. 相同点

(1)备用信用证和跟单信用证同属银行信用,都是银行应申请人的要求向受益人做出的书面付款保证;

(2)备用信用证具有跟单信用证凭单付款的特点,开证行凭受益人提交的相符单据付款;

(3)开证行的付款都与贸易合同、货物、服务或其他行为无关;

(4)开证行的付款责任都是第一性的;

(5)两者均适用《跟单信用证统一惯例》。

2. 不同点

(1)使用目的不同。跟单信用证是受益人履约后开证行承担付款责任的一种信用证,开立跟单信用证的主要目的是支付货款,只要交易正常进行,付款是必然要发生的;而备用信用证只是一种或有付款工具,具有"备而不用"的性质,只有在申请人没有履行合同或违约的情况下,备用信用证的受益人才向开证行支取款项。

(2)适用范围不同。跟单信用证通常用于贸易结算;而备用信用证可用于所有国际经济往来,适用于包括贸易结算在内的多方面的交易。贸易结算中备用信用证是为买方没有付款或卖方没有交货等违约事项提供的担保。

(3)受益人提交的单据不同。跟单信用证要求受益人提供大量的商业单据,至少包括商业发票和运输单据;而备用信用证要求受益人提交的单据非常简单,通常只是由受益人签发的以开证行为付款人的即期汇票,以及声明开证申请人违约的受益人证明。

(4)适用的国际惯例不完全相同。跟单信用证只适用《跟单信用证统一惯例》,而备用信用证除适用《跟单信用证统一惯例》外,还适用《国际备用信用证惯例》。

四、与备用信用证有关的国际惯例

由于跟单信用证和备用信用证的性质不同,UCP 的很多条款不适用于备用信用证,如 UCP500 第二十三至三十八条,UCP600 第十八至二十八条等与单据有关的条款和备用信用证相关性不大,因此 UCP 规则只在一定范围内适用于备用信用证。随着备用信用证业务的不断发展,迫切需要一套适用于备用信用证的独立规则,国际商会考虑到这一需求并在征得各国银行委员会意见的基础上于 1998 年推出了《国际备用信用证惯例 1998》(International Standby Practices 1998,简称 ISP98),该规则于 1999 年 1 月 1 日生效,是国际商会第 590 号出版物。虽然至今还有相当一部分备用信用证开立时声明遵循 UCP 规则,但 ISP98 自生效以来已经得到越来越广泛的使用,因为它更适用于备用信用证。

第三节 银行保函

在国际经济交往中,银行以保函的形式提供担保是一种较为普遍的现象。银行保函不同于汇款、托收、信用证等结算方式,其主要作用不是直接收付货币资金,而是银行通过借出自己的信用为商业交易中的一方提供担保,使交易得以顺利进行。

一、银行保函的概念

银行保函(Banker's Letter of Guarantee)是银行根据申请人的要求向受益人开出的担保申请人正常履行合同义务的书面保证。银行保函又称银行保证书,其主要作用是以银行信用为手段保护受益人的经济利益。当申请人违约时,银行负有向受益人赔偿经济损失的责任。银行为交易双方提供担保,可以消除彼此间的不信任,促进国际经济技术合作。

二、银行保函和跟单信用证的比较

1. 相同点

(1)银行保函和跟单信用证同属银行信用,都是银行应申请人的要求向受益人做出的书面付款保证;

(2)银行保函和跟单信用证都以单据而非货物作为付款依据。

2. 不同点

(1)使用目的不同。银行保函的主要目的是提供信用担保,而不是付款,只有在申请人违约的情况下才发生支付。跟单信用证的主要目的是由银行支付货款,而不是信用担保,只要交易正常,付款一定会发生。

(2)性质不同。银行保函分为从属性保函和独立性保函(又称合约保函和见索即付保函)。从属性保函依附于基础合同,银行的付款责任是第二性的。独立性保函根据基础合同开立后,不依附于基础合同而独立存在,银行的付款责任是第一性的。国内保函以从属性保函为主,国际保函以独立性保函为主。跟单信用证类似于独立性保函,不依附于基础合同而存在,信用证中开证行的付款责任总是第一性的。

(3)凭以付款的单据不同。银行保函凭受益人证明、申请人违约声明等付款,而跟单信用证凭以付款的是包括物权单据在内的全套商业单据。

(4)适用范围不同。银行保函既可用于贸易结算,又可用于招标投标、资金借贷、工程承包等各种国际经济交易的履约担保,担保行支付的可以是货款,也可以是退款或赔款。跟单信用证主要用于贸易结算,开证行支付的一定是货款。

(5)遵循的国际惯例不同。与保函有关的国际惯例是《见索即付保函统一规则》,即国际商会第 458 号出版物,以及《合约保函统一规则》,即国际商会第 325 号出版物。指导跟单信用证的国际惯例是《跟单信用证统一惯例》(UCP600)。

三、银行保函和备用信用证的比较

1. 相同点

(1)银行保函和备用信用证同属银行信用,都是银行应申请人的要求向受益人做出的书面付款保证,都是在申请人违约时使用。

(2)都具有凭单付款的特点,银行付款的条件是受益人提交相符单据。

(3)都适用于各种经济活动中的履约担保。

2. 不同点

(1)要求的单据不同。备用信用证除要求提交声明申请人违约的受益人证明外,还要求受益人提交即期汇票,而银行保函一般不要求受益人提交汇票。

(2)性质不同。独立性保函的担保银行承担第一性的付款责任,从属性保函的担保银行承担第二性的付款责任。备用信用证类似于独立性保函,开证行承担的是第一性的付款责任。

(3) 遵循的国际惯例不同。保函遵循的国际惯例是《见索即付保函统一规则》(URDG458),以及《合约保函统一规则》(URCG325)。指导备用信用证的国际惯例是《跟单信用证统一惯例》(UCP600)和《国际备用信用证惯例》(ISP98)。

四、与保函有关的国际惯例

国际担保业务通常涉及两个以上不同国家的当事人。随着保函在国际性经济交易中使用的日益广泛,各国关于保函业务的习惯差异与立法冲突引起了很多纠纷与争议。为了协调各国各地区的做法,确保保函的普遍可接受性与理解、操作上的一致性,国际商会在 1978 年制定并公布了《合约保函统一规则》(Uniform Rules for Contract Guarantees),编号为国际商会第 325 号出版物,但是这一规则并未被广泛采用。与此同时,独立性保函由于具有从属性保函所不具备的优势，在国际担保业务中使用日益普遍。国际商会再次制定了《见索即付保函统一规则》(Uniform Rules for Demand Guarantees — UDG458)，编号为国际商会第458号出版物，于1992年起执行，自颁布以后得到了普遍使用。该规则规定见索即付保函是独立性保函，不依附、从属于基础合同。银行保函为见索即付保函，银行承担第一性的付款责任，银行凭保函中规定的单据见索即付，而不管申请人是否违约的事实。受益人的索赔较为简单，通常只需要凭汇票及说明申请人违约的受益人申明即可索赔。

五、银行保函的当事人

1. 申请人(Applicant)

申请人是向银行申请开立保函的当事人。申请人的主要责任是按照已签订的合同或协议的规定履行各项义务，在银行凭保函向受益人付款后，对银行做出足额的补偿。

2. 受益人(Beneficiary)

受益人是与申请人相对的当事人，有权在申请人违约后向银行提出索偿。在贸易结算中，如果出口商先交货并允许进口商延期支付，延期付款保函的申请人是进口商，受益人是出口商。当进口商没有在规定的期限内付款，由担保银行向受益人(出口商)支付货款。如果是进口商提供预付款，那么还款保函的申请人是出口商，受益人是进口商。当申请人(出口商)没有按规定提供货物，受益人可以凭保函规定的单据向银行索赔以维护自身利益。

3. 担保行(Guarantor Bank)

担保行是根据申请人的要求，向受益人开立保函的银行。在申请人违约后，担保行必须根据受益人提交的单据和保函规定向受益人做出赔偿，并有权在赔偿后向申请人索偿。

4. 通知行(Advising Bank)

通知行是将保函通知给受益人的银行，通常是担保行在受益人所在地的代理行。通知行必须审核保函的表面真实性(核对印鉴和密押)，通知行对索偿不负任何责任。

5. 保兑行(Confirming Bank)

保兑行是根据担保行的要求，对保函加具保兑的银行。保兑行的保兑使受益人获得了双重担保。当受益人认为担保银行的资信状况不足以信任时，可要求担保行寻找一家国际知名的大银行作为保兑行对保函进行保兑。当担保行无理拒付，或因破产、倒闭等原因无力支付时，由保兑行代为履行付款责任，保兑行付款后，有权向担保行索偿。

6. 反担保行(Counter Guarantor Bank)

反担保行是接受申请人的委托向担保行出具不可撤销反担保，承诺在申请人违约且无法付款时，负责向担保行进行支付的银行。反担保行向担保银行做出赔偿后，有权向申请人索偿。在国际担保业务中，由于各国法律差异较大，受益人往往只接受本国银行开立的保函，因此申请人常常委托其往来银行先给受益人所在地的一家银行开立反担保，再由该银行向受益人开立保函。

六、银行保函业务流程

一笔保函业务大约要经过以下8个环节(如图5.5所示)：

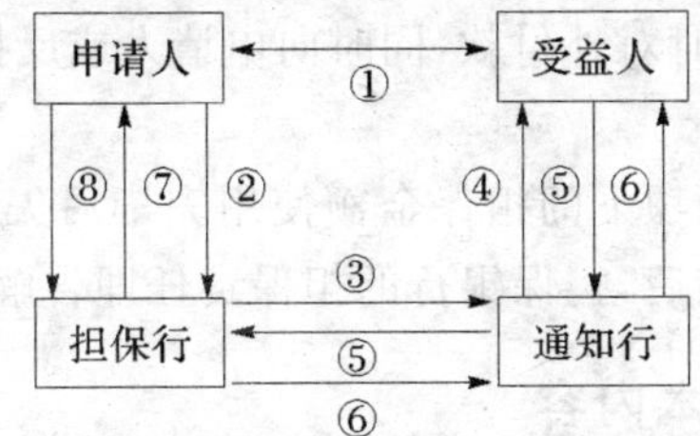

图5.5 保函业务流程图

①交易双方在合同中约定采用银行保函为双方的交易提供担保；

②申请人向银行申请开立保函；

③银行审核无误后对外开立保函；

④通知行审核保函的表面真实性并将保函通知给受益人；

⑤受益人在申请人违约后通过通知行向担保银行索赔；

⑥担保银行审核受益人提交的单据或证明文件并向受益人赔付；

⑦担保银行付款后向申请人索赔；

⑧申请人向担保银行付款。

对担保银行来说，一笔保函业务通常涉及开立、修改、索赔和注销四个环节。

1. 银行保函的开立

保函开立前，申请人应填写保函申请书或与担保银行签订书面担保协议，并提交与基础交易有关的合同或招投标书副本等文件作为银行审核的依据。保函申请书或书面担保协议是构成申请人和担保行之间权责关系的书面契约。申请人还应向担保银行交纳保证金或提供反担保。

担保银行为防范风险及确保自身利益，在正式对外开立保函前应认真审核申请人的资信状况、财务状况、基础交易的真实性以及担保资金或反担保的落实情况。审核无误后，担保银行将保函发至(通过电讯方式或信函邮寄方式)受益人所在地的一家银行，由该银行将保函通知受益人。对外开出保函后，银行有权向申请人收取担保费用。

2. 银行保函的修改

银行保函在有效期内可以进行修改，但需征得当事人各方的一致同意方可进行，任何一方单方面对保函条款做出的修改都是无效的。当申请人和受益人就保函修改取得一致后，由申请人向原担保行提出申请，并经银行审核后发出修改。

3. 银行保函的索赔

在保函有效期内，受益人只要提交符合保函规定的单据或书面文件，担保银行就应履行担保义务，及时对外付款，同时向申请人或反担保人追索。

4. 银行保函的注销

保函在到期后或保函项下的担保金额使用完毕后失效，担保银行可办理保函的注销手续。保函注销后，担保银行的担保责任即告解除。

七、银行保函的基本内容

银行保函主要包括以下几方面的内容：

1. 各当事人的完整名称和地址

银行保函中应显示申请人、受益人、担保行、通知行的名称和地址，其中担保银行的地址涉及保函的法律适用性问题，以及保函的到期地点和受益人的交单地点。根据惯例，保函受担保人营业地所在国的法律约束，如果担保人有几个营业地，则受担保人签发保函的那个营业地所在国的法律约束。受益人应在保函有效期以前将单据提交到有效地点。

2. 保函的性质

银行保函有不同的性质和用途，如投标保函、预付款保函等，一般为不可撤销、不可转让保函。

3. 基础合同的主要内容

银行保函应注明所担保的基础合同，写明交易合同的号码、日期、内容、当事人等。虽然保函注明了基础合同，但不表示保函依附于该基础交易，保函一经开立，就完全独立于基础合同。

4. 保函的编号和日期

银行对保函进行编号的主要目的是为了便于内部管理和业务查询，而且一般情况下保函的开立日期即为保函的生效日期，可以确定银行担保责任的起讫时间。

5. 保函金额

保函金额是担保人承担责任的最高限额,也是受益人在保函项下的最高索偿金额。保函金额可以是确定的金额,也可以规定一个最高金额(不是一个确定金额)。因为有的保函的赔付金额往往取决于申请人违约对受益人造成的损失程度,无法在开立保函时就规定确定的金额。随着基础合同的履行,担保人的担保责任逐步递减。

6. 保函的有效期

这包括保函的生效日期和失效日期。保函的种类和用途不同,保函的生效方法也不同。例如,投标保函一般自开立之日起生效;预付款保函则要在申请人收到款项之日生效,以避免在申请人收到预付款之前被无理索赔的风险。保函的失效日期(Expiry Date)是受益人提出索赔的截止期限。

7. 责任条款

责任条款指银行在保函中的付款承诺,银行凭受益人提交的符合保函规定的单据或证明文件付款。

8. 索偿条件

保函一般以受益人在效期内提交证明申请人违约的单据或文件作为付款依据。担保行只负责审核单据的表面真实性,而不与事实相联系。

9. 其他条款

其他条款包括与保函有关的保兑、修改、撤销和仲裁内容。保函只有经当事人一致同意后才可撤销和修改。

以下为一份预付款保函:

ADVANCE PAYMENT GUARANTEE NO. BG33GA0401120 DATED JUL. 12,2007.

PLEASE ADVICE THIS LETTER OF GUARANTEE TO THE BENEFICIARY THROUGH BANK OF CHINA, HANGZHOU BRANCH.

BENEFICIARY: KAIDA INTERNATIONAL CO. LTD. 18 HANGZHOU NORTH ROAD P. R. CHINA

WE HAVE BEEN ADVISED BY OUR CUSTOMERS, JOHS. RIECKERMANN E. K., HAMBURG, THAT ACCORDING TO CONTRACT NO. 44N51 DATED 06. 09. 2007 THEY ARE SUPPLYING YOU WITH GLATT VERTICAL GRANULATORS, TYPE VG50, GLATT SIEVES, TYPE GS100, GLATT FLUID BED PROCESSORS, TYPE WSG PRO 15 AT A TOTAL VALUE OF EUR441, 800. 00. THE CONTRACT PROVIDES THAT AN ADVANCE PAYMENT OF EUR44, 180. 00 IS TO BE MADE AGAINST THE ISSUANCE OF A BANK GUARANTEE.

BY ORDER OF JOHS. RIECKERMANN E. K., HAMBURG, WE HEREBY ISSUE THE IRREVOCABLE ADVANCE PAYMENT GUARANTEE IN YOUR FAVOUR FOR EUR44,180. 00 (FORTY FOUR THOUSAND ONE HUNDRED AND EIGHTY EURO).

OUR GUARANTEE BECOMES EFFECTIVE AS SOON AS THE ADVANCE PAYMENT HAS BEEN RECEIVED BY OUR CUSTOMERS JOHS. RIECKERMANN E. K., HAMBURG, ON THEIR ACCOUNT NO. 3821022 WITH OUR BANK WITH REFERENCE TO THIS GUARANTEE AND AT THEIR FREE DISPOSAL AND AS SOON AS JOHS. RIECKERMANN E. K., HAMBURG, HAVE RECEIVED AND ACCEPTED THE RELEVANT LETTER OF CREDIT - TO BE ADVISED THROUGH VEREINS — UND WESTBANK, HAMBURG.

WE SHALL EFFECT PAYMENT UNDER OUR GUARANTEE ON YOUR FIRST WRITTEN DEMAND - TO BE FORWARDED TO US THROUGH AN INTERNATIONAL BANK FOR VERIFICATION OF YOUR SIGNATURES - CONFIRMING TO US THAT JOHS. RIECKERMANN E. K., HAMBURG, HAVE NOT FULFILLED THEIR DELIVERY OBLIGATIONS.

THIS GUARANTEE WILL EXPIRE ON 31ST MARCH 2008, UNLESS YOUR WRITTEN CLAIM UNDER THIS GUARANTEE IN ACCORDANCE WITH THE ABOVE—MENTIONED CONDITIONS HAS REACHED US IN HAMBURG BY THE END OF THAT DAY.

THIS GUARANTEE IS GOVERNED BY THE LAW OF THE FEDERAL REPUBLIC OF GERMANY.

YOURS SINCERELY

VEREINS—UND WESTBANK

八、银行保函的种类

银行保函的用途很广泛，各类保函的名称、用法不同，形成了许多种不同的保函。从不同的角度划分，保函有不同的分类。

1. 根据与基础交易的关系，保函分为从属性保函和独立性保函

(1)从属性保函

从属性保函依附于基础交易，随基础交易的产生变化而发生变化。从属性保函中，担保银行承担第二性付款责任，即只有在受益人提出索赔而申请人拒绝支付时才予以付款。因此，如果发生违约事项，受益人应首先要求申请人赔付，只有在申请人未付和拒付时才能向担保行提出索赔。传统保函以及国内保函以从属性保函为主。

(2)独立性保函

独立性保函不依附于基础交易。虽然独立性保函依据基础交易开立，但一经开立就不受基础交易的约束，两者相互独立、相互分离。独立性保函中，担保银行承担第一性付款责任，只要受益人的索赔满足保函中规定的条件银行应立即予以付款，而不论基础交易的执行情况如何。国际上通用的保函以独立性保函为主。

2. 根据支付前提的不同，保函分为付款类保函和信用类保函

(1)付款类保函

付款类保函是银行为基础交易产生的债务进行支付所开立的保函。当受益人履行了保函中规定的义务后，就可以取得保函项下的款项。付款类保函可以作为合同价款的一种支付方式，受益人履约后向担保银行索取款项。付款类保函的支付前提是受益人履约。

(2)信用类保函

信用类保函是银行为基础交易的一方可能发生的违约事项向另一方当事人提供担保所开立的保函。只有申请人违约，支付才可能发生，否则支付就不会发生。信用类保函的支付前提是申请人违约。银行保函以信用类保函为主。

3. 根据使用范围不同，保函分为出口类保函和进口类保函

(1)出口类保函

出口类保函是银行应出口商或承包商的申请向进口商或招标人开出的保函，是为满足出口货物或出口劳务的需要而开立的保函。出口类保函适用于国际工程承包业务和商品出口业务。

1)投标保函(Tender Guarantee)

投标保函是担保银行应投标人的要求向招标人出具的书面保证文件，保证投标人在开标前不中途撤标、不片面修改投标条件，中标后不拒绝签约，并按时提交履约保函。如果投标人违约，担保银行将赔偿招标人的全部损失。投标保函自开立之日起生效。在开标后一定时期内，如果投标人未收到中标通知，保函失效；如果中标，保函延续到投标人与中标人签订合同并提交规定的履约保函时失效。

2)履约保函(Performance Guarantee)

履约保函是担保银行应申请人(供货商或承包商)的要求向受益人开出的保证申请人按合同条款履行各项义务的书面保证文件。履约保函自开立之日起生效至合同执行完毕或双方约定的期限为止。

3)预付款保函(Advance Payment Guarantee)

预付款保函是担保银行应申请人(预付款收取者)要求向受益人(预付款支付者)出具的书面保证文件，保证在申请人未履行合同义务，也未退还预付款的情况下，由担保银行负责偿还预付款。预付款保函自申请人收到预付款之日起生效至申请人履约或预付金额全部扣减完毕时失效。保函的金额为预付款金额，一般为合同金额的10%左右。

4)质量保函(Quality Guarantee)和维修保函(Maintenance Guarantee)

质量保函和维修保函是担保银行应出口商或承包商的要求，就合同标的物的质量向进口商或招标人出具的书面保证文件，保证在交货或施工完毕之后的规定时间内，如果发现质量问题，出口商或承包商将及时退换或进行维修，否则受益人凭保函可以向银行索赔。质量保函多用于大型机械设备等资本货物的进出口交易中，如大型机电产品、成套设备、船舶、飞机等的买卖交易。维修保函主要用于对工程项目的质量担保。质量保函和维修保函的金额通常为合同标的额的5%左右。

5)透支保函(Overdraft Guarantee)

透支保函是担保银行应承包商的要求向工程所在国银行出具的书面保证文件，保证借款人到期如数偿还透支金额及利息，否则由担保行负责偿还。透支是一种短期资金借贷行为。在国际承包工程中，承包商在国外施工时，为了能够得到当地银行的资金融通，需要开立一个透支账户。在申请开立透支账户时，承包商须向当地银行提供由其本国银行出具的透支保函。保函金额为透支账户所允许的透支限额。

6)关税保函(Customs Duties Guarantee)

关税保函是担保银行应承包商的要求向工程所在国海关出具的保证在工程

完工后将施工设备运回国内的书面保证文件。在国际承包工程中,承包商将施工设备运至国外时,要向当地海关支付进口关税;工程完工后将设备运回国内时,可以要求当地海关退税。为了避免手续的麻烦和税金的占压,承包商可以向银行申请以东道国海关为受益人的关税保函以免交进口关税。如果运入的设备在东道国销售,由银行向海关补交应付关税。关税保函也用于国际展览活动中,当一国将展品运入另一国时,可以通过出具关税保函免交关税。

(2)进口类保函

进口类保函是银行应进口商的申请向出口商开出的保函,适用于货物进口、技术进口、补偿贸易及来料加工业务。

1)付款保函(Payment Guarantee)

付款保函是担保银行应申请人(进口商)的要求向受益人(出口商)出具的书面保证文件,保证进口商在收到符合合同规定的货物后向出口商支付全部货款,否则由银行赔偿出口商的损失。付款保函根据付款时间的不同又可分为即期付款保函和延期付款保函。大型资本货物交易或工程承包业务通常使用付款保函来担保合同规定的分期付款或延期付款。

2)补偿贸易保函(Compensation Guarantee)

补偿贸易保函是担保银行应申请人(设备进口商)的要求向受益人(设备出口商)出具的书面保证文件,保证申请人以进口设备生产的产品,按合同规定返销出口给设备出口商或其指定的第三者以偿付进口设备的价款,否则由银行按保函金额赔付设备价款及相应的利息。补偿贸易由出口商提供生产所需的设备和技术,进口商生产的产成品以返销的形式补偿出口商的设备款、技术转让费及相应的利息。出口商为了避免进口商因违约不能按时补偿设备价款、技术费用而使自己遭受损失,往往要求设备进口商提交补偿贸易保函。

3)来料加工保函(Processing Guarantee)

来料加工保函是银行应加工方的要求向委托方出具的书面保证文件,保证加工方用进口原料加工后,按合同规定将成品交付委托方或其指定的第三者以支付进口原料价款,否则由银行负责赔付。来料加工由委托方提供技术、生产设备和原材料,由加工方按照委托方的要求进行加工,生产出的成品交给委托方销售,加工方收取加工费。为了防止加工方不能按时加工成品偿还设备及原料价款,委托方往往要求加工方提交来料加工保函。

4)租赁保函(Lease Guarantee)

租赁保函是银行应承租人的要求向出租人出具的书面保证文件,保证承租人按合同规定支付租金,否则由银行负责赔偿出租人。租赁保函适用于机械设备、运输工具等的租赁业务。租赁保函中担保银行的担保责任随每笔租金的支付而等额递减。

【重要名词】

跟单信用证;备用信用证;银行保函;申请人;受益人;被指定银行;议付;保兑;拒付;不符点

【复习思考题】

1. UCP600 所指的"相符交单"和"议付"分别指的是什么?
2. 信用证有哪些特点?
3. 开证行对有不符点的单据应如何处理?
4. 根据 UCP600,信用证项下的修改在何时生效?
5. 简述信用证结算的业务流程。
6. 可转让信用证转让时,有哪些条款可以变更?
7. 信用证和银行保函有何异同?

第六章 保理和福费廷

第一节 保 理

一、保理的概念

国际保理(International Factoring),又称国际付款保理或保付代理,是指在国际贸易中出口商以赊销(O/A)、承兑交单(D/A)等信用方式向进口商销售非资本性货物时,由出口保理商和进口保理商共同提供的一项集出口贸易融资、销售账务处理、收取应收账款、买方信用调查与担保等内容为一体的综合性金融服务。出口商以商业信用形式出卖商品,在货物装船后即将应收账款无追索权的转卖给保理商,从而使出口商的部分或全部应收账款立即转换成现金,实际上是将出口应收款贴现,或是将出口应收账款卖断给出口保理商。因此,保理业务从保理商角度也被称为承购应收账款。

二、保理的内容

1. 出口贸易融资(Export Trade Finance)

出口商在将应收账款转让给出口保理商时,可以要求保理商提供无追索权的贸易融资,以使出口商能及时获得所需的营运资金。保理商提供的融资通常在发票金额的 80%左右。

2. 销售账务处理(Maintenance of Sales Ledger)

保理商在收到出口商的销售发票后,在电脑中设立有关的分类账户,并输入必要的信息和参考数据,实行电脑化自动处理承担账务管理工作,如记账、催收、清算、计息、收费、统计报表、打印账单等会计财务工作,并定期向出口商提供统计报表和往来账户对账单。

3. 收取应收账款(Collection of Receivables)

出口商不善于收取账款,会使大量营运资金占压在应收账款上,进而产生呆账、坏账现象。保理商一般都拥有专门的收债技术和收债经验,因此请保理商负责收取应收账款,既节省了营运资金又减少了对收债所投入的人力物力。

4. 买方信用担保或坏账担保(Protection for Buyer's Credit)

保理商要对进口商的债务逐一核定,预先评估信用额度(Preliminary Credit Assessment)。保理协议签订后,保理商将根据每一进口商的资信变化情况、收款考核实绩、自身的业务经验和出口商的业务需要,定期或经常为进口商核准或调整信用销售限额(Credit Approval)。凡在信用销售额度内的应收账款,称为已核准应收账款(Approved Receivables);超过信用销售额度内的应收账款称为未核准应收账款(Unapproved Receivables)。保理商只对已核准应收账款提供买方信用担保的服务,对因进口商无力支付而导致的坏账,保理商在已核准应收账款的范围内承担赔偿责任。

三、保理业务流程

1. 出口商与出口保理商洽商保理结算事宜

出口商在签订贸易合同之前必须就准备达成的买卖合同先与出口保理公司联系,经保理商同意准备叙作保理业务后,填写由出口保理商提供的《信用额度申请表》(Application for a credit approval),作为进口保理商为进口商核定信用额度的参考。申请表的主要内容包括进出口商名称、详细地址、合同号、出口商品服务的名称和类别、对进口国的估计销售量和估计价格、付款条件、销售发票和货项清单的数目、申请信用额度及币种等。

信用额度分单笔信用额度和循环信用额度两种,前者只能使用一次,后者可循环使用,即当进口商支付了一笔应收账款后,则该笔应收账款所代表的额度可以再次使用若干期。如果出口商品是分批装运,则适合申请循环额度;如果是一次性出运,则适合申请单笔信用额度。

2. 出口保理商选择进口保理商

出口保理商根据进口商的分布情况选择进口保理商,并通过由国际保理商联合会开发的保理电子数据交换系统将有关情况(即《出口商信息表》及《初步信用额度申请》)通知进口保理商,请进口保理商对进口商进行信用评估。通常出口保理商选择已与其签订过《代理保理协议》、参加国际保理联合会且在进口商所在地的保理商作为进口保理商。

3. 进口保理商核定进口商的信用额度并报价

《国际保理惯例规则》第 6 条规定:进口保理商必须于收到申请后的 14 天内毫无延误的将其决定发送《信用额度回复》通知出口保理商;如进口保理商不能在此时间内做出决定,则必须在此期间内尽早通知出口保理商,并进一步说明依据的事实和可以做出决定的时间。进口保理商在规定的时限内调查和评估债务人的资信情况、经营作风等,以便确定一个信用额度。首先,进口保理商会要求进口商提供近期的财务报表,以此来分析进口商近期的财务情况。其次,进口保理商调查进口产品的市场行情,判断进口产品是否适销对路。再次,进口保理商要通过进口商开户银行等渠道,查看进口商以往付款记录,了解进口商是否经常有拖欠行为。最后,进口保理商还要到有关的司法部门调阅进口商是否有过被诉讼的记录。当一切调查工作进行完毕,证明进口商的资信情况良好时,进口保理商将向出口保理商发送《信用额度回复》信息,批准出口保理商的申请;反之,进口保理商将通知出口保理商,拒绝其申请,或减少申请额度,并详细说明拒绝或减少额度的理由。

4. 出口保理商报价并与出口商签订保理协议

在收到进口保理商批准信用额度及报价的通知后,出口保理商在此基础上决定自己的条件和报价,并将选择结果通知出口商。如果出口商同意出口保理商的报价,出口保理商便可与出口商签订《出口保理协议》。该协议规定了出口保理商和出口商的权利和义务。主要内容是:协议适用的业务范围、信用额度的申请、通知及生效,信用额度的减少及取消,单据的提交,债权的转让,账户及报告,付款,融资,纠纷,协议的生效及期限等。协议的有效期一般为 2 年,期满后视情况续签或终止。双方签署后,出口保理商随后通过航邮或 EDI 保理系统对进口保理商发送《签署协议》。

5. 出口保理商与进口保理商签订保理协议

通过协议,出口保理商将出口货物的债权转让给进口保理商,由后者向进口商收款并承担相应责任。

6. 出口商和进口商签订贸易合同

在签订保理协议后,出口商即可在协议规定的信用额度内以赊销或承兑交单等信用方式同进口商正式签订贸易合同,并根据合同交货。

7. 出口商转让应收账款

出口商按合同装运货物后,将应收账款的单据提交给出口保理商,以转让债权。按合同中规定的付款条件可分为下面两种情况:

(1)若采用赊销(O/A)方式,出口商将全部单据寄交进口商。在出口商与出口保理商签订保理协议后，出口商可以向出口保理商申请融资，融资时出口商应填写《融资申请书》，说明愿意承担增加的融资利息。出口保理商根据出口商及债务人的资信情况、产品的市场潜力等情况向出口商提供已核准应收账款金额的50％～90％的预付款项融资。对于未核准的应收账款，出口保理商不提供融资，之后出口商便可以发货。发货后，根据合同中规定的付款条件，若是赊销方式，出口商可以直接将单据寄交进口商，只需向出口保理商提交一份发票副本。但是，若出口商向出口保理商已经申请了融资，则出口商须将全套正本单据交给出口保理商，后者拿到全套单据审核无误后，扣除支付出口商融资款项和利息部分，将余款预付给出口商。付款时间一般在收到单据后1～2个工作日内将款项划到出口商的账户上。

(2)若采用托收(D/A)方式，则出口商应将全套正本单据提交给出口保理商，再由出口保理商将单据转给进口保理商办理托收。与一般贸易结算方式不同的是：出口商在制作单据时，需要在发票各联打上或粘贴转让条款。该转让条款由进口保理商提供，表明发票项下的全部债权均已在法律上转给了进口保理商，进口保理商成为债权人。与进口商首次通过保理方式作业的出口商，还需在单据中随附一份介绍信，向进口商表明出口商已与保理商签署了保理协议并已将债权转移给了进口保理商。

出口商在汇票或发票及装运单据正本上加注经保理商认可的过户通知文句，通知债务人有关债权已直接出售或转让给了进口保理商，有关应收账款应于到期日直接付给进口保理商，然后将有关票据正本或副本寄往进口商。

8. 出口保理商向进口保理商再转让应收账款

出口保理商按发票金额扣除利息和承购费用后，立即或在双方约定的日期将货款支付给出口商，并将单据寄给进口保理商。

9. 进口保理商于发票到期日前若干天开始向进口商催收

进口保理商收到出口保理商寄来的发票后，记入应收账款，然后开始负责向进口商催收货款，若出口保理商在发票到期日后未能收到进口保理商的付款，出口保理商有义务向进口保理商催收。进口保理商接到催收通知后，应立即着手向进口商追收货款。保理公司追讨债务的技术是专业化的，且方式多样。进口保理商的追收一般分为三个阶段，每个阶段间隔7～10天。每次催收时，进口保理商均以书面形式通知进口商。同时，进口保理商会使用电讯等较快的方式不定时的催讨。当三次催收均告无效后，有些进口保理商会在征得出口商同意后向进口商提起诉讼，通过法律手段收取欠款。

10. 进口商付款

进口商于发票到期日向进口保理商付款。

11. 进口保理商划款给出口保理商

当进口商付款后，进口保理商应立即将扣除保理佣金后的余额通过保理电子数据交换系统向出口保理商发送付款通知及汇款通知。该通知详细说明付款日期和金额及有关的业务编号。若在收妥进口商的付款后，进口保理商没有及时将款项付给出口保理商，则进口保理商应赔偿出口保理商从应付日到实付日以两倍伦敦同业拆放利率计算出的利息，并支付这段时间的一切汇率损失。若是由于不能控制的原因造成进口保理商不能立即将收妥的款项付给出口保理商时，则进口保理商应立即向出口保理商说明原因，并向出口保理商支付从应付日到实付日按最低拆借利率计算出的利息。当进口商拒绝或无力支付应收账款，且直至到期日后的第 90 天仍不能支付时，则根据《国际保理惯例条例》第 13 条和第 14 条规定，进口保理商应于应收账款到期日后的第 90 天向出口保理商承担由于进口商未能按销售合同的条款按期全额支付已核准的应收账款而造成损失的风险，同时获得向进口商索偿的权利。如果进口保理商不能按照上述要求向出口保理商付款，进口保理商应负责向出口保理商支付利息，并且等值补偿出口保理商由于其迟付而遭受的所有汇价损失。但是，如果进口商在付款到期日后的 90 天内提出贸易纠纷，保理商暂时免责，由买卖双方协商解决，若纠纷在提出后的 365 天内取得一致协议，则保理商仍需重新承担赔付责任。在保理业务中，出口商要特别注意的是：必须在保理商核准的信用额度内与进口商签订合同、发运货物，如因超过此额度而导致债务人拒付的，保理商不予负责；出口商装运的货物须严格符合合同的规定，若由于货物问题引致贸易纠纷，保理商也不负责。

12. 出口保理商支付余款

出口保理商扣除融资利息及费用，将余额付给出口商。

13. 争议及争议解决

出口商发货后，进口商拒绝付款的原因也可能来自贸易合同纠纷，保理商不承担因这类争议而产生的拒付风险。如果进口商收到货物后，发现出口商没有严格按照合同执行，可以提出异议，向进口保理商发出《争议通知书》。进口保理商应立即通过 EDI 保理系统将《争议通知书》转给出口保理商，同时宣布终止已经核准的信用额度。出口保理商接此通知后，应立即无延误地以最快捷方式通知出口商。此时，出口商应立即与进口商联系，积极解决争议。同时，出口商应随时向出口保理商通报解决进展情况。出口保理商则应将进展情况转告进口保理商。根据《国际保理惯例规则》,如果出口商收到争议通知后60天内未与进口保理商联系,进口保理商不再对此笔应收账款负责。如果争议的结果有利于出口商,而且,在争议期间,出口保理商将处理过程的情况定期报告进口保理商,进口保理商应重新将争议项下的应收账款视为被批准的信用额度。因此,有关争议是否能够得以顺利解决,关键在于进出口商及进出口保理商的密切配合。

四、保理业务种类

1. 融资保理和到期保理

融资保理(Financed Factoring)是一种预支应收账款业务,出口商将代表应收账款的票据交给保理商,保理商立即向出口商支付现金,即提供预付款融资。到期保理(Maturity Factoring)是一种到期承购应收账款业务,出口商将应收账款票据转让给保理商,保理商确认在票据到期时无追索权地向出口商支付票据金额,而不在出口商提交票据时立即向出口商支付现金。一般保理商是根据出口商通常给予客户的付款日期计算出平均到期日,并于平均到期日将应收的收购价款付给出口商。由于到期保理并不提供预付款融资,而一般出口商都希望得到融资,贸易融资也正是国际保理业务的最大优点。因此,融资保理是常见的标准的国际保理。

2. 单保理模式和双保理模式

国际保理业务根据其运作机制,可分为单保理模式(Single Factor System)和双保理模式(Two Factors System)。

(1)单保理模式

单保理模式下的出口地银行不是保理商,它与出口商之间没有订立保理合同,因此,它不是保理业务的当事人,而只是中间媒介。单保理有三个当事人:出口商、进口保理商和进口商。

出口商要与进口保理商签署保理分协议,再由出口商所在地的一家银行与进口保理商签署保理总协议。该协议只起到传递函电及划拨款项的功能。

单保理有以下缺点:

1)出口商所在地银行只能办理传递函电的工作,不承担保理业务的责任和风险,其收益只限于收取少量的代理手续费。

2)进口保理商直接对出口商负责,缺乏出口国金融机构的帮助,难以准确把握出口商的履约能力以进行全面的业务风险评估。

3)对于出口商的应收账款,由出口保理商提供融资。单保理业务没有出口保理商,故出口商不能获得融资便利。

(2)双保理模式

双保理模式下,由出口商与出口国所在地的保理商签署协议,另外出口保理商与进口保理商双方签署协议,相互委托代理业务,并由出口保理商根据出口商的需要提供融资服务。双保理模式有四个当事人:出口商、出口保理商、进口保理商和进口商。

目前,国际保理指的是双保理模式。其原因也即优点如下:

1)出口商与出口保理商签订协议后,一切有关问题可与出口保理商交涉,并可由此获得全部的保理服务,从而消除在语言、法律、贸易习惯等方面存在的障碍。在双保理机制下,只需和本国一家出口保理商往来。

出口商可能获得条件较为优惠的融资。如进口保理商的贴现率比出口保理商的低,可要求进口保理商以预付款方式或贴现方式提供融资。进口保理商按自己的贴现率将融资款项付给出口保理商,并由其转交给出口商。在这种情况下,出口保理商必须代出口商向进口保理商担保,对发生纠纷或违约行为的应收账款保证退还相应的融资款项。

2)出口保理商不必深入研究各个债务人所在国的有关法律等,因为债务人所在地的进口保理商将负责这些专业服务并为债务人核定相应的信用额度供出口保理商和出口商参考。尽管进口保理商对贸易纠纷不承担责任,但出口保理商可以要求进口保理商予以协助。尤其在进口商发生破产倒闭的情况下,进口保理商的这种协助对收回债款、减少损失将发挥重要作用。

3)对于进口商来讲,它仅需同本国的进口保理商打交道,也免除了在语言、法律、商业习惯等方面可能存在的困难。

4)出口商的债权可以得到保障。

双保理模式也存在一些缺点:由于两个保理商均要提供销售账务管理服务,因此,管理费用比单保理模式高。资金划拨方面,由于增加了进口保理商这一中间环节而速度较慢。如果业务量较小,出于费用方面的考虑,进口保理商往往采用定期划拨而不是逐笔划拨的做法,这将使速度放慢。

3. 无追索权保理和有追索权保理

在无追索权保理(Non-recourse Factoring)中,保理商根据出口商提供的名单进行资信调查,并为每个客户核定相应的信用额度。在已核定的信用额度内,为出口商提供坏账担保。出口商在有关信用额度内的销售,因为已得到保理商的核准,所以保理商对这部分应收账款的收购没有追索权。由于债务人资信问题所造成的呆账、坏账损失均由保理商承担。大多数国际保理业务都是这类无追索权保理。

在有追索权保理(Recourse Factoring)中,保理商不负责审核买方资信,不确定信用额度,不提供坏账担保,只提供包括贸易融资在内的其他服务。如果因债务清偿能力不足而形成呆账、坏账,保理商有权向供应商追索。

保理业务发展到今天,已成为一项多功能的金融服务,保理商可以根据客户需要灵活调整服务内容。所以,保理虽然有不同类型,但在实务中,出现多种业务并用的情况很常见。例如,进出口双方多采用双保理方式进行贸易结算,同时以无追索权保理占多数,出口商通常也要求保理商提供融资保理服务。

4. 出口保理与进口保理

出口保理(Export Factoring)指出口国的保理商为出口商提供的保理服务。主要包括对进口商进行资信调查和信用评估、出口信用风险保障、销售账户管理及催收账款、贸易融资等。

进口保理(Import Factoring)指进口国的保理商为进口商提供的保理服务。主要包括:根据进口商的财务及资信状况,为其提供对外付款保证或代其垫付款项,以使进口商以赊付方式达成进口交易,加速资金周转,节约成本开支。

第二节 福费廷

一、福费廷业务的概念

福费廷(Forfaiting)方式又被称为包买票据或票据包购。具体来说,福费廷是票据的持有者(通常是出口商)将其已承兑的票据无追索权地转让给票据包买商(福费廷融资商)以提前获得现金,而福费廷融资商在票据到期时向承兑人提示要求付款。福费廷融资商通常是商业银行或其附属机构,所使用的票据通常是出口商开立的汇票,或者是进口商开立的本票。若是前者,需要进口商承兑和进口地银行的担保;若是后者,则只需进口地银行担保。福费廷业务主要用于金额大、付款期限较长的大型设备交易中。

二、福费廷业务的特点

1. 无追索权

融资商从出口商处购得票据属于买断性质,是没有追索权的. 因此,融资商承担了全部风险。福费廷业务中的出口商必须放弃对所出售债权凭证的一切权益，做包买票据业务后，将收取福费廷债款的权利、风险和责任转嫁给包买商，而银行作为包买商也必须放弃对出口商的追索权。

2. 中长期融资

传统的福费廷业务，其票据的期限一般在 1～5 年，属中期贸易融资。但随着福费廷业务的发展，其融资期限扩充到 1 个月至 12 年不等，时间跨度很大。由于期限长，为了融资商能较好的收回资金，往往根据融资期限的长短，分成若干期办理款项收付，如 5 年期融资分为 10 期，出口商开立付款期限不等的 10 张远期汇票，相邻的两期付款时间间隔为半年。若以银行保函为进口商担保，则银行保函的有效期也应与融资期限相适应。

3. 固定利率

虽然融资商最初向出口商报出的购买票据的贴现率只是供出口商考虑的参考价，对融资商本身也没有约束力，但是这项参考价是融资商根据该项交易的综合情况后提出的，有很大的可信度。若没有新的大变动情况，则随后融资商与出口商之间的有关福费廷业务的合同也就以贴现率为实际采用的贴现率。由于融资商从出口商购买票据属于买断性质，即使以后市场利率发生变化，这项贴现率也不再改变。这有利于进出口商提前把握交易的成本。

4. 手续比较简便

福费廷业务使用汇票或本票，手续比较简便。由于有真实的交易为依托，出口商得到融资商的融资要比申请银行贷款容易。

5. 银行担保

包买商为出口商承做的福费廷业务，大多需要进口商的银行做担保。

6. 出口商支付承担费(Commitment Fee)

在承担期内，包买商因为对该项交易承担了融资责任而相应限制了他承做其他交易的能力，以及承担了利率和汇价风险，所以要收取一定的费用。

三、福费廷业务流程

1. 出口商与融资商的前期工作

根据出口商的申请，福费廷融资商了解交易合同的内容，主要内容包括出口商自身情况（名称、注册地址、营业地点等）、将出口商品的情况（名称、类别、预期成交和交货时间）、需要融资的情况（货币种类、金额、融资期限、分期付款期次等）、票据情况（种类、付款地点等）、担保人情况（名称、地址、担保方式等）等等。在了解以上基本情况以后，福费廷融资商还将调查有关商品的国际市场状况、进口国的进口规定、外汇管制、进口商的担保人等情况，以便评估该项福费廷业务的风险，进而向出口商提出购买票据的贴现率和相关的业务安排。

出口商根据福费廷融资商提出的条件，决定是否接受。如果接受融资商的报价，则可以与福费廷融资商谈判，确定该项业务的具体内容，并确定选择期和承担期安排。选择期是指从出口商向进口商发盘到进口商接受之间的时间。在进出口商达成协议后，选择期即告结束，接着进入承担期。一般情况下，选择期在48小时内，福费廷融资商可能同意无偿承担风险。如果超过48小时，则福费廷融资商必须向出口商收取一定的费用，以补偿其承担的风险。承担期指从进出口商成交后至双方实际交货的一段时间。承担期内出口商与福费廷融资商都对该项业务承担责任。

2.进出口商洽商、出口商与融资商签约

出口商将采用福费廷方式结算的考虑通知进口商。进口商也需要明确由于采用了福费廷方式，获得延期和分期付款的安排，这有利于他克服现汇不足的困难。此外，出口商还要向进口商提出担保银行的问题，要求进口商能及时向银行申请担保，并明确担保的方式是提供银行保函或在票据上加具保证。进口商根据双方的协商意见，向银行申请为进口商的付款做出担保或保证，并被银行所接受。进口商将担保银行及担保的情况通知出口商，出口商随即将担保行及担保情况转告融资商，并得到融资商的认可。至此，进出口商可正式签订贸易合同，出口商也可与融资商正式签约。

3.出口商发货并向进口商传送货运单据等整套单据

出口商在签约后即可如约出运货物，并将全套单据委托出口地银行通过其在进口地的代理行转递给进口商，并且在委托书中明确向进口商交付运输单据的条件。如果进出口商双方约定以汇票为融资票据，则出口商还应同时签发按约定期限的一系列远期汇票，这时就以进口商承兑汇票并获得当地银行的保证为交单的条件；如果双方约定由进口商出具本票为融资票据，则以进口商签发本票并获得当地银行的保证为交单的条件；如果双方约定以进口商当地银行的保函为条件，则进口商应尽快申请得到银行保函，并以此为获得货运单据的条件。此外，若贸易合同中，为了预防进口商违约而要求进口商向出口商预付定金，或进口商为了能确认进口设备达到合同要求而要求在收到设备后，还要暂留部分留置金，待设备试运行能达到合同要求后才向出口商支付，则这两项金额不能在上述融资汇票中体现。

4.进口商承兑汇票或开立本票并申请银行的担保后，将票据交给出口商

进口商在审查了银行提示的单据后，认为符合贸易合同的规定，就应该承兑出口商提示的汇票，或按合同规定，开立本票。然后将已承兑的汇票或自己开立

的本票向银行申请其保证，或申请银行为此提供保函。随后，将得到银行保证的票据，或者将上述票据连同银行保函交给进口地银行，以便换取货运单据。进口地银行将进口商提交的经当地银行保证的票据，或银行保函和有关的单据，通过原先向自己传递单据的出口地银行转交给出口商。

5.出口商向保理商提交符合自己与融资商签定的合同所要求的票据，并要求融资商买入票据，融资商在验核票据后如约买入票据

出口商在收到上述票据后，即可作成无追索权的背书，向融资商要求贴现。由于融资商从出口商买入票据是没有追索权的，为了确保自己的利益，融资商在买入票据前，必须验核票据及票据上签字的真实性。在融资商自己不能验核这些票据及其签字的真实性时，应通过出口商和进口商的往来银行验核。在确认出口商向其提交的票据的真实性后，融资商即可如约买入票据，而将票面金额扣减贴息等费用后的余额支付给出口商。融资商扣减的费用主要有贴息、承担费和罚款。贴息是根据票面金额、贴现时间长短及贴现率计算得出的；承担费是指出口商与融资商签约后到出口商向融资商提交合格的票据之间的一段时间内出口商要向融资商支付的费用；罚款是在出口商不能如约向融资商支付合格票据的情况下支付给融资商的。

6.融资商在票据到期时向担保银行提示付款，收回资金

在每期票据即将到期之前，融资商将票据和银行保函寄送担保银行。担保银行在审核票据后，到期按融资商的要求向其支付款项。

融资商也可以直接向进口商提示票据，要求付款。若进口商按期支付了款项，则该期福费廷业务即告结束。如果进口商没有支付款项，融资商应及时做成拒绝证书，并向担保银行要求付款。

7.进口商应担保银行付款提示的要求，向担保银行付款

担保银行向融资商付款后，就可以行使其担保人的权利，即向进口商追讨为其向融资商所付款项以及相应的利息等费用。进口商应向担保银行付款，并收回票据。福费廷业务即告结束。

四、福费廷与保理的比较

福费廷处理的是经过承兑的远期票据，而保理处理的是应收账款。这是两者本质的区别。就是针对远期付款信用证做福费廷业务，但是，保理业务因为开证行也会对到期付款进行保证，虽然没有汇票，但可视同为是对票据承兑，因此可以成为非标准的福费廷业务。但从根本上来说，福费廷业务的实质就是无追索权地买入已经承兑的远期票据，并非应收账款。两者的区别除了处理应收账

款和承兑的票据这一实质性不同外,还包括以下几个方面:

(1)在双保理业务中,出口保理商通过进口保理商向进口商传递全套商品单据,并以进口商付款为赎单条件;在福费廷业务中,融资商不负责单据的传递,单据是出口商通过其他商业银行向进口商传递的,进口商以承兑汇票或开立本票并提供银行担保为获取单据的条件,并不直接付款赎单。

(2)在追索权这一问题上,福费廷在买断票据后,只要不存在商业的欺诈行为,即将风险全部转移,视为无追索权;在保理业务中,保理商的无追索权只针对核准的应收账款部分,而出口保理商提供的融资则是有追索权的,因为可能存在进口保理商担保付款后出现争议,则担保付款可以追回这一情况。

(3)融资期限不同。福费廷方式可做短期、中期和长期,适合成套设备、机械工程等大型项目交易的结算,其金额大、付款期限长。保理方式只能做短期,适合批量大、金额小、期限短的贸易结算。一般福费廷的融资期限是 3～7 年,而保理的融资期限只在 1 年内。

(4)福费廷是全额贴现,保理为部分贴现。福费廷贴现的是汇票或本票,而保理是对发票或应收账款的融资。

(5)福费廷是银行风险,保理是商业风险。担保需求不同。福费廷风险较大,必须由进口国的大银行为进口商作担保,而保理控制风险手段是资信调查及赊销额度。

(6)保理业务中,保理商是在收到出口商交付的合格单据后,先支付部分款项,其余款项在收到进口商付款后,扣除保理费等各项费用后,才将余额付给出口商;福费廷业务中,融资商在收到出口商交付的合格票据后,扣除贴息和各项费用后,即将全部余额支付给出口商。

对出口商来讲,做福费廷收款的保证更大。但要根据客户的贸易方式和竞价能力和市场环境来定,如果是卖方市场,出口商能够要求进口商开立信用证,肯定对出口商有利。如果是买方市场,进口商不愿开信用证,采用 D/A 或 O/A 的方式,出口商只能做保理。目前我国保理市场潜力较大,与市场环境有很大的关系。

【重要名词】

国际保理;融资保理;出口保理;进口保理;福费廷

【复习思考题】

1. 简述保理业务流程。
2. 比较无追索权保理和有追索权保理。
3. 试述福费廷业务的特点。
4. 试述福费廷与保理业务的异同。

第七章 国际贸易融资

第一节 国际贸易融资概述

国际贸易融资是商业银行对进口商或出口商提供的与进出口结算业务相关的短期资金融通或信用便利。国际贸易融资产品与国际结算方式密切相关,并随着国际结算方式的变化和国际贸易的发展而不断创新,业务品种不断增加。除了传统的打包贷款、出口押汇、出口贴现外,进口押汇、福费廷、保理、出口发票融资、出口信用保险项下融资等新产品层出不穷。近年来我国国际贸易量持续快速的增长为商业银行贸易融资业务的发展提供了良好的发展机遇,贸易融资产品的开发和创新又进一步促进了我国对外贸易的发展。

一、国际贸易融资业务的特点

国际贸易融资是围绕国际贸易结算的各个环节开展的资金和信用融通活动,可以加快企业的资金周转速度,满足企业的流动资金需求,有利于企业开拓新市场,提高国际竞争能力。与普通流动资金贷款不同,国际贸易融资业务以真实的贸易背景为基础,具有期限短、收益高、风险低的特点。具体表现在以下几个方面:

(1)还款来源较有保障。国际贸易融资以正常贸易所产生的现金流量作为还款的第一来源。资金的偿还不是依靠出口商赢利能力的增加,出口商生产经营所产生的利润只是还款的第二来源。

(2)有物权单据作为担保。国际结算中的商业单据、金融单据等权利凭证本身就是融资银行融资的一项履约保证。

(3)融资银行收益高。国际贸易融资为商业银行带来利息收入的同时,又能带来国际结算业务量的提高,增加中间业务收入。银行在国际贸易融资中的收益包括融资利息收益、国际结算手续费收益和结售汇收益。

二、国际贸易融资业务的功能

国际贸易融资具有资金融通和信用融通两大功能。

(1)资金融通

资金融通指银行等金融机构贷出资金,即通过向进出口商提供资金,为国际贸易的发展提供信贷支持。如打包贷款、出口押汇、票据贴现等。

(2)信用融通

信用融通指银行等金融机构贷出信用,即以自己的信用为当事人提供担保,使其得以融通资金。如信托收据、提货担保、银行保函和备用信用证等。信用融通是一种间接的融资方式。

第二节 出口贸易融资

出口贸易融资指出口商获得的融资,主要有打包贷款、出口押汇和贴现、出口发票融资、出口信用保险项下融资、福费廷和保理等。

一、打包贷款

打包贷款(Packing Loan)是出口商银行以境外银行开来的正本信用证作抵押,向出口商提供的流动资金贷款。出口商收到信用证后,需要资金购买原材料、组织生产加工及装运,打包贷款可以缓解出口商在生产、采购、包装等备货阶段资金紧张的压力。打包贷款的名称也由此而来。货物装运后,出口商把单据交贷款银行寄开证行,贷款银行在收到开证行支付的货款后,扣除贷款本息,将余额支付给出口商。打包贷款适用于以信用证作为结算方式的出口企业,该信用证必须为不可撤销、不可转让信用证。将正本信用证留存在贷款银行是为了确保受益人在贷款银行交单。

打包贷款具有以下特点:

(1)适用于信用证结算方式。

(2)用于解决出口商装船前,进货、生产、包装等环节的资金需要而提供的短期融资。

(3)以信用证项下的预期收汇款作为还款来源。

(4)贷款金额一般不超过信用证金额的80%。

(5)期限以信用证有效期后的合理时间(通常是一个月)为限,最长不超过一年。

打包贷款以信用证下的收汇作为归还贷款的第一保障,但信用证下的货款能否安全收回,取决于受益人的交单以及开证行的资信。如果受益人无法提交"相符单据",或开证行资信不佳,抵押的信用证无异于一纸空文,打包贷款类似于信用放款,对贷款银行来说风险较大。为防范风险,银行在办理打包贷款时,要了解贸易真实性,进出口商和开证行的资信状况,信用证的真实性以及条款的合理性,并落实足额、有效的担保。在信用证无法收汇的情况下,可用其他资金归还打包贷款。

二、出口押汇和贴现

出口押汇是即期信用证或付款交单方式下,出口商银行对出口商有追索权地购买物权单据的融资行为。出口商在货物出运后,将全套单据提交给银行,银行在扣除利息及有关费用后,将货款预先支付给出口商并保留追索权,而后以单据下的收汇归还押汇款项。

出口贴现是远期信用证或承兑交单方式下,出口商银行对出口商有追索权地购买物权单据的融资行为。能够办理贴现的必须是信用证项下已经开证行或被指定银行承兑,或跟单托收项下已经付款人承兑的远期汇票和单据。

出口押汇和贴现具有以下特点:

(1)适用于信用证或跟单托收结算方式。

(2)是银行在出口商发货交单后对其提供的短期融资,出口商可以提前获得货款,加速资金周转。

(3)以出口单据下的收汇作为还款来源。融资银行办理押汇或贴现后,如果未能如期收汇,可向出口商追索。

(4)融资金额为汇票或发票金额扣除押汇利息及费用后的净额。

(5)融资期限一般不超过 90 天,最长不超过 180 天。

信用证项下的出口押汇和贴现,单据的付款人是银行,只要开证行或被指定银行资信良好,而且受益人提交"相符单据",融资银行的收汇是较有保障的。托收项下的出口押汇和贴现,单据的付款人是进口商,融资银行能否收汇取决于进口商的资信,收汇风险较大。出于收汇风险的考虑,银行对办理托收项下的押汇和贴现较为谨慎。

三、出口信用保险项下融资

出口信用保险项下融资是银行对已投保出口信用保险的出口商，凭借获得出口信用保险单下的赔款权利，对出口商有追索权的融资。出口商向出口信用保险公司投保出口信用险后，将向出口信用保险公司索赔的权利转让给融资银行，以出口货物项下的款项或保险公司的赔款作为还款来源，银行按出口货物投保额的一定比例发放贷款。

出口信用保险是国家为了推动出口贸易，保障出口企业的收汇安全而制定的一项政策性保险业务。出口商对采用付款交单(D/P)、承兑交单(D/A)、赊账(OA)等商业信用付款条件，信用期不超过 180 天的出口均可投保出口信用保险。它是银行和中国出口信用保险公司合作推出的集保险和融资于一体的贸易融资新产品。出口商将出口信用保险单有关权益转让给银行，由出口商、保险公司和银行签订三方《赔款转让协议》。根据其信用等级和授信额度，出口商在提供足额、有效担保后获得融资。出口商应为适保范围内的每一个进口商申请信用限额，对每一笔出口按时向保险公司投保并按规定缴纳保费。保险公司承保的风险范围限于政治风险和商业风险，当发生保险公司承保范围内的损失时，出口商应在保单规定的索赔时限内向保险公司索赔，银行也可以根据索赔权转让协议，代理企业行使索赔权。

出口信用保险项下融资具有以下特点：

(1)适用于托收或赊账结算方式，可以解决非信用证结算方式融资难的问题，使出口商增加出口贸易额，获得更多的贸易机会。

(2)出口商须向出口信用保险公司投保出口信用险，并将向出口信用保险公司索赔的权利转让给融资银行。

(3)以出口货物项下的款项或保险公司的赔款作为还款来源。

(4)融资金额一般不超过保险公司赔偿比例的 80%，期限不超过 180 天。

四、出口发票融资

出口发票融资是银行凭出口商出具的注明货款让渡条款的商业发票，以货物的应收账款为第一还款来源，向出口商提供的贸易融资业务。出口商向融资银行交单后，由银行负责向进口商寄送发票和全套货运单据，收汇后先归还融资款项，再将余额支付给出口商。

出口发票融资是顺应国际结算非信用证化趋势而推出的适用于汇款结算方式的国际贸易融资品种。出口发票融资虽视同流动资金贷款办理，却具有普通流动资金贷款所不具备的优点。对企业而言，出口发票融资可以享受提前结汇的便利，有利于企业合理安排资金、控制成本。对银行而言，出口发票融资是基于出口商真实贸易背景的一种融资品种，银行虽无法控制物权，但其还款来源为融资项下货物的出口收汇，而不是依靠出口商自身的还款能力，比普通流动资金贷款更有利于银行控制风险。办理出口发票融资的出口商应具有良好的资信，与进口商有长期、稳定的业务关系。为控制风险，办理出口发票融资的银行还需落实足额、有效的担保。

出口发票融资具有以下特点：

(1)适用于汇款结算方式。

(2)发票上有款项让渡条款。

(3)以货物的应收账款为第一还款来源。

(4)融资银行不拥有货权。

(5)融资比例一般不超过发票金额的70%，期限不超过90天。

除上述融资产品外，出口商还可以通过“红条款信用证”从进口商处获得装运前融资，有关“红条款信用证”的内容在本书第五章已有论述。此外，“福费廷”和“出口保理”也是近年来在我国兴起的贸易融资业务，有关“福费廷”和“出口保理”的内容请参阅本书第六章的内容。

在出口贸易融资业务中，出口商可在货物装运前获得的融资有“红条款信用证”和“打包贷款”，货物装运后的融资有“出口押汇和贴现”、“福费廷”和“出口保理”。

第三节　进口贸易融资

进口贸易融资指进口商获得的融资，主要有进口押汇、提货担保、买方远期信用证和进口保理等。

一、进口押汇

进口押汇是银行在收到出口商银行寄来的单据后先行付款，待进口商取得单据、凭单提货并销售货物回笼货款后再收回贷款的融资行为。银行根据开证申请人或代收付款人的要求，在享有货物所有权的前提下，以信托收据的方式释放单据并先行对外付款。

信托收据是开证申请人或代收付款人出具的书面文件，表明银行对信用证或代收项下有关单据及其所代表的货物享有所有权，开证申请人或代收付款人在还清银行进口押汇款项之前仅作为银行的受托人持有该信用证或代收项下单据及其所代表的货物。进口商以信托方式凭信托收据预借单据提货，并受信托收据条款约束，清偿押汇款项后单据所有权归属进口商。进口商申请进口押汇业务时，应提交进口押汇申请书和信托收据，并签订进口押汇协议，

进口押汇具有以下特点：

(1)适用于信用证或进口代收结算方式。

(2)融资银行享有信用证或进口代收项下货物所有权。

(3)融资款只能用于信用证或进口代收项下的对外付款。

(4)信用证项下的押汇金额不超过单据金额减去已收取的开证保证金。

(5)押汇期限一般不超过 90 天。

二、提货担保

提货担保是银行应进口商的要求，向承运人或其代理人出具的承担在没有正本提单的情况下由于先行放货引起的责任的保证性承诺。

在进口贸易结算中，当货物到达目的地而单据未到时，为了能及时提货用于生产销售并免付高额滞港仓储等费用，进口商在征得运输公司(承运人)的同意后，凭银行担保书提货。银行在提货担保书中向承运人保证赔偿因不凭正本提单交货而遭受的损失。进口商在提货担保申请书中向银行保证不以任何理由拒付或延迟付款，单据到达后无论是否存在不符点将立即付款承兑，凭正本提单向运输公司换回提货担保书退还给银行，并承担银行因出具提货担保而遭受的任何损失。

提货担保具有以下特点：

(1)适用于信用证结算方式。

(2)进口商凭提单副本和商业发票等文件向银行提出申请。

(3)提货担保中进口商需向银行承诺，承担无条件付款责任。

(4)银行的担保责任以正本提单换回提货担保书时解除。

(5)办理提货担保业务项下信用证所要求的运输单据必须是全套正本物权凭证。

除“进口押汇”和“提货担保”，进口商还可以通过开立“买方远期信用证”的方式从开证行获得融资。在“买方远期信用证”中，开证行应开证申请人的要求开出远期信用证，由开证行或指定的偿付行即期或按信用证约定的提前付款期

限，先行将信用证项下款项支付给受益人（或议付行），待付款到期日，再由开证申请人偿付信用证项下款项、利息及相关银行费用。有关“买方远期信用证”的内容，可参阅本书第五章的相关内容。此外，“进口保理”也是国内一项新型的贸易融资业务，有关“进口保理”的内容，可参阅本书第六章的内容。

【重要名词】

贸易融资；打包贷款；出口押汇；出口贴现；发票融资；信保融资；福费廷；保理；进口押汇；提货担保

【复习思考题】

1. 国际贸易融资具有哪些特点？
2. 进口贸易融资有哪些？
3. 出口贸易融资有哪些？
4. 什么是“打包贷款”？它具有哪些特点？
5. 什么是“出口押汇”？它和“出口贴现”有何区别和联系？
6. 信托收据有何作用？

第八章 国际非贸易结算

国际非贸易结算(International Non-trade Settlement)是国际贸易结算的对称,它包括国际贸易往来中的各项从属费用(如运输、保险、银行手续费等)和其他与贸易无关的收支项目(如出国旅游费用、侨民汇款、外币兑换、国外投资和贷款的利润及利息收益、驻外使领馆和其他机构或企业的经费、专利权收入等)的结算,通常也被称为无形贸易结算(Invisible Trade Settlement)。

相比贸易外汇收支,非贸易外汇收支活动的特点主要表现为范围广泛、内容庞杂、项目繁多、方式灵活、金额较低等。根据国际惯例和我国自身的业务办理习惯,通常将其划分为以下几种类型:

(1)私人海外汇款;

(2)铁路运输收支;

(3)海运收支;

(4)航空运输收支;

(5)邮电收支;

(6)银行收支;

(7)保险收支;

(8)图书、影片、邮票收支;

(9)外轮代理和服务收入;

(10)外币收兑;

(11)兑换国内居民外汇;

(12)旅游部门外汇收入;

(13)经费外汇收支;

(14)企业利润收支;

(15)其他外汇收支等。

以下,将以侨汇、旅行支票、信用卡、旅行信用证等常见的非贸易结算活动为例,以期更具体而准确地把握非贸易结算活动。

第一节 侨汇业务

一、概 述

侨汇(Overseas Chinese Remittance)是侨民汇款的简称,是指海外侨胞、外籍华人和港澳台同胞从国外或港澳台地区汇入中国内地的汇款。

1955 年,我国政府发布了《国务院关于贯彻保护侨汇政策的命令》,表明了坚决保护侨汇的立场,强调要贯彻"便利侨汇、服务侨胞"的政策。其中明确指出:"侨汇是侨眷的合法收入,国家保护侨汇政策不仅是国家当前的政策,而且是国家的长远政策";"侨眷有使用侨汇的自由,任何人对侨眷把侨汇用于生活方面,包括用于举办婚、丧、喜、庆等事,不得干涉";"国家鼓励华侨和侨眷把侨汇投入生产或者向国家投资公司入股,同时鼓励华侨、侨眷修建房屋,各级地方国家行政机关对此应给予便利"。1991 年开始施行《中华人民共和国归侨侨眷权益保护法》,其第 15 条明确提到:"国家保护归侨、侨眷的侨汇收入。"此后,在 2004 年施行的《中华人民共和国归侨侨眷权益保护法实施办法》第 18 条中再次重申:"侨汇是归侨、侨眷的合法收入,其所有权受法律保护,任何组织或者个人不得侵占、延迟支付、强行借贷或者非法冻结、没收"。由此可见,在我国的侨汇汇款是受到国家法律法规明确保护的,侨汇的安全性非常有保障。

近年来,作为非贸易外汇的主要来源之一的侨汇不仅构成了我国国内侨眷重要的生活来源之一,而且也为促进地方经济建设事业发展,增强国家外汇收入来源做出了积极的贡献。

二、侨汇的业务处理

1. 侨汇结算的主要方式及流程

侨汇结算的主要方式包括信汇、电汇、票汇和约期汇款等。

(1)信汇

信汇是指港澳或国外联行通过信函方式寄送信汇通知书汇入的侨汇。大部分的港澳和国外联行在办理侨汇业务时采用每日按国内通汇行、分币种在营业时间终了时缮制"经收侨汇总清单"并附信汇委托书等直接寄通汇行。通汇行收到汇出行寄来的侨汇总清单,仔细审核汇出行签章无误且总清单所列笔数、金额与附件相符后，按照信汇委托书指示逐笔缮制汇款通知书后通知收款人前来取款。

通汇行解付信汇后，应在收款人签章的正副收条上加盖有行名和日期的付讫章，副收条可代“汇入汇款”科目借方传票或作传票附件，正收条及时寄回汇出行。

(2)电汇

电汇是指港澳或国外联行以发送电报的方式汇入的侨汇。通汇行接到电汇，经译电核押无误后，缮制汇款通知书通知收款人前来取款。如果汇款报单电抄未到，则应该先以“港澳及国外联行往来未达户”科目列账，转入“汇入汇款”科目并抽出电抄，加盖付讫戳记，以防止重复解付。

(3)票汇

票汇是指海外华侨、港澳台同胞向港澳或国外联行购买汇票，自行携带或者是邮寄给其国内亲属，凭以向国内指定解付行兑付的侨汇。解付行经核对汇票上的出票人签字、汇票通知书上的签字与签字样本相符后办理解付。汇票上若有收款人姓名，还须由收款人进行背书，并认真核对收款人提供的身份证件后才能解付。解付汇票的侨汇证明书由解付行填写，解付汇票时如汇出行的总清单尚未收到，可通过“港澳及国外联行往来未达户”科目处理。

(4)约期汇款

约期汇款是指华侨或港澳台同胞与汇出行约定，由后者按照约定的时期(如每月一次或每两个月一次)自动将华侨存款中的一定金额汇给国内侨眷，并通知国内解付行填制汇款收条，解付款项给收款人的汇款方式。其操作流程和前述的几种方式大体类似。

2.侨汇收条的处理

信汇、电汇全套汇款收条一般都有正收条、副收条、汇款证明书和汇款通知书一式四联。

(1)正收条(Original Receipt)应在汇款解付后及时寄还汇出行，由其通知汇款人领取的凭证，上面应该具备收款人的签章、现金付讫章和解付日期章。

(2)副收条(Duplicate Receipt)是汇款解付后，由解付行自行留存的凭证。副收条上也应具备收款人的签章、现金付讫章和解付日期章。

(3)汇款证明书是汇款解付时交给收款人凭以核对的凭证。

(4)汇款通知书是汇款解付的主要依据。

三、侨汇的查询

解付行在收到汇出行寄来的侨汇总清单与附件后，如果发现收款人姓名有误、地址不详、密押或报单签章不符等问题，应及时向汇出行提出查询，得到确定回复后才能解付。如果总清单与附件的汇款笔数、金额不符，但总清单及附件上签章无误，应及时向汇出行提出查询。在这种情况下，为了避免积压，解付行通常仍可按照正常手续先行解付。具体的操作程序是：解付行按一般流程进行解付，之后先暂记“暂付款项”科目，等到汇出行查复后再转入“汇入汇款”科目，并转销“暂付款项”科目。

四、侨汇的退汇

汇入的侨汇汇款一般不应随便退回。但是如果遇到以下几种情况，可以办理退汇：

(1)收款人姓名有误、地址不详，查询后仍无法解付。

(2)收款人死亡且没有合法继承人，经联系汇出行后收到“退汇通知书”。

(3)收款人拒收，经联系汇出行并征得汇款人同意。

(4)汇款人主动要求退汇，经汇出行通知解付行后可以办理退汇。但是，如果此时汇款已经解付，则退汇无从办理。

第二节 旅行支票

一、概 述

旅行支票起源于 18 世纪末期的英国，并随着 19 世纪后期国际旅游事业的兴旺而不断发展。

1891 年 4 月 25 日，美国运通公司(American Express Company)发行了全世界第一张旅行支票。随后，世界各大银行纷纷效仿，并使之很快发展成为国际旅游者最常用的支付凭证之一。

所谓旅行支票(Traveller's Cheque)，通常是指由境外银行或专门金融机构印制发行，境内商业银行或专业机构代售，由发行机构承诺并承担最终兑付义务，以自由兑换货币为计价结算货币，且有固定面额的一种支付工具。

二、旅行支票的主要当事人

旅行支票的主要当事人包括出票人、发售人、持票人、兑付人。

(1)出票人(Issuer)是指发行旅行支票的银行或专业机构,也是最后的兑付机构。因为出票人即为最终付款人,所以旅行支票的发行机构签章是预先印制在票面的。从这一点来看,旅行支票的票据性质应该归属于本票的范畴。

(2)发售人(Selling Agent)是指出售或代售旅行支票的银行或旅行社等机构。如果发售人是出票人,则其承担最终兑付的责任;而如果发售人是代售机构,则其不负责兑付。一般来说,国际著名的旅行支票发行机构都会委托全世界各地的银行为其代售旅行支票。在我国,中国银行是第一家代理国外旅行支票业务的银行,业务范围包括旅行支票的代售、代兑业务。

(3)持票人(Purchaser or Holder)是指购买或持有旅行支票的当事人。持票人可以持有旅行支票在发行机构的分支机构或代理机构兑换现金,也可以在国际酒店、餐厅或其他消费场所直接付账而无须支付任何费用。正因为旅行支票使用具有极大的便利性,它一经问世便广受青睐,成为因公或因私出境人员安全携带和支付日常费用及学杂费的极佳选择。

(4)兑付人(Payer)是指与出票人签订兑付或是代付协议的机构。兑付人既可能是出票人本身,也可能是发行机构委托的代付机构。通常来说,持票人只需要持有本人的有效证件,完好的旅行支票,且票据的复签与初签相符,在一定金额以下即可在兑付机构办理兑现。如前所述,我国以中国银行为代表的多家商业银行都可代兑国际旅行支票。以中国银行为例,它留有17家旅行支票发行机构发行的149张旅行支票票样,包括美国运通公司、通济隆集团、花旗银行、VISA、MASTERCARD等品牌旅行支票都可在该行办理代兑。目前,中国银行已经拥有的近800余家国内分支机构及大多数海外分行均可办理旅行支票代兑业务,它在国内的外币代兑机构也可提供旅行支票兑换人民币的服务,旅行支票业务总量位居全国同业市场份额的首位。

三、旅行支票的特点

旅行支票有以下特点:

(1)面额比较小,固定且多样。旅行支票和现金一样也有不同票面,而且主要满足于零星支付的需要:以美元旅行支票为例,主要包括20元、50元、100元、500元、1000元。除美元外,还有欧元、英镑、日元、澳元等币种的旅行支票可供选择,这在一定程度上避免了旅行者兑换当地货币所带来的不必要的汇率损失。

(2)使用安全方便且永久有效。旅游者在购买这种支票时，要当面在支票上的指定部位逐张签字，在使用时还需在支票上再次签字，银行在核对两次签字相符后即可兑付。旅行者在购买旅行支票和取款时，须履行初签、复签手续，两者相符才能取款。旅行支票没有指定的付款人和付款地点，可在出票银行、旅行社的国外分支机构或代办点兑付使用。它具有良好的流动性，且无使用时间限制。如果用不完，可视为现金保存以备不时之需，或支付一定费用换回现钞。

(3)成本低廉，携带安全。旅行支票的购买和使用，手续费低廉，仅需支付0.75%的手续费(以国内为例)，在美国甚至是免费的。此外，旅行支票即使丢了也不用担心，只要凭护照和购买合约去指定机构办理挂失手续，即可得到新的旅行支票，这也是现金使用所无法比拟的优越性所在。

(4)发行机构有利可图。旅行支票的发行机构不但可以向支票的购买者收取费用，而且对发行的支票无论在外流通多久，在清算之前可以无息占用所吸收的资金，这也是银行和旅行社愿意提供此类便利的主要动因所在。

四、旅行支票的类型

具体来说，按照持票人所拥有的票据权利不同，旅行支票可以划分为可转让(negotiable)旅行支票和不可转让(nonnegotiable)旅行支票两类。

顾名思义，不可转让旅行支票的购票人不具备转让票据的权利，所以该类支票只能由他本人在兑付时当面复签，确认相符后才能办理兑付。而可转让旅行支票的购票人则拥有转让票据的权利。如需转让，他应在转让时对受让人当面复签并填上受让人的姓名，然后将票据交予受让人。最后，由受让人作为持票人携带票据和有效证件到兑换机构处在票据背面背书后方可办理兑付，领取票款。

五、旅行支票的购买、使用和挂失

在购买旅行支票时，客户需要提供有效护照，缴纳所需的外汇款项和必要的手续费，并填写一份购买申请书(填写内容包括所购买的旅行支票类型、购买者的姓名、地址、购买张数、货币种类、面额及总金额、购买日期等)。当出售机构审核无误、收妥款项后，客户应按规定当面在每张旅行支票的“初签栏”位置签名。

购买者在旅行支票上签字后即成为持票人，之后便需要注意如何使用旅行支票。值得注意的是：旅行支票如遇填写错误、潮湿霉腐、破损残缺等情况，可到购买银行办理注销；购买合约、护照应与旅行支票分开进行保管，以防旅行支票遗失后办理挂失使用；除非兑换、消费或是转让旅行支票，否则不可以在旅行支票上复签。

旅行支票一旦遗失或被窃，持票人应该立即通过发行机构的服务热线与其补偿中心取得联系，通知被窃旅行支票的号码、金额等相关情况。随后，可到就近的代售银行办理挂失，并提供原购买合约与护照。经代售银行核对无误并向补偿中心取得授权后，持票人即可获取新的购买合约和旅行支票。

六、旅行支票兑付时的注意事项

对于兑付机构而言，旅行支票的兑付是实现票面的付款承诺或是代垫款买入外币票据的过程。在办理这一业务的过程中，要求兑付机构既要遵循业务办理惯例和通行规则，同时也要注意防范和控制业务风险。例如审核旅行支票时要求具体审查旅行支票票面的文字记载，确认没有限制性文句或是戳记；对于本机构未曾预留旅行支票票样的旅行支票原则上不能垫款买入；对于旅行支票的初签和复签核对要求相符等。

第三节 信用卡

一、信用卡产生和发展历程

据考证，信用卡最早起源于 19 世纪 80 年代的英国。当时，一些百货商店、饮食店和娱乐场所等为了能够招徕顾客和推销商品，有选择性地在一定范围内发给顾客一种类似金属徽章的信用筹码。客户可以使用这些信用筹码在指定的商号或公司购物或者消费并享受赊销服务，约期偿还欠款，并由商店派专人上门收取。这就是早期信用卡的雏形。

实际上直到 20 世纪初期，信用卡才真正从美国开始得以兴起并获得飞速的发展。美国的一些杂货店和饮食店等发给顾客一种塑料制的卡片，客户可以使用他们购物或者消费并享受赊销服务。这种新型的消费方式和促销理念极大地刺激了当时商业经济的发展，而且伴随着美国国家经济的整体走强和社会购买能力的随之增长，凭卡消费的促销手段从一开始的杂货店、饮食店迅速拓展至其他各大消费领域。如 1924 年美国美孚石油公司发行了可先加油后付款的加油卡，1950 年大莱俱乐部（今天的大莱信用卡公司的前身）发行了可供其会员在指定消费场所消费的会员卡等。但是此时的信用卡主要以促销工具的形式存在，并未获得广泛的社会影响力。

二战后,美国经济获得了飞速发展,消费信贷需求日益激增。伴随着美国银行业的强势介入,信用卡业务真正进入了飞速发展的黄金时期。1952年,美国加利福尼亚州的富兰克林国民银行作为金融机构发行了全球第一张银行信用卡。它所涉及的当事人不仅包括发卡行和持卡人,还有特约商户和代兑银行。此后,美国银行业开始大举介入信用卡业务领域,并推动了信用卡在全球范围内的迅速发展,受到社会各界的普遍欢迎。

如今所谓的信用卡(Credit Card)主要是指商业银行或专业机构向个人和单位发行的,凭以向特约单位购买商品或享受服务或者向银行存取现金,具有消费信用特征的特制载体卡片。其形式是一张正面印有特别设计的图案、发卡银行名称及标识、号码、有效期、持有者姓名等信息,背面有24小时客户服务热线、记录有关信息的磁条、供持卡人签字的签名条及发卡机构说明的卡片。

二、信用卡类型

信用卡的种类繁多,可以按照不同的标准将其分类。

1. 按发卡机构不同,可以分为银行卡(Bank Card)和非银行卡(Non-Bank Card)

银行卡是由银行等金融机构发行的,具有购物消费、转账结算等功能的各种支付卡。非银行卡主要包括商业性机构如零售百货公司、石油公司、电信公司等发行的零售信用卡和航空公司、旅游公司等旅游服务企业发行的旅游娱乐卡两种。

2. 按清偿方式不同,可以分为贷记卡(Credit Card)、准贷记卡(Semi-Credit Card)和借记卡(Debit Card)三种

贷记卡是发卡银行给予持卡人一定的信用额度,持卡人可在信用额度内"先消费、后还款"的信用卡。借记卡是指持卡人刷卡消费时,所付款项直接从其在发卡银行的账户上转到售货或提供服务的商家的银行账户上。借记卡与贷记卡不同,它是"先存款、后消费",没有透支功能的信用卡。准贷记卡则是先按发卡行要求交存一定金额备用金的信用卡,它兼具贷记卡和借记卡的双重特征。

3. 按信息存储媒介不同,可以分为磁条卡(Magnetic Strip Card)和芯片卡(Chip Card or IC Card)

磁条卡是一种磁记录介质卡片,它由高强度、耐高温的塑料或纸质涂覆塑料制成。磁条卡的信息读写相对简单容易,使用方便,成本较低。1974年磁条信用卡出现,磁条技术开始用于信用卡卡片。而芯片卡也称智能卡(Smart Card),属于无接触式付款方式(Contactless Payments)。它是在付款塑料卡中嵌入一

个特殊的电脑芯片，芯片含有可用的金额数额和个人信息。当在专门的终端上使用时，它的内嵌芯片能通过终端进行信息交换、计算及其他多功能的操作，内含的数据可以变化和更新。

(4)按信用卡结算货币不同，可以分为外币卡(Foreign Currency Card)和本币卡(Local Currency Card)

外币卡是指结算货币非发卡机构所在国家法定货币的信用卡。而本币卡是指以信用卡发卡机构所在国家法定货币作为结算货币的信用卡。

此外，还可以按流通范围不同将信用卡分为国际卡和国内卡；按持卡人的信誉、地位等资信情况不同分为普通卡、金卡和白金卡；按发卡对象不同分为公司卡和个人卡；按信用卡账户币种数目不同分为单币种信用卡和双币种信用卡；按信用卡从属关系不同分为主卡和附属卡等等。

三、信用卡申请与使用

当单位或个人向银行申请办理信用卡时，应提交所需材料(包括有效的个人身份证明，申请人单位营业执照的复印件、法人签章及单位开户银行近三个月里的对账单复印件等)，并详细填写"信用卡申请表"。发卡银行在审核申请人的收入、信誉、担保等情况确认符合条件后可以受理其申请，发给信用卡。

当持卡人去特约商店凭卡购物时，应填写签购单连同信用卡一起交经办人员审核。后者在审核无误后用压印机将信用卡的卡号、持卡人名字、有效期压在签购单上，并将客户所购商品、签购单的第一联和信用卡交还持卡人。

当持卡人凭卡支取现金时，可去指定代付行凭取现单和信用卡办理，后者在审核无误后将信用卡的卡号、持卡人姓名、有效期压在取现单上并按取款金额加收一定的手续费即可付款，然后将取现单的"顾客联"和信用卡交还持卡人。此外，代付行还需要将另一联取现单连同一联总计单寄送发卡行索偿。

在信用卡的使用过程中，持卡人还需要特别注意：信用卡仅限本人使用，不得转让转借，也不得委托他人代为使用(存款例外)；平时应随时掌握账户余额，如发生透支应及时归还，尽量避免不必要的利息支付；妥善保存用卡后的各种凭证回单，定期与银行对账单核对，如发现不符应及时查询；如信用卡不慎遗失，应及时就近向发卡机构办理挂失等。

四、主要的国际信用卡组织

在信用卡问世之初，由于受到银行规模等条件的制约，该业务陷入了业务分散、效益低下、推广困难的境地。各家商业银行之间的激烈竞争也使得商户和消费者疲于应对五花八门的信用卡。此时，人们开始思考对信用卡业务发展模式进行变革。1966年，美洲银行率先设立了美洲银行卡公司，这也是第一家专门的银行卡公司。它的成立成为信用卡发展史上具有里程碑意义的事件，标志着独立的信用卡业务专营集团的诞生，将信用卡业务推向了专门化、产业化的发展轨道。

在国际上，主要有维萨国际组织（VISA International）及万事达卡国际组织（MasterCard International）两大组织和美国运通国际股份有限公司（America Express）、大莱国际信用卡公司（Diners Club International）、JCB日本国际信用卡公司（JCB）三家专业信用卡公司。此外，还有一些地区性的信用卡组织，如欧洲的EUROPAY、我国的银联、台湾地区的联合信用卡中心（NCCC）等。

1. 维萨国际组织

维萨国际组织是目前世界上最大的信用卡和旅行支票组织，其前身是1900年成立的美洲银行信用卡公司。1959年，美洲银行发行了第一张银行信用卡。1974年，美洲银行信用卡公司与一些商业银行合作成立了国际信用卡服务公司，并于1977年正式改为维萨国际组织，成为全球性的信用卡联合组织。

维萨国际组织是由国际上各银行会员组成的信用卡组织，属于非营利性机构（其资金主要来源于会员按信用卡消费额缴纳的服务费和对于通讯系统的使用费），总部设在美国加州洛杉矶的卫星城圣曼托。维萨的宗旨是要建立一个由全世界银行参与的非股份、非营利的国际性组织，以期建立一个独立的全球电子授权清算网络。

经过多年的发展，目前该组织的会员机构多达22,000多家，遍布全球。为了实施全球化的经营战略，VISA国际组织分为六个相对独立的地区性跨国组织，包括亚太区、加拿大区、欧盟区、中欧和东欧区、中东和非洲区、美国区以及拉丁美洲和加勒比海区。组织内部实行董事会负责制，每年举行一次会员年会选举产生董事。目前，维萨旗下主要拥有VISA、ELECTRON、INTERLINK、PLUS及VISA CASH等众多知名品牌商标，但是其本身并不直接发卡，而主要是由参加维萨国际组织的会员银行负责发行。各会员行在组织规定的经营框架范围内，根据既定的章程和规则向特约商户和持卡者提供在全球范围内可被接受的支付手段。

2. 万事达卡国际组织

万事达卡国际组织是全球第二大信用卡国际组织，仅次于维萨国际组织。1966年，美国加州的一些银行在美国的水牛城召开会议，成立了银行卡协会（Interbank Card Association，简称ICA）。参加该协会的银行此后开始发行带有同业标志的信用卡，并且可以相互受理对方银行发行的信用卡，逐渐形成了信用卡业务的合作体系。但是各家银行都有自己的信用卡，种类繁多，功能各异，消费者和商户对此良莠难辨。为了进一步促进信用卡的推广使用，1970 年启用 Master Charge 的名称及标志，统一了各会员行发行的信用卡名称和设计。1979 年，银行卡协会正式更名为 MasterCard International，注册商标也从 Master Charge 变更为 Master Card，并一直沿用至今。

与维萨国际组织一样，它本身也并不直接发卡，而是由参加万事达卡国际组织的会员发行。作为一家非营利性机构，该组织的会员包括商业银行、储蓄与信贷协会以及信用合作社共约 20,000 多家。目前，万事达卡国际组织旗下主要拥有的品牌商标包括 MasterCard、Maestro、Mondex、Cirrus 等。

3. 美国运通国际股份有限公司

美国运通国际股份有限公司成立于 1850 年，总部设在美国纽约。其最初只是一家提供快递服务的公司，后来随着业务不断发展，于 1891 年率先推出旅行支票，并将服务对象定位于经常旅行的高端客户。1919 年，为了适应在拉丁美洲、欧洲和远东地区参与国际金融活动的需要，美国运通公司正式成立，下设美国运通银行、美国运通财务咨询公司和美国运通旅游有关服务公司三个相互独立的组织。经过多年的发展，公司逐渐积累了丰富的服务经验和庞大的优质客户群体。

1958 年，运通公司发行了第一张美国运通卡，该卡以不预设消费限额及提供高水准服务而享有世界第一流消费卡的美誉。迄今为止，公司已经在约 70 个国家和地区以近 50 种货币发行了运通卡，构建了全球最大的自成体系的特约商户网络，并拥有超过 6000 万名的优质持卡人群体。作为全球最大的独立信用卡公司，美国运通公司提供的众多金融及旅游产品及服务中，运通卡为知名度最高的品牌，就连美国联邦政府系统也全面采用美国运通公司卡及商务旅行服务。

4. 大莱信用卡公司

大莱信用卡公司的前身是 1950 年由美国人麦克纳马拉与其好友一起创立的大莱俱乐部(Diners Club)，其会员只要交纳少量年费就可以在多家特约的高级餐厅记账消费。后来，随着参与人数的激增，公司逐渐开始赢利，消费场所也由开始的餐饮店拓展至航空公司、租车行、百货公司、珠宝店等众多地点，业务领域也从纽约拓展至全国甚至全球，公司也改名为大莱国际信用卡公司(Diners Club International)，总部设在芝加哥。1981 年，美国花旗银行集团收购了大莱国际信用卡公司。

5. JCB信用卡公司

JCB信用卡公司是日本国内最大的信用卡公司，也是唯一独立于美国信用卡体系以外的信用卡集团。1961年，日本信贩公司与三和银行合作成立了日本信用社即JCB信用卡公司，总部在日本东京。在充分借鉴吸收美国信用卡经营模式的同时，JCB信用卡公司针对本国实际经济情况和民众消费特点设计了具有本土特色的信用卡，并很快受到广泛好评，迅速占有了国内市场。1982年，JCB公司开始拓展国际业务，其子公司JCBI专门从事国际信用卡业务。经过不懈的努力，JCB信用卡公司终于成长为可以和美国信用卡巨头们竞争的全球性信用卡集团，在全球设立了多家分支机构，并且在160多个国家拥有超过500多万家特约商户。

从20世纪80年代开始，中国银行、中国工商银行、中国建设银行、中国农业银行以及中国交通银行等相继加入了维萨和万事达两大信用卡国际组织，正式成为其会员银行，可以使用维萨和万事达的名称和注册商标。在信用卡国际组织的指导和业务原则规范下，我国的信用卡业务发展日趋国际化、规范化和品牌化。目前，我国的银行卡品牌主要有：中国银行的长城卡、中国工商银行的牡丹卡、中国建设银行的龙卡、中国农业银行的金穗卡、中国交通银行的太平洋卡、招商银行的一卡通、华夏银行的华夏卡、中信银行的中信卡、浦东发展银行的东方卡等。

第四节 其他非贸易外汇业务

一、旅行信用证

1. 含义与特点

旅行信用证(Traveller's Letter of Credit)是银行为了便利旅行者到境外支付旅行费用而开出的信用证。它不附带任何单据，所以属于光票信用证。申请开立旅行信用证一般要求缴纳全额押金并预留印鉴。而且，开证申请人和受益人均为旅行者本人，他在旅行信用证总金额的限额范围内可以一次或多次向指定银行支款。

2. 兑付的手续

(1)当旅行者兑付旅行信用证时，须到指定银行提交正本旅行信用证。经议付银行审查确认可以兑付时，应将本次支款的日期、金额和结存余额等记载于信用证上，并加盖印章，收取一定的贴息后进行支付，并将正收条随报单寄开证行要求偿付。

(2)如果解付后旅行信用证尚有结余，议付行应将“印鉴核对书”和信用证正本还给受益人。如果余额为零，则应在正本信用证上加盖“注销”或“用完”戳记，并连同“印鉴核对书”及报单一起寄开证行要求偿付。

在我国，20世纪80年代初期旅行信用证曾得到了广泛的使用，大大便利了广大旅游者的出行。虽然使用该信用证安全系数很高，但是随后由于信用卡、旅行支票等多种新型支付工具兴起并迅速得以普及，该业务日趋萎缩，发达国家的银行也早已拒绝受理该业务，所以我国目前多数银行都已停办。

二、外币兑换业务

1. 概念

外币兑换(Exchange of Foreign Bank Notes)的概念有狭义和广义之分。狭义的外币兑换专指银行办理外币现钞的兑入和兑出业务。而广义的外币兑换不仅包括外币现钞的兑换，还包括外币旅行信用证、旅行支票、信用卡和外币票据等兑换业务。我们常说的外币兑换通常是其狭义概念。

随着我国国际交往活动日益频繁，规模不断扩大，外币银行的外币兑换业务也在不断的增长，可兑换的外币种类越来越多。实际上，一国确定某种外币能否收兑主要考虑两个方面的因素：一是货币发行国对本国货币出入境是否有限制；二是这种货币在国际金融市场上能否自由兑换。鉴于这样的考虑，我国目前银行可以收兑的外币主要包括有美元、欧元、英镑、日元、加拿大元等，这些均在国家外汇管理局“外币收兑牌价表”中列明了标价。

2. 办理程序

(1)兑入外币现钞

兑入外币现钞是指外汇指定银行以一定的价格用本币向客户买进外币现钞的过程。凡属国家外汇管理局“外钞收兑牌价表”上所列的各种外币，银行经查验顾客的护照或身份证后均可办理收兑。银行将按当天外钞买入价折算成人民币，填写一式四联的“外币兑换水单”，收点外钞和支付人民币。

(2)兑出外币现钞

兑出外币现钞是指外汇指定银行以一定的价格将外币现钞卖给客户，收入本币的过程。银行对境外单位或个人要求兑出外币，应查验护照或身份证及原外币兑换水单，在有效期内(从兑入外币之日起6个月内)，按不超过原兑换水单上的金额兑换。收回的原兑换水单，加盖“已退回”戳记，作为外汇买卖传票的附件。此外，还应在顾客的海关申报单的外币登记栏中写明，以便海关检查放行。

三、光票托收

光票托收(Clean Bill for Collection)是指汇票不附带单据的托收。

办理光票托收业务时，需要携带本人(收款人)的身份证件；如果是委托他人代办，还需要携带代办人的身份证件。同时，需要填写托收申请书，并且在票据上背书后，连同票据托收申请书及身份证件一起交给银行审核。当银行审核确认无误后，将托收申请书的一联盖章后交给收款人或代办人保存，待票款收妥后凭此联及身份证件到银行办理取款手续。受托银行另将一联托收申请书寄国外付款行向其收回款项。

【重要名词】

非贸易结算；侨汇；旅行支票；信用卡；旅行信用证；外币兑换；光票托收

【复习思考题】

1. 侨汇业务的主要类型是什么？各有什么特点？
2. 旅行支票在购买和使用时应注意哪些问题？
3. 全球主要的信用卡机构有哪些？其分别的信用卡品牌是什么？
4. 光票托收和跟单托收在结算程序上有何不同？试举例说明。

第二部分

国际结算实训

实训一 汇票制作和到期日的计算

一、知识背景

1. 汇票

汇票(Bill of Exchange)是国际结算业务中最有代表性的资金票据。根据《中华人民共和国票据法》规定:汇票是出票人签发的,委托付款人在见票时或者在指定的日期无条件支付确定的金额给收款人或者持票人的票据。在国际贸易结算实务中,汇票在托收和信用证业务中都有使用,但是在信用证业务中使用更为广泛。

汇票能够充当体现和清偿债权债务的凭证、结算工具和融资工具,其前提条件是必须要满足票据应有的要式性、无因性和流通性等特性。其中要式性是其他性质具备的前提。具体而言,它是指必须满足票据法要求的必要的形式和内容的汇票才是有效汇票。所以,正确地理解和使用汇票首先必须了解票据法对汇票要项的具体要求。

2. 汇票的主要要项

汇票作为一种要式证券,其票面必须记载特定的项目,项目记载的形式和内容必须符合法律规定。各国的票据法都对汇票的要项做出了明确规定,但是由于国家间政治经济发展水平、立法制度等有所不同,彼此之间存在着一定的差异。例如《日内瓦统一票据法》规定,汇票必须具备的要项包括:(1)必须写明"汇票"字样;(2)无条件支付的命令;(3)出票日期和地点;(4)付款期限;(5)一定金额货币;(6)付款人姓名和付款地点;(7)收款人或其指定人;(8)出票人签名。而我国1996年开始实施的《中华人民共和国票据法》则规定汇票的要项包括:(1)必须写明"汇票"字样;(2)无条件支付的委托;(3)确定的金额;(4)付款人名称;(5)收款人名称;(6)出票日期;(7)出票人签章。

毋庸讳言,票据在国际间的流通要求有统一的票据法进行规范。但是鉴于各国票据法发展的历史沿革存在较大差异,在全世界范围内对于票据法进行统一仍然是一个遥不可及的愿望。但是如果不能统一票据法,在国际汇票的流通过程中,难免会由于法律规定的不同而造成冲突和纠纷。为了解决这一矛盾,通行的惯例是按照"行为地法律原则"的标准来确定票据的要项和行为应遵循哪国法律的规定。

值得说明的是，虽然在具体规定上各国票据法存在差异，但大致而言还是一致的。以下关于汇票要项的学习，我们将以常见的汇票样式为例来了解汇票的相关知识。

二、实训内容和主要项目

1. 实训目的

(1)学习如何缮制汇票；

(2)把握汇票到期日计算的方法。

2. 实训项目

(1)缮制汇票

以一张空白汇票为例：

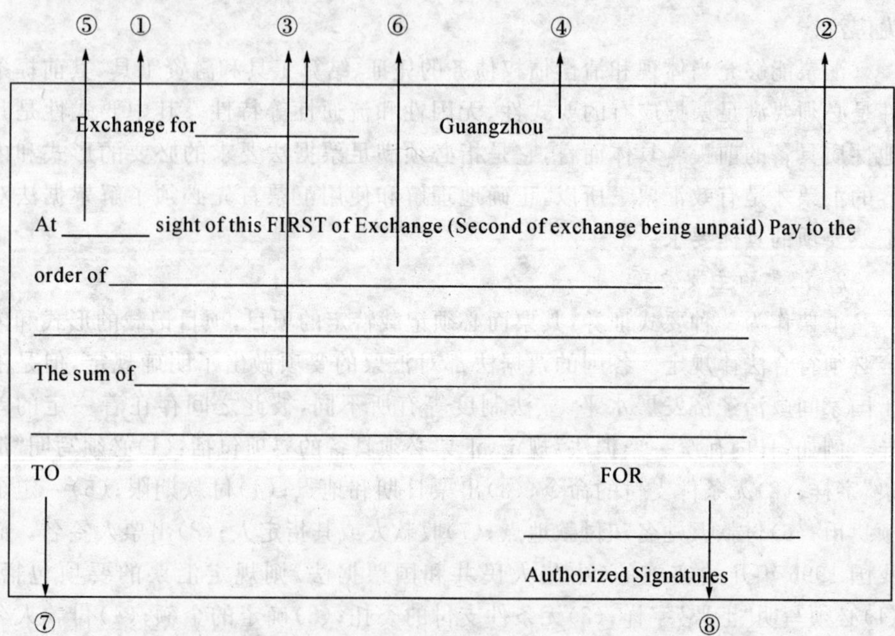

根据这张汇票的票面来看，汇票的主要项目可以划分为八个部分(对应上面的图标)：

①Exchange

这是汇票字样的部分。除了用“Exchange for...”来表示外，汇票字样还可以用 Draft 或者 Bill of Exchange 来代替。

②Pay to

这是汇票无条件支付命令的部分。作为无因证券的代表,汇票的支付命令必须用祈使句,而且必须是无条件的。这里的“无条件”是指付款委托不能有赖于某一时间的发生或某些情况的出现,或某一行为的履行作为付款的先决条件。如何来区分有无条件的命令,我们给出几种常见的判断标准,并举例以说明:

(a)使用特殊资金去支付的,视为有条件支付命令;

(b)支付命令连接着借款人可以借记某账号的表示,视为无条件支付命令;

(c)支付命令连接着发生汇票交易的陈述,视为无条件支付命令。

例 1 Pay to ABC Co. providing the goods they supply are complied with contract the sum of ten thousand US dollars.

分析 此题中,支付命令的表述虽是祈使句语气,但是因为后面附加了“the goods they supply are complied with contract”的条件,所以属于典型的有条件支付命令,该汇票无效。

例 2 Pay to ABC Co. out of proceeds in our No. 123 account the sum of ten thousand US dollars.

分析 此题中,支付命令的表述虽是祈使句语气,但是因为后面附加了“out of proceeds in our No. 123 account”的内容,意即只有满足该账户余额等于或超过 1 万美元时,支付命令才能执行,所以属于使用特殊资金去支付的情况,该汇票无效。

例 3 Pay to ABC Co. or order the sum of ten thousand US dollars and charge/debit same to applicant's account maintained with you.

分析 此题中,支付命令连接着借款人可以借记某账号的表示,视为无条件支付命令,该汇票有效。

例 4 Pay to ABC Co. the sum of ten thousand US dollars. Drawn under L/C No. 456 issued by DEF Bank, New York dated on 8th Feb, 2004.

分析 此题中,支付命令连接着发生汇票交易的陈述,即“Drawn under L/C No. 456 issued by DEF Bank, New York dated on 8th Feb, 2004”,指出该汇票是在某信用证项下开出的,属于无条件支付命令,汇票有效。这也是信用证交易中非常常见的汇票记载内容。

③for ______ & The sum of ______

这是汇票金额的部分。前者“for ______”要求填写汇票金额的小写部分;后者“The sum of ______”要求填写汇票金额的大写部分。金额的填写要求是大小写必须一致,其基本内容都包括支付货币和货币金额两部分。

在具体填写时，要求金额顶格填写，不留空隙，以免他人恶意添加。货币名称的填写要求用通用的货币符号，常见的结算货币包括美元(USD)、欧元(EUR)、英镑(GBP)、日元(JPY)、港币(HKD)、加拿大元(CAD)、人民币(CNY)等。

④Guangzhou ______

这是汇票出具地点和时间的部分。

关于出票地点，一般而言，未载明时汇票仍然有效。在这种情况下，可以出票人名称所附地址为出票地点；或以出票人营业场所、住所或经常居住地为出票地点(而不论票据是否真在当地签发)；还可在交付后由收款人补加。出票地点的重要性主要体现在由于国际汇票适用“行为地法律”原则，所以汇票的要项是否齐备要根据出票地的票据法予以确认。

关于出票时间，有两种常见的方式：(a)欧洲式(Date/Month/Year)；(b)美国式(Month/Date/Year)。通常建议出票人在签发票据时，尽量填写完整，而避免单纯使用阿拉伯数字书写出票日期。

⑤At ______ sight of this FIRST of Exchange (Second of exchange being unpaid)

这是汇票期限的部分。如果此处无记载，则视为见票即付型汇票。一般来说，付款期限的记载类型有以下几种：(a)见票即付(at sight)；(b)定日付款(at fixed date)；(c)出票后定期付款(after date)；(d)见票后定期付款(after sight)；(e)延期付款(deferred payment)。

需要说明的是，“this FIRST of Exchange (Second of exchange being unpaid)”的部分俗称为“付一不付二”。这是因为汇票一般都是成套使用的。以一份一式两联的汇票为例，在汇票醒目的部分一般都会有“Original”、“Copy”等字样，或是在正文的部分用“this FIRST of Exchange (Second of exchange being unpaid)”(付一不付二)或是“this Second of Exchange (First of exchange being unpaid)”(付二不付一)等方式表示。从法律效力上来看，这两联汇票是完全等同的。但第一联生效后，第二联自动作废；反之亦然。

⑥the order of ______

这是收款人名称的部分，俗称为汇票的“抬头”。一般来说，收款人名称的记载有以下几种方式：(a)限制性抬头(restrictive order)；(b)指示性抬头(demonstrative order)；(c)持票来人抬头(payable to bearer)。其中，限制性抬头是指出票人在票面对收款人身份予以限制，不允许其转让汇票的形式。指示性抬头是指出票人在票面对收款人身份不进行限制，汇票可以流通转让的形式。持票来人抬头则是出票人在票面将收款人名称记载为某人或任何持票来人(bearer),这种汇票仅凭交付就能转让。

⑦To

这是受票人名称和地址的部分。

汇票的受票人是指出票人发出无条件支付命令的对象,意即出票人通过签发汇票要求受票人遵循票面指示付款给收款人。但是,根据票据法"签字负责"原则的规定,受票人并没有一定付款的义务,除非其在汇票上通过签字盖章的方式作出了付款的承诺。

受票人的地址必须书写清楚,以便持票人能及时地向其提示要求承兑或付款。

⑧For ____________

Authorized Signatures

这是出票人名称和签章的部分。出票人在汇票上签字,确定其主债务人的地位。如出票人是个人,而他所代理的委托人是公司或团体时,应在公司名称前写上"For"或"On behalf of"或"For and on behalf of"或"Per pro."字样。

(2)计算汇票的到期日

如前所述,汇票付款期限的记载包括见票即付、定日付款、出票后定期付款、见票后定期付款和延期付款五种类型。

其中,见票即付型汇票不需要计算到期日。因为当这种汇票的持票人向受票人提示票据时,受票人在核验票据后就应该立即予以付款或拒付。所以汇票的见票日就是汇票的到期日。

不同于见票即付型的即期汇票,后四种付款期限的汇票都属于远期汇票。其中,定日付款汇票因为明确记载了将来付款的日期,所以不需要进行到期日的计算。因此,只有出票后定期付款、见票后定期付款和延期付款的汇票需要推算到期日。

具体来说,付款到期日的计算原则是:

①付款期限表述为"某日后若干天付款(at × days after some day)",则到期日的计算应该"算尾不算头"。也就是说,从"某日"的次日开始算起,这叫"不算头";推算"若干天"后的最后一天就是付款到期日,这叫"算尾"。如果到期日正好遇假期则往后顺延至下一个营业日为付款日。

②付款期限表述为"某日后若干月付款(at × months after some day)",则到期日的计算应该为对应付款月的对应日期。如果当月没有对应日期,则以该月最后一天为到期日。

例 1 某汇票的出票日是 5 月 18 日，付款期限是出票后 60 天。则汇票付款日是哪一天？

解答 付款日为同年的 7 月 17 日。

分析 此例中，汇票的付款期限记载为"出票后 60 天"，属于"某日后若干天付款"的汇票，应依据"算尾不算头"的计算原则。从 5 月 19 日开始计算，往后推算 60 天，恰好是 7 月 17 日。当然，如果题目给出年份可以查找日历看看 7 月 17 日是否为假日，如是则应顺延至下一营业日。因为题中没有给出具体年份，就以当年的 7 月 17 日作为付款到期日。

例 2 某汇票的出票日是 5 月 31 日，付款期限是出票后 4 个月。则汇票付款日是哪一天？

解答 付款日为同年的 9 月 30 日。

分析 此例中，汇票的付款期限记载为"出票后 4 个月"，属于"某日后若干月付款"的汇票，应依据题目给出的条件寻找到期月的对应日期。从 5 月 31 日往后推 4 个月，恰好是 9 月。但是因为 9 月没有 31 天，所以以当月的最后一天 9 月 30 日作为付款到期日。

三、实训练习

请根据汇票回答相关问题。

Bill Of Exchange

Exchange for £60,000.00　　　Beijing, 15th Feb., 2006

At 30 days after date pay this First Bill of Exchange (Second unpaid) to the order of Bank of China, Beijing the sum of say U. S. Dollar Sixty Thousand Only.

To: Bank of Miland,　　　China National Textiles Imp/Exp Corp.
London
Beijing Branch
Manager A
(signature)

1. 分别指出汇票的出票人、受票人和收款人。
2. 该汇票属于哪种抬头形式？
3. 计算汇票的付款到期日。
4. 指出汇票记载存在的问题。

实训二 跟单信用证项下单据的审核

一、实训目的

(1)根据信用证要求审核全套单据。

(2)提出不符点并用英文表述。

二、实训内容

(一)你是一家外贸企业的单证人员,现有一套制作完成的单据即将交银行议付。请你根据所提供的信用证和单据找出单据中存在的不符点。

假定条件:

(1)受益人于 2008 年 2 月 15 日向议付行交单。

(2)单据上的所有签字均为正本。

(3)单据提交份数正确。

SWIFT Message Type	:MT:700 Issue of Documentary Credit
Correspondents BIC/TID	:IO:BSCHESMM××× BIC identified as: BANCO SANTANDER CENTRAL HISPANO S. A. (ALL SPAIN BRANCHES) COSO 59, ZARAGOZA 50001 MADRID, SPAIN
Sequence of Total	:27:1/1
Form of Documentary Credit	:40A:IRREVOCABLE
Documentary Credit Number	:20:9005BTY116934
Date of Issue	:31C:2007. 11. 28
Applicable Rules	:40E:UCP LATEST VERSION
Date and Place of Expiry	:31D:2008. 02. 10 CHINA
Applicant	:50:GAYNER, S. A. C/ PALAU DE PLEGAMANS, 15 08213—POLINYA (BARCELONA—SPAIN)
Beneficiary	:59: HANGZHOU BLUE SEA INDUSTRY CO. LTD. 200 HEDONG ROAD, HANGZHOU, CHINA
Currency Code and Amount	:32B:EUR12,053. 60
Percentage Credit Amount Tolerance	:39A:15/15

Available with... By...	:41D: ANY BANK BY NEGOTIATION
Drafts at...	:42C: BENEFICIARY'S DRAFT(S) AT SIGHT FOR FULL INVOICE VALUE SHOWING THIS DOCUMENTARY CREDIT NUMBER
Drawee	:42D: BSCHESMM××× BIC identified as: BANCO SANTANDER CENTRAL HISPANO S. A. (ALL SPAIN BRANCHES) COSO 59, ZARAGOZA 50001 MADRID, SPAIN
Partial Shipments	:43P: PROHIBITED
Transshipment	:43T: ALLOWED
Port of Loading/Airport of Departure	:44E: NINGBO PORT, CHINA
Port of Discharge/Airport of... Destination	:44F: BARCELONA PORT, SPAIN
Latest Date of Shipment	:44C: 2008. 01. 26
Description of Goods and/or Services	:45A:

GEAR RACK AS PER PROFORMA INVOICE NO. 07OIC1125 (9889)
ORIGIN: CHINA
DELIVERY TERM: FOB NINGBO PORT, CHINA

Documents Required :46A:

+SIGNED COMMERCIAL INVOICE ISSUED IN THE NAME OF APPLICANT IN 3 COPIES.
+FULL SET CLEAN ON BOARD MARINE BILLS OF LADING MADE OUT TO ORDER AND BLANK ENDORSED, MARKED 'FREIGHT COLLECT', NOTIFY APPLICANT.
+ SIGNED PACKING LIST IN 3 COPIES.
+G. S. P. CERTIFICATE OF ORIGIN FORM A ISSUED BY COMPETENT AUTHORITY.

Additional Conditions :47A:

1. ALL DOCUMENTS MUST INDICATE THIS CREDIT NUMBER.
2. A DISCREPANCY FEE EUR60 WILL BE DEDUCTED FROM THE PROCEEDS ON EACH SET OF DOCUMENTS PRESENTED WITH DISCREPANCIES.
3. 15 PCT TOLERANCE IN QUANTITY IN GOODS.

Charges	:71B: ALL BANKING CHARGES OUTSIDE SPAIN ARE FOR BENEFICIARY'S ACCOUNT.
Period for Presentation	:48: DOCUMENTS MUST BE PRESENTED WITHIN 15 DAYS AFTER THE DATE OF SHIPMENT, BUT WITHIN THE VALIDITY OF THIS CREDIT.
Confirmation Instructions	:49: WITHOUT
Inst/Paying/Accpt/Negotiate	:78:

KINDLY ACKNOWLEDGE RECEIPT OF THIS MESSAGE QUOTING OUR REFERENCE.

PLEASE SEND US DOCUMENTS BY COURIER TO:
BANCO SANTANDER, S. A.
C/ SANCHEZ PACHECO NO. 72－74
28002－MADRID
SPAIN

1. 汇票

BILL OF EXCHANGE (1)

No 08OIC08002 Dated February 15, 2008

Exchange for USD11848. 60 HANGZHOU

At * * * * * * Sight of this FIRST of Exchange (SECOND of exchange being unpaid)

pay to the order of BANK OF CHINA, HANGZHOU BRANCH

the sum of U. S. DOLLARS ELEVEN THOUSAND EIGHT HUNDRED FORTY EIGHT AND CENTS SIXTY ONLY

Drawn under L/C No. 9005BHY116934 Dated 2007. 11. 28

Issued by BANCO SANTANDER CENTRAL HISPANO S. A.

TO BANCO SANTANDER
CENTRAL HISPANO S. A.

杭州蓝海实业有限公司
HANGZHOU BLUE SEA INDUSTRY CO. LTD.
陈 晓
Authorized Signature

2. 商业发票

杭州蓝海实业有限公司

ZHEJIANG BLUE SEA IMPORT AND EXPORT CO. LTD.

ADD:200 HEDONG ROAD, HANGZHOU, CHINA

COMMERCIAL INVOICE

Invoice No. 08OIC08002
L/C No. 9005BTY116934
Date JANUARY 9, 2008

GAYNER, S. A.
C/ PALAU DE PLEGAMANS, 15
08213－POLINYA
(BARCELONA－SPAIN)

From SHANGHAI, CHINA To BARCELONA, SPAIN

唛头 Marks	数量及品名 Quantity and Descriptions	总价 Amount
N/M	GEAR RACK AS PER PROFORMA INVOICE NO. 07OIC1125 (9889)	EUR12,053.60

FOB NINGBO PORT, CHINA
PACKED IN 10 CASES

杭州蓝海实业有限公司
HANGZHOU BLUE SEA INDUSTRY CO. LTD.
陈 晓

3. 装箱单

杭州蓝海实业有限公司

ZHEJIANG BLUE SEA IMPORT AND EXPORT CO. LTD.

ADD:200 HEDONG ROAD, HANGZHOU, CHINA

PACKING LIST

nvoice No. 08OIC08002

L/C No. 9005BTY116934

Date JANUARY 9, 2008

唛头:

Marks

OIC

FOB NINGBO

NO. 1－UP

Commodity: GEAR RACK AS PER PROFORMA INVOICE NO. 07OIC1125 (9889)

数量 Quantity	净重 Net Weight	毛重 Gross Weight	尺码 Measurement
10 CASES	12628KGS	12828KGS	4. 5CBM

杭州蓝海实业有限公司

HANGZHOU BLUE SEA INDUSTRY CO. LTD.

陈　晓

4. 海运提单

VINPAC CONTAINER LINE VINPAC GROUP

MOC-NV0050
BILL OF LADING

SHIPPER	BILL OF LADING NO.	DOCUMENT NO.
HANGZHOU BLUE SEA INDUSTRY CO., LTD. 200 HEDONG ROAD, HANGZHOU, CHINA	VPNB/E/F0801153	
	EXPORT REFERENCES	

CONSIGNEE	FORWARDING AGENT-REFERENCES
GAYNER, S.A. C/ PALAU DE PLEGAMANS, 15 08213-POLINYA (BARCELONA - SPAIN)	
	POINT AND COUNTRY OF ORIGIN

NOTIFY PARTY	DOMESTIC ROUTING/EXPORT INSTRUCTIONS
GAYNER, S.A. C/ PALAU DE PLEGAMANS, 15 08213-POLINYA (BARCELONA - SPAIN)	NADAL FORWARDING SL POLIGONO PRATENSE-CALLE 113, 6-8 08820 EL PRAT DE LLOBREGAT, BARCELONA, SPAIN

PRE-CARRIAGE BY	PLACE OF RECEIPT	
OCEAN VESSEL/VOY NO. EVER URSULA V.0037W	PORT OF LOADING NINGBO PORT, CHINA	ONWARD INLAND ROUTING
PORT OF DISCHARGE BARCELONA PORT, SPAIN	PLACE OF DELIVERY BARCELONA PORT, SPAIN	FINAL DESTINATION (FOR THE MERCHANS REFERENCE ONLY)

CONTAINER NO. / SEAL NO. MARKS AND NUMBERS	NO. OF PKGS. OR CONTAINERS	KIND OF PACKAGES; DESCRIPTION OF GOODS	GROSS WEIGHT (KGS)	MEASUREMENT (CBM)
OIC FOB NINGBO NO. 1-UP HMCU3012345/EMCDNK5427/20GP	10CASES	SAID TO CONTAIN GEAR RACK GEAR RACK AS PER PROFORMA INVOICE NO. 0701C1125(9889) FOB NINGBO PORT, CHINA. ORIGINAL 1X20GP FCL CY-CY SHIPPER'S LOAD COUNT & SEAL FREIGHT COLLECT	12828KGS	4.5CBM

TOTAL NO. OF PACKAGES OR CONTAINERS (IN WORDS): SAY TEN CASES ONLY

FREIGHT AND CHARGES	RATED AS	RATE	PER	PREPAID	COLLECT	LADEN ON BOARD THE VESSEL
						DATE JAN 29, 2008
						PLACE OF B(s)/L ISSUE NINGBO
TO OBTAIN DELIVERY CONTACT:			TOTAL			NO. OF ORIGINAL B(s)/L SIGNED THREE
						DATE OF B(s)/L ISSUED JAN 29, 2008

Received the sold in measurement good order and condition and, as far as certained by reasonable means of checking, as specified above unless otherwise stated. Terms of bill of lading continued on reverse side thereof.
In witness whereof, three (3) original Bills of Lading have been signed all of this tenor and date one of which being accomplished the others to stand void.
The surrender of the original order bill of lading properly endorsed shall be required before the delivery of the property inspection of property covered by this bill of lading will not be permitted unless provided by law or unless permission is endorsed on this original bill of lading or given in writing by the shipper.
Attention of shipper. The terms and conditions of the order bill of lading under which this shipment is accepted are printed on the back hereof. Note, unless otherwise specified the charges lised above do not include customs duties, taxes, customs clearance charges and similar non transportation charges hich are for the account of the cargo.

Vinpac Container Line
For and on behalf of
VINPAC MULTITRANS (CHINA) LTD
NINGBO BRANCH
0703408
Authorized Signature(s) / As Agent for the carrier
As Carrier
Vinpac Lines (Hong Kong) Ltd.

5. 普惠制产地证

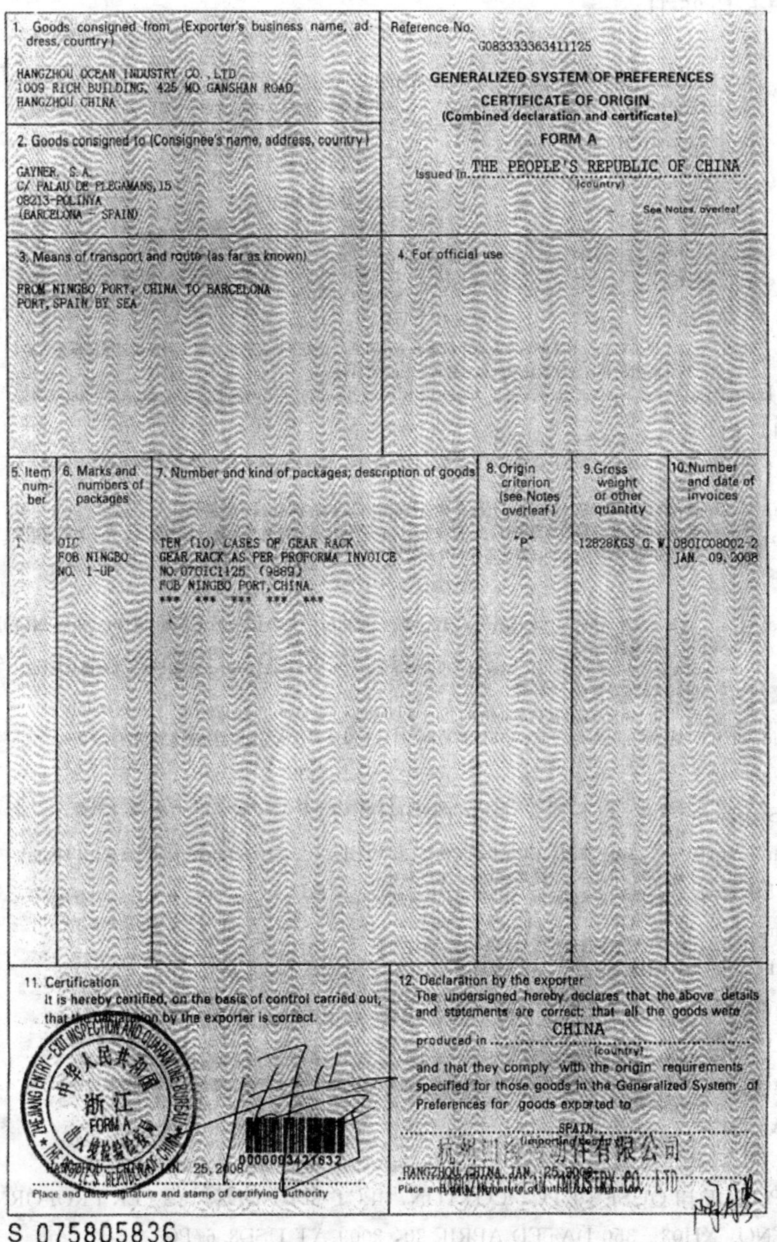

1. Goods consigned from (Exporter's business name, address, country) HANGZHOU OCEAN INDUSTRY CO., LTD 1009 RICH BUILDING, 425 MO GANSHAN ROAD HANGZHOU CHINA	Reference No. G083333363411125 **GENERALIZED SYSTEM OF PREFERENCES** **CERTIFICATE OF ORIGIN** **(Combined declaration and certificate)** **FORM A** Issued in THE PEOPLE'S REPUBLIC OF CHINA (country) See Notes, overleaf
2. Goods consigned to (Consignee's name, address, country) GAYNER, S.A. C/ PALAU DE PLEGAMANS,15 08213-POLINYA (BARCELONA - SPAIN)	
3. Means of transport and route (as far as known) FROM NINGBO PORT, CHINA TO BARCELONA PORT, SPAIN BY SEA	4. For official use

5. Item number	6. Marks and numbers of packages	7. Number and kind of packages; description of goods	8. Origin criterion (see Notes overleaf)	9. Gross weight or other quantity	10. Number and date of invoices
1	OIC FOB NINGBO NO. 1-UP	TEN (10) CASES OF GEAR RACK GEAR RACK AS PER PROFORMA INVOICE NO. 07OIC1125 (9889) FOB NINGBO PORT, CHINA. *** *** *** *** ***	"P"	12828KGS G.W.	08OIC08002-2 JAN. 09, 2008

11. Certification It is hereby certified, on the basis of control carried out, that the declaration by the exporter is correct. 中华人民共和国 浙江 FORM A 出入境检验检疫局 ZHEJIANG ENTRY-EXIT INSPECTION AND QUARANTINE BUREAU THE PEOPLE'S REPUBLIC OF CHINA 0000003421632 HANGZHOU CHINA JAN. 25, 2008 Place and date, signature and stamp of certifying authority	12. Declaration by the exporter The undersigned hereby declares that the above details and statements are correct; that all the goods were produced in CHINA (country) and that they comply with the origin requirements specified for those goods in the Generalized System of Preferences for goods exported to SPAIN (importing country) 杭州……有限公司 HANGZHOU OCEAN INDUSTRY CO., LTD HANGZHOU CHINA JAN. 25, 2008 Place and date, signature of authorized signatory

S 075805836

经审核,发现单据存在以下不符点:

(二)请根据以下信用证找出单据中存在的不符点。受益人交单时间为2009年6月25日。

SWIFT Message Type	:MT:700 Issue of Documentary Credit
Correspondents BIC/TID	:IO:HBPEPEPLXXX BIC identified as: HSBC BANK PERU SA LOS HALCONES 257 COSO 59, ZARAGOZA LIMA, PERU
Sequence of Total	:27:1/1
Form of Documentary Credit	:40A:IRREVOCABLE
Documentary Credit Number	:20:LCI 280326
Date of Issue	:31C:2009.5.17
Applicable Rules	:40E:UCP LATEST VERSION
Date and Place of Expiry	:31D:2009.07.10 CHINA
Applicant	:50:TRADING FASHION LINE S. A. JR AZANGARO NO. 227 LIMA, PERU
Beneficiary	:59: HANGZHOU GARMENT IMPORT AND EXPORT CO. LTD. 10 WENYI ROAD, HANGZHOU, CHINA
Currency Code and Amount	:32B:USD10320.00
Available with... By...	:41D:ANY BANK IN CHINA BY PAYMENT
Partial Shipments	:43P:PROHIBITED
Transshipment	:43T:ALLOWED
Port of Loading/Airport of Departure	:44E:BEIJING, CHINA
Port of Discharge/Airport of... Destination	:44F:LIMA, PERU
Latest Date of Shipment	:44C:2009.06.20
Description of Goods and/or Services	:45A:

CIP LIMA, PERU, INCOTERMS 2000

1200PCS OF BLOUSE (97PCT COTTON, 3PCT SPANDEX) AS PER PROFORMA INVOICE NO. XH03－350 DATED APRIL 20, 2009 AT USD8.6/PC

Documents Required :46A:

＋SIGNED COMMERCIAL INVOICE IN 3 COPIES.

+AIRWAY BILL SHOWING GOODS CONSIGNEE AND NOTIFY PARTY AS APPLICANT GIVING FULL NAME AND ADDRESS, AND MARKED FREIGHT PREPAID.

+ORIGINAL INSURANCE POLICY OR CERTIFICATE IN DUPLICATE, ENDORSED IN BLANK FOR 110 PERCENT OF INVOICE VALUE COVERING WPA, WAR RISKS AND SRCC, INCLUDING RISK OF THEFT, PILFERAGE AND NON-DELIVERY. INSURANCE CLAIMS PAYABLE AT DESTINALTION IN THE SAME CURRENCY OF THE INVOICE.

+CERTIFICATE OF ORIGIN IN ONE ORIGINAL AND ONE COPY, ISSUED BY OFFICIAL ENTITY IN CHINA.

Additional Conditions :47A:

1. UNLESS OTHERWISE EXPRESSLY STATED, ALL DOCUMENTS CALLED FOR UNDER THIS CREDIT MUST BE IN THE LANGUAGE OF THE CREDIT.
2. A DISCREPANCY FEE USD100 WILL BE DEDUCTED FROM THE PROCEEDS ON EACH SET OF DOCUMENTS PRESENTED WITH DISCREPANCIES.
3. TRANSPORT DOCUMENT AND INVOICE TO SHOW APPLICANT'S ID NUMBER 511079352.

Charges :71B: ALL BANKING CHARGES OUTSIDE PERU ARE FOR BENEFICIARY'S ACCOUNT.

Period for Presentation :48: DOCUMENTS MUST BE PRESENTED WITHIN 12 DAYS FROM B/L DATE, BUT WITHIN THE VALIDITY OF THIS CREDIT.

Confirmation Instructions :49: WITHOUT

Inst/Paying/Accpt/Negotiate :78:

PLS REMIT THE DOCS IN ONE LOT, VIA COURIER, AS FOLLOWS:

HSBC BANK PERU SA, AMADOR MERINO REYNA 307, FLOOR 10, LIMA 27 PERU

HANGZHOU GARMENT IMPORT AND EXPORT CO. LTD.

10 WENYI ROAD, HANGZHOU, CHINA

TO:
TRADING FASHION S. A.
JR. AZANGARO 227
LIMA, PERU

COMMERCIAL INVOICE

ORIGINAL

NO. 09WKM020201148－2
DATE: JUN. 2, 2009

SHIPPING MARKS	DESCRIPTIONS	QUANTITY	UNIT PRICE
COUNTRY: PERU	BLOUSE (97PCT COTTON		
BRAND: MAUI	3PCT SPANDEX) AS PER	1100PCS	USD8.6
NET WEIGHT:	PROFORMA INVOICE NO		
GROSS WEIGHT:	XH03－350 DATED APRIL 20,		
CARTON NO.:	2009		

TOTAL AMOUNT: USD9460.00
PACKED IN 110 CARONS.
LC NO.: LCI 280326
SHIPMENT FROM BEIJING TO LIMA BY AIR

HANGZHOU GARMENT IMPORT AND EXPORT CO. LTD.
许 勤

176-0461 0336 PVG

HAWB: AE08011620

Shipper's Name and Address	Shipper's Account Number	Not negotiable **Air Waybill** Issued by BESTWAY INTERNATIONAL AIR FREIGHT CO.,LTD.
TRADING FASHION LINE S.A. JR. AZANGARO NO. 227 LIMA, PERU		Copies 1, 2 and 3 of this Air Waybill are originals and have the same validity.
Consignee's Name and Address YERSE S.A. CTRA.DE TERRASSA,263 08205 SABADELL(BARCELONA)	Consignee's Account Number	It is agreed that the goods described herein are accepted in apparent good order and condition (except as noted) for carriage SUBJECT TO THE CONDITIONS OF CONTRACT ON THE REVERSE HEREOF. THE SHIPPER'S ATTENTION IS DRAWN TO THE NOTICE CONCERNING CARRIER'S LIMITATION OF LIABILITY. Shipper may increase such limitation of liability by declaring a higher value for carriage and paying a supplemental charge if required. FREIGHT COLLECT
Issuing Carrier's Agent Name and City SBW/BESTWAY INTERNATIONAL AIR FREIGHT		Accounting Information
Agent's IATA Code	Account No.	
Airport of Departure (Addr. of first Carrier) and requested Routing PUDONG AIRPORT,CHINA		

to	By first Carrier (Routing and Destination)	to	by	to	by	Currency	CHGS Code	WT/VAL PPD	WT/VAL COLL	Other PPD	Other COLL	Declared Value for Carriage	Declared Value for Customs
	EK					USD			C		C	N.V.D	N.C.V

Airport of Destination	Flight/Date		Amount of Insurance	INSURANCE – If Carrier offers insurance and such insurance is requested in accordance with conditions on reverse hereof, indicate amount to be insured in figures in box marked "amount of insurance."
LIMA	EK9877	10-JUN-09		

Handling Information

SCI

No. of Pieces RCP	Gross Weight	Kg lb	Rate Class Commodity Item No.	Chargeable Weight	Rate / Charge	Total	Nature and Quantity of Goods (incl. Dimensions or Volume)
100 CTNS	232.0	K		283.50	AS AGREED	AS AGREED	LADIES'97%COTTON 3%SPANDEX WOVEN BLOUSE MARKS: STYLE#: COLOR: SIZE: QTY: CART OF MADE IN CHINA

Prepaid	Weight Charge	Collect	Other Charges
	AS AGREED		1.699 CU.M.
	Valuation Charge		
	Tax		
	Total other Charges Due Agent		Shipper certifies that the particulars on the face hereof are correct and that insofar as any part of the consignment contains dangerous goods, such part is properly described by name and is in proper condition for carriage by air according to the applicable Dangerous Goods Regulations. 上海佳达[illegible]有限公司 [illegible] CO.,LTD SBW/BESTWAY INTERNATIONAL AIR FREIGHT Signature of Shipper or his Agent
	Total other Charges Due Carrier		
	AS AGREED		
Total prepaid		Total collect	10-JUN-09 SHANGHAI As Carrier
	AS ARRANGED		
Currency Conversion Rates		cc charges in Dest. Currency	Executed on (Date) (at) (place) Signature of Issuing Carrier on its Agent
For Carrier's Use only at Destination	Charges at Destination	Total collect Charges	

中国人民财产保险股份有限公司
PICC Property and Casualty Company Limited

总公司设于北京 Head Office Beijing
一九四九年创立 Established in 1949

货物运输保险单
CARGO TRANSPORTATION INSURANCE POLICY

发票号(INVOICE NO.): 09WKM020201148-2
合同号(CONTRACT NO.):
信用证号(L/C NO.):
保单号次 POLICY NO.HW38H/ PYIE200533160000010721
被保险人 INSURED: HANGZHOU GARMENT IMPORT AND EXPORT CO. LTD.

中国人民财产保险股份有限公司(以下简称本公司)根据被保险人的要求，由被保险人向本公司缴付约定的保险费，按照本保险单承保险别和背面所载条款与下列特款承保下述货物运输保险，特立本保险单。

THIS POLICY OF INSURANCE WITNESSES THAT PICC PROPERTY AND CASUALTY COMPANY LIMITED (HEREINAFTER CALLED "THE COMPANY") AT THE REQUEST OF THE INSURED AND IN CONSIDERATION OF THE AGREED PREMIUM PAID TO THE COMPANY BY THE INSURED, UNDERTAKES TO INSURE THE UNDERMENTIONED GOODS IN TRANSPORTATION SUBJECT TO THE CONDITIONS OF THIS POLICY AS PER THE CLAUSES PRINTED OVERLEAF AND OTHER SPECIAL CLAUSES ATTACHED HEREON.

标 记 MARKS & NOS.	包装及数量 QUANTITY	保险货物项目 DESCRIPTION OF GOODS	保险金额 AMOUNT INSURED
N/M	110 CTNS	WOODEN TOYS	USD11,352.00

ORIGINAL

总保险金额 TOTAL AMOUNT INSURED: US DOLLARS ELEVEN THOUSAND THREE HUNDRED AND FIFTY TWO ONLY

保费 PREMIUM: AS ARRANGED　启运日期 DATE OF COMMENCEMENT: AS PER AWB　装载运输工具 PER CONVEYANCE: BY AIR

自 FROM: BEIJING　经 VIA:　至 TO: LIMA

承保险别 CONDITIONS: COVERING WPA, WAR RISKS AND SRCC, INCLUDING RISK OF THEFT, PILFERAGE AND NON-DELIVERY.

(CORRECTED BY PICCHZ)

所保货物，如发生保险单项下可能引起索赔的损失或损坏，应立即通知本公司下述代理人查勘。如有索赔，应向本公司提交保单正本(本保险单共有 二份正本)及有关文件。如一份正本已用于索赔，其余正本自动失效。

IN THE EVENT OF LOSS OR DAMAGE WHICH MAY RESULT IN A CLAIM UNDER THIS POLICY, IMMEDIATE NOTICE MUST BE GIVEN TO THE COMPANY'S AGENT AS MENTIONED HEREUNDER. CLAIMS, IF ANY, ONE OF THE ORIGINAL POLICY WHICH HAS BEEN ISSUED IN TWO ORIGINAL(S) TOGETHER WITH THE RELEVANT DOCUMENTS SHALL BE SURRENDERED TO THE COMPANY. IF ONE OF THE ORIGINAL POLICY HAS BEEN ACCOMPLISHED, THE OTHERS TO BE VOID.

SURVEY TO BE CARRIED OUT BY A LOCAL COMPETENT SURVEYOR. CLAIM DOCUMENTS TO BE MAILED TO THE UNDERWRITER. WE SHALL EFFECT PAYMENT BY REMITTANCE TO THE CLAIMANT.

中国人民财产保险股份有限公司 杭州市分公司
PICC Property and Casualty Company Limited, Hangzhou Branch

Authorized Signature

赔款偿付地点 CLAIM PAYABLE AT: PERU

出单日期 ISSUING DATE: JUN. 12, 2009

第一营业部 0571-87022977

地址：中国浙江杭州中山中路400号
ADD: 400 ZHONGSHAN ROAD, HANGZHOU, ZHEJIANG, CHINA
邮编(POST CODE): 310009

电话(TEL): (0086 571)87080807
传真(FAX): (0086 571)87022339
保单顺序号: 0156646

ORIGINAL

<table>
<tr><td colspan="3">1. Exporter
HANGZHOU PHARMA AND CHEM CO., LTD.
1301 QINGLIAN BLDG., NO. 139 QINGCHUN RD.,
HANGZHOU CITY, ZHEJIANG CHINA 310003</td><td colspan="3" rowspan="2">Certificate No. CCPIT 074774774

CERTIFICATE OF ORIGIN
OF
THE PEOPLE' S REPUBLIC OF CHINA</td></tr>
<tr><td colspan="3">2. Consignee
HANGZHOU GARMENT IMPORT AND EXPORT CO., LTD.
10 WENYI ROAD, HANGZHOU, CHINA</td></tr>
<tr><td colspan="3">3. Means of transport and route
FROM HANGZHOU AIRPORT, CHINA TO LIMA AIRPORT,
PERU BY AIR</td><td colspan="3" rowspan="2">5. For certifying authority use only

CHINA COUNCIL FOR THE
PROMOTION OF INTERNATIONAL
TRADE IS CHINA CHAMBER OF
INTERNATIONAL COMMERCE</td></tr>
<tr><td colspan="3">4. Country / region of destination
PERU</td></tr>
<tr><td>6. Marks and numbers</td><td colspan="2">7. Number and kind of packages; description of goods</td><td>8. H.S.Code</td><td>9. Quantity</td><td>10. Number and date of invoices</td></tr>
<tr><td>N/M</td><td colspan="2">BLOUSE
TOTAL PACKED IN 110 CARTONS ONLY.
GOODS ARE OF CHINA ORIGIN.
THIS L/C NUMBER: LCI 280320
**</td><td>29381000</td><td>110 CTNS</td><td>00522937
FEB. 14, 2009</td></tr>
<tr><td colspan="3">11. Declaration by the exporter
The undersigned hereby declares that the above details and statements are correct, that all the goods were produced in China and that they comply with the Rules of Origin of the People's Republic of China.

杭州法玛化学品有限公司
HANGZHOU PHARMA AND CHEM

HANGZHOU, CHIAN FEB. 20, 2008
Place and date, signature and stamp of authorized signatory</td><td colspan="3">12. Certification
It is hereby certified that the declaration by the exporter is correct.

中国国际贸易促进委员会 单据证明专用章 (杭州)
CHINA COUNCIL FOR THE PROMOTION OF INTERNATIONAL TRADE (HANGZHOU)

HANGZHOU, CHINA FEB. 20, 2008
Place and date, signature and stamp of certifying authority</td></tr>
</table>

实训三　跟单信用证项下单据的制作

一、实训目的

(1)审核信用证条款。

(2)根据信用证要求制作相关单据。

二、实训内容

1.请根据下列信用证制作跟单汇票、商业发票和海运提单。

ISSUING BANK：ISRAEL DISCOUNT BANK LTD。
ADVISING BANK：BANK OF CHINA，SHANGHAI BRANCH

Sequence of Total	:27:1/1
Form of Documentary Credit	:40A:IRREVOCABLE
Documentary Credit Number	:20:186－01－0007320
Date of Issue	:31C:2007.09.09
Applicable Rules	:UCP LATEST VERSION
Date and Place of Expiry	:31D:2007.11.15 CHINA
Applicant	:50:ON－LINE TRADE＋MKTG. MILLENIUM LTD. 3HAMAGSHIMIM STREET PETAH TIKVA 49348 ISRAEL
Beneficiary	:59: YONGKANG GARDEN INOUSTRY CO.,LTD. NO. 11 XINGDASAN ROAD, CHENGZHONG IND. AREA, YONGKANG, ZHEJIANG PROVINCE,CHINA
Currency Code and Amount	:32B:USD6000.00
Maximum Credit Amount	:39A:NOT EXCEEDING
Available with... By...	:41D:ANY BANK BY NEGOTIATION
Drafts at...	:42C: AT SIGHT FOR FULL INVOICE VALUE SHOWING THIS DOCUMENTARY CREDIT NUMBER
Drawee	:42D:ISRAEL DISCOUNT BANK LTD. 27－31 YEHUDA HALEVE STREET, 65136 TEL AVIV, ISRAEL
Partial Shipments	:43P:NOT PERMITTED
Transshipment	:43T:PERMITTED

Port of Loading/Airport of Dep.	:44E:NINGBO PORT
Port of Discharge/Airport of Dest.	:44F:ASHDOD PORT
Latest Date of Shipment	:44C:2007.10.15
Description of Goods and/or	:45A:FOB NINGBO PORT, INCOTERMS 2000 CHROMEX COOKING HOODS
Documents Required	:46A: + SIGNED COMMERCIAL INVOICE IN SIX COPIES CERTIFYING THAT THE GOODS ARE OF CHINESE ORIGIN +FULL SET OF CLEAN ON BOARD MARINE BILLS OF LADING MADE OUT TO THE ORDER OF ISRAEL DISCOUNT BANK LTD., NOTIFY APPLICANT, MARKED 'FREIGHT COLLECT'. +SIGNED PACKING LIST IN 6 COPIES +A CERTIFICATE OF ORIGIN ISSUED BY CHAMBER OF COMMERCE + BENEFICIARY'S CERTIFICATE STATING THAT ONE COMPLETE SET OF NON-NEGOTIABLE DOCUMENTS HAVE BEEN AIRMAILED DIRECTLY TO THE APPLICANT
Additional Conditions	:47A: + A DISCREPANCY FEE OF USD85.00 WILL BE DEDUCTED FROM PROCEEDS FOR EACH SET OF DOCUMENTS WITH DISCREPANCIES + INSURANCE IS BEING ARRANGED BY THE BUYER.
Charges	:71B:+ALL BANKING CHARGES OUTSIDE ISRAEL ARE FOR ACCOUNT OF BENEFICIARY.
Period for Presentation	:48: + DOCUMENTS MUST BE PRESENTED FOR NEGOTIATION WITHIN 15 DAYS FROM THE DATE OF SHIPMENT, BUT WITHIN THE VALIDITY OF THIS CREDIT.
Confirmation Instructions	:49:WITHOUT
Inst/Paying/Accpt/Negotiate	:78: + FOR REIMBURSEMENT: ON RECEIPT OF DOCUMENTS CONFORMING TO THE TERMS AND CONDITIONS OF THIS CREDIT, WE UNDERTAKE TO REIMBURSE THE NEGOTIATING BANK AT SIGHT IN ACCORDANCE WITH THEIR INSTRUCTIONS.

BILL OF EXCHANGE (1)

No 07SHGD3029 Dated NOVEMBER 10,2007

Exchange for ① YONGKANG

At ② Sight of this FIRST of Exchange (SECOND of exchange being unpaid)

pay to the order of BANK OF CHINA, YONGKANG BRANCH

the sum of U. S. DOLLARS SIX THOUSAND ONLY

Drawn under L/C No. ③ Dated ④

Issued by ISRAEL DISCOUNT BANK LTD.

TO ⑤

⑥

永康普能电器有限公司

YONGKANG PUNENG ELECTRIC CO. LTD.

ADD:11 XINGDASAN ROAD, CHENGZHONG IND. AREA,

YONGKANG,ZHEJIANG PROVINCE, CHINA

COMMERCIAL INVOICE

Invoice No. 07SHGD3029

Invoice Date: SEP. 30., 2007

TO:

①

From: NINGBO PORT To: ASHDOD PORT

Payment: L/C AT SIGHT

唛头 Marks	品名 Descriptions	数量 Quantity	单价 Unit Price	总价 Amount
N/M	②	600PCS	USD10.00	③

WE HEREBY CERTIFY THAT ④

⑤

Shipper ①

Consignee ②

Notify Party ③

Carrier B/L NO. SHY2042234

中远集装箱运输有限公司
COSCO CONTAINER LINES
Port-to-Port or Combined Transport
BILL OF LADING
ORIGINAL

RECEIVED in apparent good order and condition except as otherwise noted the total number of containers or other packages or units enumerated below.

Pre-carriage by	Place of Receipt	Ocean Vessel Voy. No.	No. of Original B/L
		LT DIMARE V. 021W	⑥
Port of Loading	Port of Discharge	Place of Delivery	
④	⑤		

Marks & Nos.	No. & kind of pkgs	Description of goods	Gross weight	Measurement
L. P. O. L. MADE IN CHINA NO. 1—325	325CTNS	⑦	4175. 00KGS	24. 104M3

CONTAINER NO. FREIGHT ⑧
FSCU3214999
SEAL:1295312 SAY THREE HUNDRED AND TWENTY FIVE CARTONS ONLY

Clean On Board

Date ⑨

For delivery of goods please apply to:
ABC CONTAINER SHIPPING CO.
258 ALEXANDER AVE. , LIMASSOL, CYPRUS
TEL: 0357—24—2345678
FAX: 0357—24—2345680

Place and date of issue: SHANGHAI, 12 OCT. , 2007
Signed by COSCO CONTAINER LINES
李四 As Carrier

2. 请根据下列资料制作保险单据和原产地证。

LC NO AND DATE：2AG8－325001 DATED MAY 10，2009

INVOICE NO AND DATE：004858 DATED JUN. 25，2009

BENEFICIARY：ZHEJIANG SUNFLOWER FOREIGN TRADE CORP.

APPLICANT：TRADEPORT AB, INDUSTRIESTRASSE 65, BETZDORF, GERMANY

EVIDENCING SHIPMENT OF：WORK CLOTHES AS PER CONTRACT NO. HX091112，1500 SETS AT EUR20.00 PER SET，CIF HAMBURG

SHIPMENT：FROM SHANGHAI, CHINA TO HAMBURG，GERMANY NOT LATER THAN JUL. 12，2009 BY SEA

DOCUMENTS REQUIRED：

＋INSURANCE POLICY OR CERTIFICATE IN DUPLICATE ENDORSED IN BLANK FOR 110PCT OF INVOICE VALUE COVERING MARINE INSTITUTE CARGO CLAUSES ALL RISKS AND WAR RISKS AS PER OCEAN MARINE CARGO CLAUSES 1/1/81 OF THE PICC. INSURANCE CLAIMS TO BE PAYABLE IN GERMANY IN THE CURRENCY OF THE DRAFTS.

＋A CERTIFICATE OF ORIGIN ISSUED BY AN AUTHORITY IN CHINA

中国人民保险公司上海分公司
海洋货物运输保险单

发票号次　　　　　　　　第一正本　　　　　　　保险单号次
INVOICE NO. 07SHGD3029　THE FIRST ORIGINAL　NP47/12

中国人民保险公司(以下简称本公司)This Policy of Insurance witnesses that People's Insurance Company of China (hereinafter called 根据(以下简称被保险人)的要求,"the Company") at the request of ①________ 由被保险人向本公司缴付约定的. (hereinafter called the "Insured") and in consideration of the agreed premium being 保险费,按照本保险单承保险别和 paid to the Company by the Insured, undertakes to insure the under-mentioned goods in 背面所载条款与下列特殊条款承保下述货物 transportation subject to the condition of this Policy as per the Clauses printed overleaf and other 运输保险,特立本保险单。special clauses attached hereon.

标记 MARKS & NOS	包装及数量 QUANTITY	保险货物项目 DESCRIPTION OF GOODS	保险金额 AMOUNT INSURED
N/M	1500 SETS	②	③

总保险金额:④________
Total Amount Insured:

保　费　　　　　　　　费　率　　　　　　　　装载工具运输
Premium As Arranged　Rate As Arranged　Per Conveyance S. S EVERBRIGHT 0056W

开航日期　　　　　　　自　　　　　　　　至
Sailing on Jul. 10, 2009　From: ⑤________　To: ⑥________

承保险别:
Conditions: ⑦

所保货物,如遇出险,本公司凭第一 正本保险单 Claims, if any, payable on surrender of the first original of the Policy together with other relevant 及其有关 证件给付赔款。所保如发生本保险单 documents. In the event of accident whereby loss or damage may result in a claim under this 项下负责赔偿的损失或事故，应立即通知本公司代理人勘察。Policy, immediate notice applying for survey must be given to the Company's Agent.

Claims Payable At: ⑧ ____________ 中国人民保险公司上海分公司

Date: ⑨ ____________ The People's Insurance Co. of China

Shanghai Branch

×××

1. Exporter (Full Name and Address)
①

CERTIFICATE NO. BP18751

CERTIFICATE OF ORIGIN
OF
THE PEOPLE'S REPUBLIC OF CHINA

2. Consignee (Full Name and Address)
②

5. For Certifying Authority Use Only

3. Means of Transport and Route
③

4. Country/region of destination
④

6. Marks and No.	7. Number and kind of packages; Description of goods	8. H. S. Code	9. Quantity	10. Number and date of invoice
⑤	⑥	9017.80	⑦	⑧

11. Declaration by the Exporter
The undersigned hereby declares that the above details and statements are correct; that all the goods are produced in ⑨______ and that they comply with the Rules of Origin of the People's Republic of China

⑩______________
____
×××
Shanghai, China 10 FEB., 2008
Place and date, signature and stamp of Authorized signatory

12. Certification
It is hereby certified that the declaration by the exporter is correct.

China Council for the Promotion of International Trade
×××
Shanghai, China 10 FEB., 2008
Place and date, signature and stamp of certifying authority

实训四　国际商务单证员考试介绍

一、国际商务单证员考试简介

根据《关于在全国开展国际商务单证员培训与考核认证工作的通知》的精神，中国对外贸易经济合作企业协会从2005年开始至今已经成功组织了三次国际商务单证员全国统一考试。

该考试主要是测试应试者从事国际商务单证工作必备的业务知识和能力，考试实行公开、公正、公平的原则，采取全国统一报名、统一收费标准、统一命题、统一考试、统一阅卷、统一发证的方式进行。考试科目包括国际商务单证基础理论与知识和国际商务单证操作与缮制。考试内容主要依据全国国际商务单证培训认证考试办公室编印并由中国商务出版社出版的《国际商务单证理论与实务》、《国际商务单证实训教程》、《国际商务单证培训认证考试复习指南》等教材。凡两门科目考试成绩通过者将获得中国外经贸企业协会颁发的“国际商务单证员”证书。

在国际商务单证基础理论与知识和国际商务单证操作与缮制两门考试科目中，前者比较偏重考核基本概念和基础理论，后者比较偏重考核应用技能和分析水平。相比较而言，国际商务单证操作与缮制的考试兼具理论和实务两方面的要求，也是单证员考试中相对较难的科目。

本次实训的目的就是要结合国际商务单证操作与缮制部分的试题分析，帮助大家提高应对实际问题的能力。

二、国际商务单证操作与缮制考题解答与分析

下面我们将例举国际商务单证操作与缮制部分的一道考题，通过解答和分析，学习如何制作和审核国际结算中的具体单证。

例：根据合同审核信用证（2005年考题）

SALES CONTRACT

BUYER：JAE & SONS PAPERS COMPANY　　　　NO：ST05－016
203 LODIA HOTEL OFFICE 1546，DONG－GU　　　　DATE：AUGUST 08，2005

BUSAN, KOREA SIGNED AT: NANJING, CHINA
SELLER: WONDER INTERNATIONAL COMPANY LIMITED
NO. 529, QUIANG ROAD HE DONG DISTRICT,
NANJING CHINA

This contract is made by the Seller, whereby the Buyers agree to buy and the Seller agrees to sell the under—mentioned commodity according to the terms and conditions stipulated below:

1. COMMODITY: UNBLEACHED KRAET LINEBOARD
UNIT PRICE: USD390,00/PER METRIC TON, CFR BUSAN KOREA
TOTAL QUANTITY: 100 METRIC TONS, ±10% ARE ALLOWED
PAYMENT TERM: BY IRREVOCABLE L/C 90 DAYS AFTER B/L DATE
2. TOTAL VALUE: USD39,000.00 (SAY U.S. DOLLARS THIRTY NINE THOUSAND ONLY. * * * 10% MORE OR LESS ALLOWED)
3. PACKING: To be packed in strong wooden case(s), suitable for long distance ocean transportation.
4. SHIPPING MARK: The Seller shall mark each package with fadeless paint the package number, gross weight, measurement and the wording: "KEEP AWAY FROM MOUSTURE", "HANDLE WITH CARE", etc. and the shipping mark: ST05—016
BUSAN KOREA
5. TIME OF SHIPMENT: BEFORE OCTOBER 02, 2005
6. PORT OF SHIPMENT: MAIN PORTS OF CHINA
7. PORT OF DESTINATION: BUSAN, KOREA
8. INSURANCE: To be covered by the Buyer after shipment. (F. O. B. Terms)
9. DOCUMENT:
+Signed invoice indicating l/c No and Contract No.
+Full set(3/3) of clean on board ocean Bill of Lading marked "Freight to Collect"/"Freight Prepaid" made out to order blank endorsed notifying the applicant.
+Packing List/Weight List indicating quantity/gross and net weight.
+Certificate of Origin.
+No solid wood packing certificate issued by manufacturer.
10. OTHER CONDITIONS REQD IN LC:
+All banking charges outside the opening bank are for beneficiary' a/c.
+Do not mention any shipping marks in your L/C.
+Partial and transshipment allowed.
11. REMARKS: The last date of L/C opening: 20 August, 2005.

BANK OF KOREA LIMITED, BUSAN

SEQUENCE OF TOTAL	*27: 1/1
FORM OF DOC. CREDIT	*40A: IRREVOCABLE
DOC. CREDIT NUMBER	*20: S100—108085
DATE OF ISSUE	31C: 20050825
EXPIRY	*31D: DATE 20051001 PLACE APPLICANT'S COUNTRY
APPLICANT	*50 : JAE & SONS PAPERS COMPANY

203 LODIA HOTEL OFFICE, 1564, DONG－GU, BUSAN, KOREA

BENEFICIARY ＊59 : WONDER INTERNATIONAL COMPANY LIMITED NO. 529 QUIANG ROAD HE DONG DISTRICT, NANNING, CHINA

AMOUNT ＊32B: CURRENCY HKD AMOUNT 39,000.00

AVAILABLE WITH/BY: ＊41D: ANY BANK IN CHINA BY NEGOTIATION

DRAFTS AT... 42C: DRAFT AT 90 DAYS AT SIGHT FOR FULL INVOICE COST

DRAWEE 42A: BANK OF KOREA LIMITED, BUSAN

PARTIAL SHIPMENTS 43P: NOT ALLOWED

TRANSSHIPMENT 43T: NOT ALLOWED

LOADING IN CHARGE 44A: MAIN PORTS OF CHINA

FOR TRANSPORT TO.. 44B: MAIN PORTS OF KOREA

LATEST DATE OF SHIP 44C: 20051031

SHIPMENT PERIOD 44 :

DESCRIPT OF GOODS 45A:

＋COMMODITY: UNBLEACHED KRAET LINEBOARD.

U/P: HKD390,00/MT

TOTAL: 100MT±10% ARE ALLOWED.

PRICE TERM: CIF BUSAN KOREA

COUNTRY OF ORIGIN: PER CHINA

PACKING: STANDARD EXPORT PACKING

SHIPPING MARK: ST05－016

BUSAN KOREA

DOCUMENTS REQUIRED 46A:

1. COMMERCIAL INVOICE IN 3 COPIES INDICATING LC NO. & CONTRACT NO. ST05－018

2. FULL SET OF CLEAN ON BOARD OCEAN BILL OF lADING MARKED OUT TO ORDER AND BLANK ENDORSED, MARKED FREIGHT TO COLLECT, NOTIFYING THE APPLICANT.

3. PACKING LIST /WEIGHT LIST IN 3 COPIES INDICATING QUANTITY/GROSS AND NET WEIGHTS.

4. CERTIFICATE OF ORIGIN IN 3 COPIES.

ADDITIONAL COND. 47B: ALL DOCUMENTARY ARE TO BE PRESENTED TO US IN ONE LOT BY COURIER/SPEED POST.

DETAILS OF CHARGES 71B: ALL BANKING CHARGES OUTSIDE OF OPENING BANK ARE FOR BENEFICIARY'S ACCOUNT.

PRESENTATION PERIOD 48 : DOCUMENTS TO BE PRESENTED WITHIN 21 DAYS AFTER THE DATE OF SHIPMENT BUT WITHIN THE VALIDITY OF THE CREDIT

CONFIRMATION ＊49: WITHOUT

INSTRUCTIONS 78:

＋WE HEREBY UNDERTAKE THAT DRAFTS DRAWN UNDER AND IN COMPLY

WITH THE TERMS AND CONDITIONS OF THIS CREDIT WILL BE PAID MATURITY.

SEND. TO REC. INFO. 72:/SUBJECT U. C. P. 1993 ICC PUBLICATION 500

解答和分析:经审核信用证存在如下问题:

(1)开证日期晚于合同要求。因为在合同的第11款REMARKS当中提到"The last date of L/C opening: 20 August,2005",而信用证中DATE OF ISSUE中明确注明开证日期是"20050825"。

(2)有效期早于最迟装运期。因为在合同的第5款TIME OF SHIPMENT当中提到"BEFORE OCTOBER 02,2005",而信用证中EXPIRY DATE注明的是"20051001"。

(3)到期地点应为受益人所在地。信用证中注明EXPIRY PLACE是"APPLICANT'S COUNTRY",这一项不利于保障受益人的权利,应改为"BENEFICIARY'S COUNTRY"。

(4)申请人地址有误。因为合同的买方和信用证的申请人是同一个主体,地址应该是一样的;但是合同中BUYER的地址是"203 LODIA HOTEL OFFICE 1546, DONG－GU,BUSAN,KOREA",而信用证中APPLICANT的地址是"203 LODIA HOTEL OFFICE,1564,DONG－GU,BUSAN, KOREA"。

(5)受益人地址有误。因为合同的卖方和信用证的受益人是同一个主体,地址应该是一样的;但是合同中SELLER的地址是"NO. 529,QUIANG ROAD HE DONG DISTRICT,NANJING CHINA",而信用证中BENEFICIARY的地址是"NO. 529 QUIANG ROAD HE DONG DISTRICT, NANNING, CHINA"。

(6)信用证金额币别有误。因为在合同的第2款TOTAL VALUE当中提到"USD39,000.00(SAY U. S. DOLLARS THIRTY NINE THOUSAND ONLY. ×××10% MORE OR LESS ALLOWED)",而信用证中AMOUNT注明的是"CURRENCY HKD AMOUNT 39,000.00"。

(7)汇票期限有误。因为信用证中注明"DRAFT AT 90 DAYS AT SIGHT",后面一个"AT"应改为"AFTER"。

(8)未注明金额允许10%增减。因为在合同的第2款TOTAL VALUE当中提到"10% MORE OR LESS ALLOWED",但信用证中忽略了这一点。

(9)应允许分批和转船。因为在合同的第10款OTHER CONDITIONS REQD IN LC当中提到"Partial and transshipment allowed",而信用证中PARTIAL SHIPMENTS和TRANSSHIPMENT注明的都是"NOT ALLOWED"。

(10)目的港有误。因为在合同的第7款PORT OF DESTINATION当中提到"BUSAN, KOREA",而信用证中FOR TRANSPORT TO注明的是"MAIN PORTS OF KOREA"。

(11)装运期与合同不符。因为在合同的第5款TIME OF SHIPMENT当中提到"BEFORE OCTOBER 02, 2005",而信用证中LATEST DATE OF SHIP注明的是"20051031"。

(12)单价币别有误。因为在合同的第1款UNIT PRICE当中提到结算货币是"USD",而信用证中DESCRIPT OF GOODS的U/P注明的是港币"HKD"。

(13)贸易术语有误。因为在合同的第8款INSURANCE当中提到"F. O. B. Terms",而信用证中DESCRIPT OF GOODS的PRICE TERM注明的是"CIF BUSAN KOREA"。

(14)关于包装的表述与合同不符。因为在合同的第3款PACKING当中提到"To be packed in strong wooden case(s), suitable for long distance ocean transportation",而信用证中DESCRIPT OF GOODS的PACKING注明的是"STANDARD EXPORT PACKING"。

(15)商业发票未要求签署。因为在合同的第9款DOCUMENT当中提到"Signed invoice",而在信用证中DOCUMENTS REQUIRED仅提到了"COMMERCIAL INVOICE IN 3 COPIES INDICATING LC NO. & CONTRACT NO. ST05－018",没有作出签字的要求。

(16)合同号有误。因为合同的号码是"NO:ST05－016",而信用证中DOCUMENTS REQUIRED提到"COMMERCIAL INVOICE IN 3 COPIES INDICATING LC NO. & CONTRACT NO. ST05－018"。

(17)应注明正本提单一式三份。因为在合同的第9款DOCUMENT当中提到提单的要求是"Full set(3/3) of clean on board ocean Bill of Lading...",而信用证中DOCUMENTS REQUIRED对于提单要求的表述为"FULL SET OF CLEAN ON BOARD OCEAN BILL OF LADING MARKED OUT TO ORDER AND BLANK ENDORSED, MARKED FREIGHT TO COLLECT, NOTIFYING THE APPLICANT",没有具体指明全套是多少份数。

(18)运费到付有误。因为在合同的第8款INSURANCE当中提到"F. O. B. Terms",即"Free on board",显然是由卖方来支付运费的;而在信用证中DOCUMENTS REQUIRED对于提单要求的表述为"FREIGHT TO COLLECT",显然和FOB术语的要求不符合。

(19)漏了要求提供非实木证明。因为在合同的第 9 款 DOCUMENT 中要求提供“No solid wood packing certificate issued by manufacturer”,而信用证 DOCUMENTS REQUIRED 中根本没有该内容。

实训五　信用证内容的审核

一、实训目的

1. 熟悉 SWIFT 格式信用证的基本内容。
2. 具备审核信用证的能力。

二、实训内容

请审核以下信用证是否存在不符合国际惯例的条款以及是否存在不能接受的软条款。提出信用证修改意见并用英文表述。

SWIFT Message Type	:MT:700 Issue of Documentary Credit
Correspondents BIC/TID	:IO:OCBCGB2LXXX BIC identified as: OVERSEAS CHINESE BANKING CORP. LTD LONDON, UNITED KINGDOM
Sequence of Total	:27:1/1
Form of Documentary Credit	:40A:IRREVOCABLE TRANSFERABLE
Documentary Credit Number	:20:330－01－789XF
Date of Issue	:31C:2009.4.10
Date and Place of Expiry	:31D:2009.6.11 CHINA
Applicant	:50:WORLD GARMENTS CO. LTD. STERLING HOUSE, LANGSTON ROAD, UNITED KINGDOM
Beneficiary	:59: HANGZHOU SILK PRODUCTS CO. LTD. 285 JIANGUO ZHONG ROAD, HANGZHOU, CHINA
Currency Code and Amount	:32B:USD50000.00
Percentage Credit Amount Tolerance	:39A:2/2
Available with... By...	:41D:ANY BANK BY NEGOTIATION
Drafts at...	:42C:60 DAYS AFTER SIGHT
Drawee	:42D:WORLD GARMENTS CO. LTD.

STERLING HOUSE, LANGSTON ROAD,
UNITED KINGDOM

Partial Shipments :43P: ALLOWED
Transshipment :43T: NOT ALLOWED
Port of Loading/Airport of Departure :44E: NINGBO PORT
Port of Discharge/Airport of... Destination :44F: FELIXSTOWE PORT
Latest Date of Shipment :44C: 2009. 6. 25
Description of Goods and/or Services :45A:

WOVEN GARMENTS AS PER SALES CONFIRMATION NO. 09AH87R2 DATED FEBRUARY 20, 2009.

ORIGIN: CHINA

QUANTITY	UNIT PRICE	VALUE
10000PCS	USD5. 50	USD55000. 00

SHIPPING TERM: CIF FELIXSTOWE

Documents Required :46A:

+SIGNED COMMERCIAL INVOICE IN QUADRUPLICATE.

+FULL SET OF ORIGINAL 3/3 CLEAN ON BOARD MARINE BILLS OF LADING MADE OUT TO THE ORDER OF OVERSEAS CHINESE BANKING COPRORATION LIMITED, LONDON, U. K. AND BLANK ENDORSED, MARKED 'FREIGHT PAYABLE AT DESTINATION', NOTIFY APPLICANT.

+SIGNED PACKING LIST IN QUADRUPLICATE.

+G. S. P. CERTIFICATE OF ORIGIN FORM A IN DUPLICATE.

+INSPECTION CERTIFICATE ISSUED AND SIGNED BY AN AUTHORIZED SIGNATORY OF APPLICANT, WHOSE SIGNATURE MUST BE IN CONFORMITY WITH THE SPECIMEN HELD BY THE ISSUING BANK, STATING THAT THE GOODS COMPLY IN ALL RESPECTS WITH SAMPLES SUBMITTED.

+ORIGINAL BENEFICIARY'S CERTIFICATE CERTIFYING THAT ONE COMPLETE SET OF COPY DOCUMENTS HAVE BEEN SENT TO THE APPLICANT WITHIN FIVE DAYS OF SHIPMENT DATE BY FAX.

Additional Conditions :47A:

1. 2 PERCENT MORE OR LESS ON TOTAL CREDIT AMOUNT, TOTAL QUANTITY IS ACCEPTABLE.
2. PACKING LIST TO EVIDENCE GOODS PACKED IN SEA WORTHY PACKING.

3. B/L TO EVIDENCE GOODS SHIPPED IN 20 FEET HIGH CUBE CONTAINER.
4. A DISCREPANCY HANDLING FEE USD60.00 WILL BE DEDUCTED FROM THE PROCEEDS ON EACH SET OF DOCUMENTS PRESENTED WITH DISCREPANCIES.
5. UNLESS OTHERWISE STATED, ALL DOCUMENTS REQUIRED TO BE PRESENTED MUST BE IN ENGLISH.
6. THIS CREDIT IS NON－OPERATIVE UNLESS THE NAME OF CARRYING VESSEL HAS BEEN APPROVED BY APPLICANT AND ADVISED BY L/C ISSUING BANK BY AN AMENDMENT TO BENEFICIARY.
7. THIS L/C IS TRANSFERABLE THROUGH ADVISING BANK ONLY. TRANSFER MADE UNDER THIS CREDIT MUST BE ADVISED TO US BY THE TRANSFER BANK AT THE TIME OF TRANSFER.

Charges :71B: ALL BANKING CHARGES OUTSIDE UNITED KINGDOM, INCLUDING REIMBURSEMENT CHARGES, IF ANY, ARE FOR ACCOUNT OF BENEFICIARY.

Period for Presentation :48: DOCUMENTS MUST BE PRESENTED WITHIN 14 DAYS AFTER THE DATE OF SHIPMENT, BUT WITHIN THE VALIDITY OF THIS CREDIT.

Confirmation Instructions :49: WITHOUT

Inst/Paying/Accpt/Negotiate :78:

1. THE AMOUNTS DRAWN MUST BE ENDORSED ON THE REVERSE OF THIS LETTER OF CREDIT.
2. THE NEGOTIATING BANK IS TO FORWARD THE DRAFTS NEGOTIATED IN COMPLIANCE WITH THE TERMS ABOVE MENTIONED AND DOCUMENTS DIRECT TO OVERSEA CHINESE BANKING CORPORATION LIMITED, LONDON BRANCH, 1ST FLOOR, ALDERMARY HOUSE, 10－15 QUEEN STREET, LONDON EC4N 1TX, UNITED KINGDOM IN ONE LOT BY COURIER SERVICE.
3. UPON RECEIPT OF COMPLIANT DOCUMENTS, ISSUING BANK SHALL ADVISE THE MATURITY DATE AND REIMBURSE THE NEGOTIATING BANK IN ACCORDANCE WITH THE INSTRUCTION.

第三部分

国际结算常用中英词汇对照表

国际结算中英文词汇表

A

accept/acceptance　承兑
acceptance commission　承兑费
acceptance credit　承兑信用证
acceptance for honor　参加承兑
accepting bank　承兑行
acceptor　承兑人
acceptor for honor　参加承兑人
accommodation　融通
accommodation party　融通人
accountee　付款人
accounts receivable　应收账款
additional conditions　附加条款
advanced bill of lading　预借提单
advance payment guarantee　预付款保函
advance payment standby credit　预付款备用信用证
advising bank　通知行
affiliated bank　联营银行
Aflatoxin Risk　黄曲霉素险
agency office　办事处
air consignment note　航空运单
air transport document　空运单据
All Risks(A. R.)　一切险
anti-dated bill of lading　倒签提单

antidumping 反倾销政策的
applicant 申请人

B

back to back credit 背对背信用证
banker's acceptance bill 银行承兑汇票
banker's draft 银行汇票
banker's letter of guarantee 银行保函
bearer 持票来人
bearer/blank/open bill of lading 不记名提单
bearer cheque 不记名支票,空白支票
beneficiary 受益人
beneficiary's certificate/statement 受益人证明,受益人声明
bid bond standby credit 投标备用信用证
bill of exchange/draft 汇票
bill of lading 提单
branch 分行
brief cable 简电开证

C

cargo receipt 承运货物收据
carrier 承运人
cash against documents 凭单付现
cash on delivery 现金结算
cash payments 现金支付
catalogue 商品目录
certificate of classification 船级证明
certificate of deposit 大额存单
certificate of origin 原产地证明书
certificate of posting 投递证明
certificate of title 权利凭证

certificate of vessel's age　船龄证明
certificate of vessel's nationality　船籍证明
certified cheque　保付支票
chain debts　三角债
charter party　租船合约
charter party bill of lading　租船提单
cheque/check　支票
cheque for transfer　转账支票
chip card　芯片卡
claim settling agent　理赔代理人
clean bill　光票汇票
clean bill of lading　清洁提单
clean collection　光票托收
clean credit　光票信用证
clearing account　清算账户
clearing house automated payment system　伦敦清算所自动支付系统
clearing house interbank payment system　纽约清算所银行同业支付系统
clearing/payment system　清算系统,支付系统
client/customer　顾客,客户
collecting bank　代收行
collection　托收
collection application　托收申请书
collection bill purchased　托收出口押汇
collection instruction　托收指示
combined insurance certificate　联合保险凭证
commerce/trade　贸易
commercial acceptance bill　商业承兑汇票
commercial credit　商业信用证
commercial documents　商业单据
commercial draft　商业汇票
commercial invoice　商业发票
commercial standby credit　商业备用信用证
commission　佣金

compensation guarantee 补偿贸易保函
conference line certificate 班轮公会船只证明
confirmed credit 保兑信用证
confirming bank 保兑行
consignee 收货人
consignor 发货人
consortium bank 银团银行
consular invoice 领事发票
consumer 消费者
container bill of lading 集装箱提单
container freight station 集装箱货运站
container yard 集装箱堆场
contract 合同
control documents 控制文件
convertible 可兑换的
correspondent bank/correspondents 代理行
counter guarantor bank 反担保行
counter standby credit 反担保备用信用证
courier receipt 快邮收据
cover 头寸
cover note 暂保单
credit 贷记
credit card 信用卡
creditor 债权人
credit standing 信用状况
crossed cheque 划线支票
cumulative revolving credit 累积循环信用证
currency 货币
current price 现行价格,时价
customs clearing/clearance 清关,报关
customs declaration 报关单
customs duty 关税
customs duties guarantee 关税保函

customs invoice 海关发票
customs liquidation 清关
customs valuation 海关估价

D

dealer 经销商
debit 借记
debit card 借记卡
debtor 债务人
default 违约
deferred payment 延期付款
deferred payment credit 延期付款信用证
delivery 交付,交货
demand/sight bill 即期汇票
depository bank 账户行
direct bill of lading 直达提单
direct collection 直接托收
direct payment standby credit 直接付款备用信用证
discount 贴现
discrepancy 不符点
dishonor 退票
distribution channels 销售渠道
document 文件,单据
documents against acceptance 承兑交单
documents against payment after sight 远期付款交单
documents against payment at sight 即期付款交单
documents against payment at × days after sight to issue trust receipt in exchange for documents 凭信托收据借单
document of title 权利凭证单据
documentary bill 跟单汇票
documentary collection 跟单托收
documentary credit 跟单信用证

domestic/home/inland trade 国内贸易
drawee 受票人
drawer 出票人
due/maturity date 到期日
dumping 商品倾销
duplicate receipt 副收条

E

electronic bill of lading 电子提单
electronic data interchange 电子数据交换
endorsement 背书
endorser 背书人
exchange of foreign bank notes 外币兑换
export/exportation 出口
exporter 出口商
export factoring 出口保理
export licence 出口许可证

F

favorable balance of trade 贸易顺差
financial documents 金融单据
financial standby credit 融资备用信用证
foreign exchange 外汇
foreign exchange control 外汇管制
foreign exchange rate 汇率
forfeiting 福费廷,包买票据,票据包购
foul/unclean bill of lading 不清洁提单
franchise 免赔率
Free from Particular Average (F. P. A.) 平安险
freight 运费
freight forwarder 货运代理

freight forwarder's bill of lading　运输代理行提单
fresh bill of lading　正常提单
Fresh Water Rain Damage (F. W. R. D)　淡水雨淋险
full cable 全电开证
full container load　整箱货
fundamental documents　基本单据

G

general average　共同海损
generalized system of preferences　普惠制
goods sold　售定
goodwill　商誉
gross margin　毛利
gross weight　毛重
guarantee　保证
guarantor　保证人
guarantor bank　担保行

H

hedge　套期交易
holder　持票人
hot money　热钱,游资
house air waybill　航空分运单
house bill of lading　分提单

I

import/importation　进口
importer　进口商
Import Duty Risk　进口关税险
import factoring　进口保理

import license 进口许可证
inland waterway transport document 内陆水运单据
inspection certificate of analysis 分析证书
inspection certificate of disinfection 消毒检验证书
inspection certificate of fumigation 熏蒸证书
inspection certificate of health 健康证书
inspection certificate of quality 品质检验证书
inspection certificate of quantity 数量检验证书
inspection certificate of weight 重量检验证书
insurable risks 可保风险
insurance 保险
insurance agent 保险代理人
insurance broker 保险经纪人
insurance certificate 保险凭证
insurance company 保险公司
insurance documents 保险单据
insurance policy 保险单
insurance premium 保险费
insurance standby credit 保险备用信用证
insured 被保险人
insurer 承保人
intangible asset 无形资产
integration 结合,合并
interest 利息
international exchange 国际汇兑
international factoring 国际保理
international market price 国际市场价格
international non-trade settlement 国际非贸易结算
international settlements 国际结算
international trade 国际贸易
investment 投资
invisible trade 无形贸易
invisible trade settlement 无形贸易结算

invoice 发票
inward collection 进口代收
inward remittance 汇入汇款
irrevocable confirmed documentary credit 不可撤销保兑信用证
irrevocable letter of credit 不可撤销信用证
irrevocable negotiation documentary credit 不可撤销议付信用证
irrevocable straight documentary credit 不可撤销直接信用证
issue 出票
issuing bank 开证行

L

landing charges 卸货费
lease 租赁,租约
lease guarantee 租赁保函
lessee 承租人
lesser 出租人
less than container load 拼箱货
letter of credit 信用证
letter of guarantee 保函
liability 负债
license 许可证,牌照
liner bill of lading 班轮提单
liquidity 流动性,变现能力
loan 贷款
long form bill of lading 全式提单
loss 损失

M

magnetic strip card 磁条卡
maker 出票人
mail transfer 信汇

maintenance guarantee　维修保函
manufacturer　制造商，制造厂
manufacturer's invoice　厂商发票
marine/ocean bill of lading　海运提单
marine insurance　海上保险
master air waybill　航空总运单
master bill of lading　主提单
mate's receipt　大副收据
maximum　最大的、最大限度的
medium　中等的，中级的
merchandise　商品
merchant　商人
metric ton　公吨
middleman　中间商，经纪人
minimum　最小的，最低限度的
money transfer　资金转移
mortgage　抵押，按揭
mortgagee　受押者，贷款人
mortgagor　抵押者，借款人
multimodal transport bill of lading　多式运输提单
multinational company　跨国公司

N

negotiation　流通转让，议付
negotiation/negotiating bank　议付行
negotiation credit　议付信用证
net price　净价
net weight　净重
nominated bank　被指定银行
non-cumulative revolving credit　非累积循环信用证
non-depository bank　非账户行
non-insurable risks　不可保风险

non-negotiable sea waybill　不可转让海运单
non-recourse factoring　无追索权保理
nostro account　往户账
notify party　被通知人

O

official documents　官方单据
On Deck Risk　舱面险
open account transaction　赊销
open cover　预约保单,开口保单
opener　开证人
order bill of lading　指示提单
order cheque　记名支票
original receipt　正收条
outward collection　出口托收
outward remittance　汇出汇款
overdraft　透支
overdraft guarantee　透支保函
overseas Chinese remittance　侨民汇款
owe　欠债

P

package　一包,一捆,一扎等
packing list　装箱单
packing loan　打包贷款
partial shipment　分批装运
particular average　单独海损
party　当事人
par value　票面值
payee　收款人
payer　付款人

payer for honor 参加付款人
paying bank 汇入行，付款行
payment 支出，付款
payment for honor 参加付款
payment guarantee 付款保函
payment in advance 预付货款
payment methods 支付方式
pay on delivery 货到付款
percentage 百分比
performance guarantee 履约保函
performance standby credit 履约备用信用证
phytosanitary certificate 植物检疫证书
piece 只，个，支等
port of destination 目的港
port of discharge 卸货港
port of loading 装运港
post receipt 邮政收据
premium 保险费，溢价
presentation/presentment 提示
presenting bank 提示行
price 价格
price list 价目表
price terms 价格术语
principal 委托人
prior party 前手
proceeds 货款，收入
processing guarantee 来料加工保函
profitability 盈利能力，盈利水平
proforma invoice 形式发票
promissory note 本票
property 财产
protectionist measure 贸易保护措施
protest 拒绝证书

Q

quality guarantee　质量保函
quoted price　报价

R

rail transport　铁路运输
rail transport document　铁路运输单据
rail waybill　铁路运单
receipt for the goods　货物收据
received for shipment bill of lading　收妥备运提单
reciprocal credit　对开信用证
recourse　追索
recourse factoring　有追索权保理
red clause credit　红条款信用证
redemption　偿还,赎回
rediscount　重贴现
reference　参考
refund　退款,退现
reimbursement　偿付,拨付
reimbursing bank　偿付行
reinsurance　再保险,分保
Rejection Risk 拒收险
remittance　汇款
remittance advice note　汇款通知书
remittance by banker's demand draft　票汇
remitter　汇款人
remitting bank　汇出行,托收行
representative office　代表处
representative to act as case-of-need　需要时代理
retailer/tradesman　零售商

retail price 零售价
reverse remittance 逆汇
revocable letter of credit 可撤销信用证
revolving credit 循环信用证
right of recourse 追索权
Risk of Clash and Breakage 碰损破碎险
Risk of Damage Caused by Breakage of Packing 包装破损险
Risk of Damage Caused by Sweating and/or Heating 受潮受热险
Risk of Failure to Delivery 交货不到险
Risk of Fresh Water and/or Rain Damage(FWRD) 淡水雨淋险
Risk of Hook Damage 钩损险
Risk of Intermixture and Contamination 混杂玷污险
Risk of Leakage 渗漏险
Risk of Odor 串味险
Risk of Rusting 生锈险
Risk of Shortage 短量险
Risk of Strikes,Riots and Civil Commotions(SRCC) 罢工暴动民变险
road transport document 公路运输单据
road waybill 公路运单

S

sanitary inspection certificate 卫生检验证书
schedule of terms and conditions 费率表
sea transport 海上运输
sea waybill 海运单
secured loan 担保贷款,抵押贷款
security 证券
semi-credit card 准贷记卡
settlement 结算
settlement of international non-trade 国际非贸易结算
settlement of international trade 国际贸易结算
share 股份,股票

shareholder 股东

shipped on board bill of lading 已装船提单

shipper 托运人

shipping advice 装船通知

shipping company's certificate 船公司证明

shipping marks 唛头

shipping note 装运通知单

Shortage Risk 短缺险

short form bill of lading 简式提单

sight bill 即期汇票

sight payment credit 即期付款信用证

society for worldwide interbank financial telecommunication 环球同业银行金融电讯协会

sold on consignment 寄售

sole agent 总代理

specimen of authorized signatures book 授权签字印鉴样本

speculation 投机

spot price 现货价格

stale bill of lading 过期提单

stamp duty 印花税

standby letter of credit 备用信用证

stock 存货,库存量;证券

stockholder 股东

straight bill of lading 记名提单

straight irrevocable letter of credit 直接不可撤销信用证

Strikes Risk 罢工险

style 式样,款式,类型

sub-branch 支行

subsidiary bank 附属银行

subsidiary company 附属公司

successor 后手

supplementary documents 附属单据

surplus 盈余

T

tangible asset　有形资产
tariff　关税
tariff barrier　关税壁垒
tax rate　税率
tax rebate　出口退税
telecommunication　电讯
telegram/telex　电报
telegraphic test key　电报密押
telegraphic transfer　电汇
tender guarantee　投标保函
tenor　期限
Theft,Pilferage and Non-Delivery Risk（TPND）　偷窃提货不着险
Through bill of lading　联运提单
time bill　远期汇票
time deposit　定期存款
title　物权
total value　总值
trade barrier　贸易壁垒
trade consultation　贸易磋商
trade mark　商标
trade partner　贸易伙伴
trade union　工会
trans-European automated real time gross settlement express transfer system　欧洲间实时全额自动清算系统
transferable　可转让的
transferable documentary credit　可转让跟单信用证
transport documents　运输单据
transport document covering at least two different modes of transport　多式运输单据
transshipment　转船运输

transshipment bill of lading　转运提单
traveler's cheque　旅行支票
traveler's letter of credit　旅行者信用证
treasury bill　国库券
trustee　被信托人
truster　信托人
trust receipt　信托收据
turnover　营业额,销售量

U

unclean bill of lading　不清洁提单
unconfirmed credit　不保兑信用证
underwriter　保险商
unfavorable balance of trade　贸易逆差

V

veterinary inspection certificate　兽医检验证书
visible trade　有形贸易
vostro account　来户账

W

waive　放弃
War Risk　战争险
weight list　重量单
wholesale price　批发价
wholesaler　批发商
With Particular Average（W. A. / W. P. A.）　水渍险

第四部分

常用国家和地区的货币符号及其代码

常用国家和地区的货币符号及其代码

国家和地区名称		ISO国际标准国家和地区名称		货币名称	ISO国际标准三字符货币代码
		字符代码	数字代码		
中国		CN	156	人民币元	CNY
美国		US	840	美元	USD
中国香港		HK	344	港元	HKD
英国		GB	826	英镑	GBP
瑞士		CH	756	瑞士法郎	CHF
瑞典		SE	752	瑞典克朗	SEK
丹麦		DK	208	丹麦克朗	DKK
挪威		ND	578	挪威克朗	NDK
欧元区国家	德国	DE	280	欧元	EUR
	法国	FR	250		
	荷兰	NL	528		
	意大利	IT	380		
	芬兰	FI	246		
	希腊	GR	300		
	西班牙	ES	724		
	葡萄牙	PT	620		
	奥地利	AT	040		
	比利时	BE	056		
	爱尔兰	IE	372		
	卢森堡	LU	442		

续表

国家和地区名　称	ISO 国际标准国家和地区名　称		货币名称	ISO 国际标准三字符货币代码
	字符代码	数字代码		
澳大利亚	AU	036	澳大利亚元	AUD
新西兰	NZ	554	新西兰元	NZD
加拿大	CA	124	加拿大元	CAD
新加坡	SG	702	新加坡元	SGD
巴基斯坦	PK	586	卢　比	PKR
日　本	JP	392	日　元	JPY
菲律宾	PH	608	比　索	PHP
泰　国	TH	764	泰　铢	THB
缅　甸	BU	104	缅　元	BUK
马来西亚	MY	458	林吉特	MYR
斯里兰卡	LK	144	卢　比	LKR
蒙　古	MN	496	圖格里克	MNT
印　度	IN	356	卢　比	INR
马耳他	MT	470	马耳他镑	MTP
朝　鲜	KP	408	圆	KPW
越　南	VN	704	越南盾	VND
尼泊尔	NP	524	卢　比	NPR
波　兰	PL	616	兹罗提	PLZ
捷　克	CS	200	克　朗	CSK
保加利亚	BG	100	列　弗	BGL
匈牙利	HU	348	福　林	HUF
罗马尼亚	RO	642	列　伊	ROL
阿尔巴尼亚	AL	008	列　克	ALL
伊拉克	IQ	368	第纳尔	IQD
伊　朗	IR	364	里亚尔	IRR

续表

国家和地区名称	ISO 国际标准国家和地区名称		货币名称	ISO 国际标准三字符货币代码
	字符代码	数字代码		
科威特	KW	414	第纳尔	KWD
阿尔及利亚	DZ	012	第纳尔	DZD
坦桑尼亚	TZ	834	先　令	TZS
加　纳	GH	288	塞　地	GHC
马　里	ML	466	法　郎	MLF
摩洛哥	MA	504	迪拉姆	MAD
塞拉利昂	SL	694	利　昂	SLL
几内亚	GN	324	西　里	GNS
赞比亚	ZM	894	克瓦查	ZMK
			清算人民币元×	C·RMB¥或C¥
			清算卢布	C·RBS
			清算英镑	C·GB£
			清算美元	C US$
			清算瑞士法郎	CL SF
			清算法国法郎	CL FF
			清算巴基斯坦卢比	CL PR

注：* 清算字样为C或CL，是Clearing(清算)的字头。

摘自庞红等：《国际结算》(第三版)，中国人民大学出版社，2005。

第五部分
国际结算惯例

国际结算惯例

惯例一

跟单信用证统一惯例 2006 年(修订本)
(国际商会第 600 号出版物)

第一条 UCP 的适用范围

《跟单信用证统一惯例——2007 年修订本,国际商会第 600 号出版物》(简称"UCP")乃一套规则,适用于所有的其文本中明确表明受本惯例约束的跟单信用证(下称信用证)(在其可适用的范围内,包括备用信用证)。除非信用证明确修改或排除,本惯例各条文对信用证所有当事人均具有约束力。

第二条 定义

就本惯例而言:

通知行指应开证行的要求通知信用证的银行。

申请人指要求开立信用证的一方。

银行工作日指银行在其履行受本惯例约束的行为的地点通常开业的一天。

受益人指接受信用证并享受其利益的一方。

相符交单指与信用证条款、本惯例的相关适用条款以及国际标准银行实务一致的交单。

保兑指保兑行在开证行承诺之外做出的承付或议付相符交单的确定承诺。

保兑行指根据开证行的授权或要求对信用证加具保兑的银行。

信用证指一项不可撤销的安排,无论其名称或描述如何,该项安排构成开证行对相符交单予以承付的确定承诺。

承付指:a. 如果信用证为即期付款信用证,则即期付款。b. 如果信用证为延期付款信用证，则承诺延期付款并在承诺到期日付款。c. 如果信用证为承兑信用证，则承兑受益人开出的汇票并在汇票到期日付款。

开证行指应申请人要求或者代表自己开出信用证的银行。

议付指指定银行在相符交单下，在其应获偿付的银行工作日当天或之前向受益人预付或者同意预付款项，从而购买汇票（其付款人为指定银行以外的其他银行）及/或单据的行为。

指定银行指信用证可在其处兑用的银行，如信用证可在任一银行兑用，则任何银行均为指定银行。

交单指向开证行或指定银行提交信用证项下单据的行为，或指按此方式提交的单据。

交单人指实施交单行为的受益人、银行或其他人。

第三条　解释

就本惯例而言：

如情形适用，单数词形包含复数含义，复数词形包含单数含义。

信用证是不可撤销的，即使未如此表明。

单据签字可用手签、摹样签字、穿孔签字、印戳、符号或任何其他机械或电子的证实方法为之。

诸如单据须履行法定手续、签证、证明等类似要求，可由单据上任何看似满足该要求的签字、标记、印戳或标签来满足。

一家银行在不同国家的分支机构被视为不同的银行。

用诸如“第一流的”、“著名的”、“合格的”、“独立的”、“正式的”、“有资格的”或“本地的”等词语描述单据的出单人时，允许除受益人之外的任何人出具该单据。

除非要求在单据中使用，否则诸如“迅速地”、“立刻地”或“尽快地”等词语将被不予理会。

“在或大概在（on or about）”或类似用语将被视为规定事件发生在指定日期的前后五个日历日之间，起讫日期计算在内。

“至（to）”、“直至（until、till）”、“从……开始（from）”及“在……之间（between）”等词用于确定发运日期时包含提及的日期，使用“在……之前（before）”及“在……之后（after）”时则不包含提及的日期。

“从……开始（from）”及“在……之后（after）”等词用于确定到期日时不包含提及的日期。

"前半月"及"后半月"分别指一个月的第一日到第十五日及第十六日到该月的最后一日,起讫日期计算在内。

一个月的"开始(beginning)"、"中间(middle)"及"末尾(end)"分别指第一到第十日、第十一日到第二十日及第二十一日到该月的最后一日,起讫日期计算在内。

第四条　信用证与合同

a. 就其性质而言,信用证与可能作为其开立基础的销售合同或其他合同是相互独立的交易,即使信用证中含有对此类合同的任何援引,银行也与该合同无关,且不受其约束。因此,银行关于承付、议付或履行信用证项下其他义务的承诺,不受申请人基于与开证行或与受益人之间的关系而产生的任何请求或抗辩的影响。

受益人在任何情况下不得利用银行之间或申请人与开证行之间的合同关系。

b. 开证行应劝阻申请人试图将基础合同、形式发票等文件作为信用证组成部分的做法。

第五条　单据与货物、服务或履约行为

银行处理的是单据,而不是单据可能涉及的货物、服务或履约行为。

第六条　兑用方式、截止日和交单地点

a. 信用证必须规定可在其处兑用的银行,或是否可在任一银行兑用。规定在指定银行兑用的信用证同时也可以在开证行兑用。

b. 信用证必须规定其是以即期付款、延期付款、承兑还是议付的方式兑用。

c. 信用证不得开成凭以申请人为付款人的汇票兑用。

d. i. 信用证必须定一个交单的截止日。规定的承付或议付的截止日将被视为交单的截止日。

ii. 可在其处兑用信用证的银行所在地即为交单地点。可在任一银行兑用的信用证其交单地点为任一银行所在地。除规定的交单地点外,开证行所在地也是交单地点。

e. 除非如第二十九条 a 款规定的情形,否则受益人或者代表受益人的交单应在截止日当天或之前完成。

第七条 开证行责任

a. 只要规定的单据提交给指定银行或开证行，并且构成相符交单，则开证行必须承付，如果信用证为以下情形之一：

i. 信用证规定由开证行即期付款，延期付款或承兑；

ii. 信用证规定由指定银行即期付款但其未付款；

iii. 信用证规定由指定银行延期付款但其未承诺延期付款，或虽已承诺延期付款，但未在到期日付款；

iv. 信用证规定由指定银行承兑，但其未承兑以其为付款人的汇票，或虽然承兑了汇票，但未在到期日付款。

v. 信用证规定由指定银行议付但其未议付。

b. 开证行自开立信用证之时起即不可撤销地承担承付责任。

c. 指定银行承付或议付相符交单并将单据转给开证行之后，开证行即承担偿付该指定银行的责任。对承兑或延期付款信用证下相符交单金额的偿付应在到期日办理，无论指定银行是否在到期日之前预付或购买了单据。开证行偿付指定银行的责任独立于开证行对受益人的责任。

第八条 保兑行责任

a. 只要规定的单据提交给保兑行，或提交给其他任何指定银行，并且构成相符交单，保兑行必须：

i. 承付，如果信用证为以下情形之一：

a)信用证规定由保兑行即期付款、延期付款或承兑；

b)信用证规定由另一指定银行延期付款，但其未付款；

c)信用证规定由另一指定银行延期付款，但其未承诺延期付款，或虽已承诺延期付款但未在到期日付款；

d)信用证规定由另一指定银行承兑，但其未承兑以其为付款人的汇票，或虽已承兑汇票未在到期日付款；

e)信用证规定由另一指定银行议付，但其未议付。

ii. 无追索权地议付，如果信用证规定由保兑行议付。

b. 保兑行自对信用证加具保兑之时起即不可撤销地承担承付或议付的责任。

c. 其他指定银行承付或议付相符交单并将单据转往保兑行之后，保兑行即承担偿付该指定银行的责任。对承兑或延期付款信用证下相符交单金额的偿付应在到期日办理,无论指定银行是否在到期日之前预付或购买了单据。保兑行偿付指定银行的责任独立于保兑行对受益人的责任。

d. 如果开证行授权或要求一银行对信用证加具保兑,而其并不准备照办,则其必须毫不延误地通知开证行,并可通知此信用证而不加保兑。

第九条　信用证及其修改的通知

a. 信用证及其任何修改可以经由通知行通知给受益人。非保兑行的通知行通知信用及修改时不承担承付或议付的责任。

b. 通知行通知信用证或修改的行为表示其已确信信用证或修改的表面真实性,而且其通知准确地反映了其收到的信用证或修改的条款。

c. 通知行可以通过另一银行("第二通知行")向受益人通知信用证及修改。第二通知行通知信用证或修改的行为表明其已确信收到的通知的表面真实性,并且其通知准确地反映了收到的信用证或修改的条款。

d. 经由通知行或第二通知行通知信用证的银行必须经由同一银行通知其后的任何修改。

e. 如一银行被要求通知信用证或修改但其决定不予通知,则应毫不延误地告知自其处收到信用证、修改或通知的银行。

f. 如一银行被要求通知信用证或修改但其不能确信信用证、修改或通知的表面真实性,则应毫不延误地通知看似从其处收到指示的银行。如果通知行或第二通知行决定仍然通知信用证或修改,则应告知受益人或第二通知行其不能确信信用证、修改或通知的表面真实性。

第十条　修改

a. 除第三十八条别有规定者外,未经开证行、保兑行(如有的话)及受益人同意,信用证既不得修改,也不得撤销。

b. 开证行自发出修改之时起,即不可撤销地受其约束。保兑行可将其保兑扩展至修改,并自通知该修改时,即不可撤销地受其约束。但是,保兑行可以选择将修改通知受益人而不对其加具保兑。若然如此,其必须毫不延误地将此告知开证行,并在其给受益人的通知中告知受益人。

c. 在受益人告知通知修改的银行其接受该修改之前,原信用证(或含有先前被接受的修改的信用证)的条款对受益人仍然有效。受益人应提供接受或拒绝修改的通知。如果受益人未能给予通知,当交单与信用证以及尚未表示接受的修改的要求一致时,即视为受益人已作出接受修改的通知,并且从此时起,该信用证被修改。

d. 通知修改的银行应将任何接受或拒绝的通知转告发出修改的银行。

e. 对同一修改的内容不允许部分接受，部分接受将被视为拒绝修改的通知。

f. 修改中关于除非受益人在某一时间内拒绝修改否则修改生效的规定应被不予理会。

第十一条　电讯传输的和预先通知的信用证和修改

a. 以经证实的电讯方式发出的信用证或信用证修改即被视为有效的用证或修改文据，任何后续的邮寄确认书应被不予理会。

如电讯声明“详情后告”(或类似用语)或声明以邮寄确认书为有效信用证或修改，则该电讯不被视为有效信用证或修改。开证行必须随即不迟延地开立有效信用证或修改，其条款不得与该电讯矛盾。

b. 开证行只有在准备开立有效信用证或作出有效修改时，才可以发出关于开立或修改信用证的初步通知（预先通知）。开证行作出该预先通知，即不可撤销地保证不迟延地开立或修改信用证，且其条款不能与预先通知相矛盾。

第十二条　指定

a. 除非指定银行为保兑行，对于承付或议付的授权并不赋予指定银行承付或议付的义务，除非该指定银行明确表示同意并且告知受益人。

b. 开证行指定一银行承兑汇票或做出延期付款承诺，即为授权该指定银行预付或购买其已承兑的汇票或已做出的延期付款承诺。

c. 非保兑行的指定银行收到或审核并转递单据的行为并不使其承担承付或议付的责任，也不构成其承付或议付的行为。

第十三条　银行之间的偿付安排

a. 如果信用证规定指定银行(“索偿行”)向另一方(“偿付行”)获取偿付时，必须同时规定该偿付是否按信用证开立时有效的 ICC 银行间偿付规则进行。

b. 如果信用证没有规定偿付遵守 ICC 银行间偿付规则，则按照以下规定：

i. 开证行必须给予偿付行有关偿付的授权，授权应符合信用证关于兑用方式的规定，且不应设定截止日。

ii. 开证行不应要求索偿行向偿付行提供与信用证条款相符的证明。

iii. 如果偿付行未按信用证条款见索即偿，开证行将承担利息损失以及产生的任何其他费用。

iv. 偿付行的费用应由开证行承担。然而，如果此项费用由受益人承担，开证行有责任在信用证及偿付授权中注明。如果偿付行的费用由受益人承担，该费用应在偿付时从付给索偿行的金额中扣取。如果偿付未发生，偿付行的费用仍由开证行负担。

c. 如果偿付行未能见索即偿，开证行不能免除偿付责任。

第十四条　单据审核标准

a. 按指定行事的指定银行、保兑行(如果有的话)及开证行须审核交单，并仅基于单据本身确定其是否在表面上构成相符交单。

b. 按指定行事的指定银行、保兑行(如有的话)及开证行各有从交单次日起至多五个银行工作日用以确定交单是否相符。这一期限不因在交单日当天或之后信用证截止日或最迟交单日届至而受到缩减或影响。

c. 如果单据中包含一份或多份受第十九、二十、二十一、二十二、二十三、二十四或二十五条规制的正本运输单据，则须由受益人或其代表在不迟于本惯例所指的发运日之后的二十一个日历日内交单，但是在任何情况下都不得迟于信用证的截止日。

d. 单据中的数据，在与信用证、单据本身以及国际标准银行实务参照解读时，无须与该单据本身中的数据、其他要求的单据或信用证中的数据等同一致、但不得矛盾。

e. 除商业发票外，其他单据中的货物、服务或履约行为的描述，如果有的话，可使用与信用证中的描述不矛盾的概括性用语。

f. 如果信用证要求提交运输单据、保险单据或者商业发票之外的单据，却未规定出单人或其数据内容，则只要提交的单据内容看似满足所要求单据的功能，且其他方面符合第十四条 d 款，银行将接受该单据。

g. 提交的非信用证所要求的单据将被不予理会，并可被退还给交单人。

h. 如果信用证含有一项条件，但未规定用以表明该条件得到满足的单据，银行将视为未作规定并不予理会。

i. 单据日期可以早于信用证的开立日期，但不得晚于交单日期。

j. 当受益人和申请人的地址出现在任何规定的单据中时，无须与信用证或其他规定单据中所载相同，但必须与信用证中规定的相应地址同在一国。联络细节(传真、电话、电子邮件及类似细节)作为受益人和申请人地址的一部分时将被不予理会。然而，如果申请人的地址和联络细节为第十九、二十、二十一、二十二、二十三、二十四或二十五条规定的运输单据上的收货人或通知方细节的一部分时，应与信用证规定的相同。

k. 在任何单据中注明的托运人或发货人无须为信用证的受益人。

l. 运输单据可以由任何人出具，无须为承运人、船东、船长或租船人，只要其符合第十九、二十、二十一、二十二、二十三或二十四条的要求。

第十五条　相符交单

a. 当开证行确定交单相符时，必须承付。

b. 当保兑行确定交单相符时，必须承付或者议付并将单据转递给开证行。

c. 当指定银行确定交单相符并承付或议付时，必须将单据转递给保兑行或开证行。

第十六条　不符单据、放弃及通知

a. 当按照指定行事的指定银行、保兑行(如有的话)或者开证行确定交单不符时，可以拒绝承付或议付。

b. 当开证行确定交单不符时，可以自行决定联系申请人放弃不符点。然而这并不能延长第十四条 b 款所指的期限。

c. 当按照指定行事的指定银行、保兑行(如有的话)或开证行决定拒绝承付或议付时，必须给予交单人一份单独的拒付通知。

该通知必须声明：

i. 银行拒绝承付或议付；及

ii. 银行拒绝承付或者议付所依据的每一个不符点；及

iii. a)银行留存单据听候交单人的进一步指示；或者

b)开证行留存单据直到其从申请人处接到放弃不符点的通知并同意接受该放弃，或者其同意接受对不符点的放弃之前从交单人处收到其进一步指示；或者

c)银行将退回单据；或者

d)银行将按之前从交单人处获得的指示处理。

d. 第十六条 c 款要求的通知必须以电讯方式，如不可能，则以其他快捷方式，在不迟于自交单之翌日起第五个银行工作日结束前发出。

e. 按照指定行事的指定银行、保兑行(如有的话)或开证行在按照第十六条 c 款 iii 项 a)或 b)发出了通知后，可以在任何时候将单据退还交单人。

f. 如果开证行或保兑行未能按照本条行事，则无权宣称交单不符。

g. 当开证行拒绝承付或保兑行拒绝承付或者议付，并且按照本条发出了拒

付通知后,有权要求返还已偿付的款项及利息。

第十七条　正本单据及副本

a. 信用证规定的每一种单据须至少提交一份正本。

b. 银行应将任何带有看似出单人的原始签名、标记、印戳或标签的单据视为正本单据,除非单据本身表明其非正本。

c. 除非单据本身另有说明,在以下情况下,银行也将其视为正本单据:

i. 单据看似由出单人手写、打字、穿孔或盖章;或者

ii. 单据看似使用出单人的原始信纸出具;或者

iii. 单据声明其为正本单据,除非该声明看似不适用于提交的单据。

d. 如果信用证要求提交单据的副本,提交正本或副本均可。

e. 如果信用证使用诸如"一式两份(in duplicate)"、"两份(in two fold)"、"两套(in two copies)"等用语要求提交多份单据,则提交至少一份正本,其余使用副本即可满足要求,除非单据本身另有说明。

第十八条　商业发票

a. 商业发票:

i. 必须看似由受益人出具(第三十八条规定的情形除外);

ii. 必须出具成以申请人为抬头(第三十八条 g 款规定的情形除外);

iii. 必须与信用证的货币相同;且

iv. 无须签名

b. 按指定行事的指定银行、保兑行(如有的话)或开证行可以接受金额大于信用证允许金额的商业发票,其决定对有关各方均有约束力,只要该银行对超过信用证允许金额的部分未作承付或者议付。

c. 商业发票上的货物、服务或履约行为的描述应该与信用证中的描述一致。

第十九条　涵盖至少两种不同运输方式的运输单据

a. 涵盖至少两种不同运输方式的运输单据(多式或联合运输单据),无论名称如何,必须看似:

i. 表明承运人名称并由以下人员签署:

* 承运人或其具名代理人,或

* 船长或其具名代理人。

承运人、船长或代理人的任何签字,必须标明其承运人、船长或代理人的

身份。

代理人签字必须表明其系代表承运人还是船长签字。

ii. 通过以下方式表明货运站物已经在信用证规定的地点发送、接管或已装船。

* 事先印就的文字，或者

* 表明货物已经被发送、接管或装船日期的印戳或批注。

运输单据的出具日期将被视为发送、接管或装船的日期，也即发运的日期。

然而如单据以印戳或批注的方式表明了发送、接管或装船日期，该日期将被视为发运日期。

iii. 表明信用证规定的发送、接管或发运地点，以及最终目的地，即使：

a)该运输单据另外还载明了一个不同的发送、接管或发运地点或最终目的地，或者，

b)该运输单据载有“预期的”或类似的关于船只，装货港或卸货港的限定语。

iv. 为唯一的正本运输单据，或者，如果出具为多份正本，则为运输单据中表明的全套单据。

v. 载有承运条款和条件，或提示承运条款和条件参见别处（简式/背面空白的运输单据）。

银行将不审核承运条款和条件的内容。

vi. 未表明受租船合同约束。

b. 就本条而言，转运指在从信用证规定的发送、接管或者发运地点最终目的地的运输过程中从某一运输工具上卸下货物并装上另一运输工具的行为（无论其是否为不同的运输方式）。

c. i. 运输单据可以表明货物将要或可能被转运，只要全程运输由同一运输单据涵盖。

ii. 即使信用证禁止转运，注明将要或者可能发生转运的运输单据仍可接受。

第二十条 提单

a. 提单，无论名称如何，必须看似：

i. 表明承运人名称，并由下列人员签署：

* 承运人或其具名代理人，或者

* 船长或其具名代理人。

承运人,船长或代理人的任何签字必须标明其承运人,船长或代理人的身份。

代理人的任何签字必须标明其系代表承运人还是船长签字。

ii. 通过以下方式表明货物已在信用证规定的装货港装上具名船只:

* 预先印就的文字,或

* 已装船批注注明货物的装运日期。

提单的出具日期将被视为发运日期,除非提单载有表明发运日期的已装船批注,此时已装船批注中显示的日期将被视为发运日期。

如果提单载有"预期船只"或类似的关于船名的限定语,则需以已装船批注明确发运日期以及实际船名。

iii. 表明货物从信用证规定的装货港发运至卸货港。

如果提单没有表明信用证规定的装货港为装货港,或者其载有"预期的"或类似的关于装货港的限定语,则需以已装船批注表明信用证规定的装货港、发运日期以及实际船名。

即使提单以事先印就的文字表明了货物已装载或装运于具名船只,本规定仍适用。

iv. 为唯一的正本提单,或如果以多份正本出具,为提单中表明的全套正本。

v. 载有承运条款和条件,或提示承运条款和条件参见别外(简式/背面空白的提单)。银行将不审核承运条款和条件的内容。

vi. 未表明受租船合同约束。

b. 就本条而言,转运系指在信用证规定的装货港到卸货港之间的运输过程中,将货物从一船卸下并再装上另一船的行为。

c. i. 提单可以表明货物将要或可能被转运,只要全程运输由同一提单涵盖。

ii. 即使信用证禁止转运,注明将要或可能发生转运的提单仍可接受,只要其表明货物由集装箱、拖车或子船运输。

d. 提单中声明承运人保留转运权利的条款将被不予理会。

第二十一条　不可转让的海运单

a. 不可转让的海运单,无论名称如何,必须看似:

i. 表明承运人名称并由下列人员签署:

* 承运人或其具名代理人,或者

* 船长或其具名代理人。

承运人、船长或代理人的任何签字必须标明其承运人、船长或代理人的身份。

代理签字必须标明其系代表承运人还是船长签字。

ii. 通过以下方式表明货物已在信用证规定的装货港装上具名船只：

* 预先印就的文字，或者

* 已装船批注表明货物的装运日期。

不可转让海运单的出具日期将被视为发运日期，除非其上带有已装船批注注明发运日期，此明已装船批注注明的日期将被视为发运日期。

如果不可转让海运单载有“预期船只”或类似的关于船名的限定语，则需要以已装船批注表明发运日期和实际船名。

iii. 表明货物从信用证规定的装货港发运至卸货港。

如果不可转让海运单未以信用证规定的装货港为装货港，或者如果其载有“预期的”或类似的关于装货港的限定语，则需要以已装船批注表明信用证规定的装货港、发运日期和船只。

即使不可转让海运单以预先印就的文字表明货物已由具名船只装载或装运，本规定也适用。

iv. 为唯一的正本不可转让海运单，或如果以多份正本出具，为海运单上注明的全套正本。

v. 载有承运条款的条件，或提示承运条款和条件参见别处（简式/背面空白的海运单）。银行将不审核承运条款和条件的内容。

vi. 未注明受租船合同约束。

b. 就本条而言，转运系指在信用证规定的装货港到卸货之间的运输过程中，将货物从一船卸下并装上另一船的行为。

c. i. 不可转让海运单可以注明货物将要或可能被转运，只要全程运输由同一海运单涵盖。

ii. 即使信用证禁止转运，注明转运将要或可能发生的不可转让的海运单仍可接受，只要其表明货物装于集装箱，拖船或子船中运输。

d. 不可转让的海运单中声明承运人保留转运权利条款将被不予理会。

第二十二条　租船合同提单

a. 表明其受租船合同约束的提单（租船合同提单），无论名称如何，必须看似：

i. 由以下员签署：

* 船长或其具名代理人，或

* 船东或其具有名代理人，或

* 租船人或其具有名代理人。

船长、船东、租船人或代理人的任何签字必须标明其船长、船东、租船人或代理人的身份。

代理人签字必须表明其系代表船长、船东还是租船人签字。

代理人代表船东或租船人签字时必须注明船东或租船人的名称。

ii. 通过以下方式表明货物已在信用证规定的装货港装上具名船只：

* 预先印就的文字，或者

* 已装船批注注明货物的装运日期

租船合同提单的出具日期将被视为发运日期，除非租船合同提单载有已装船批注注明发运日期，此时已装船批注上注明的日期将被视为发运日期。

iii. 表明货物从信用证规定的装货港发运至卸货港。卸货港也可显示为信用证规定的港口范围或地理区域。

iv. 为唯一的正本租船合同提单，或如以多份正本出具，为租船合同提单注明的全套正本。

b. 银行将不审核租船合同，即使信用证要求提交租船合同。

第二十三条　空运单据

a. 空运单据，无论名称如何，必须看似：

i. 表明承运人名称，并由以下人员签署：

* 承运人，或

* 承运人的具名代理人。

承运人或其代理人的任何签字必须标明其承运人或代理人的身份。

代理人签字必须表明其系代表承运人签字。

ii. 表明货物已被收妥待运。

iii. 表明出具日期。该日期将被视为发运日期，除非空运单据载有专门批注注明实际发运日期，此时批注中的日期将被视为发运日期。

空运单据中其他与航班号和航班日期相关的信息将不被用来确定发运日期。

iv. 表明信用证规定的起飞机场和目的地机场。

v. 为开给发货人或托运人的正本，即使信用证规定提交全套正本。

vi. 载有承运条款和条件，或提示条款和条件参见别处。银行将不审核承运条款和条件的内容。

b. 就本条而言，转运是指在信用证规定的起飞机场到目的地机场的运输过程中，将货物从一飞机卸下再装上另一飞机的行为。

c. i. 空运单据可以注明货物将要或可能转运，只要全程运输由同一空运单据涵盖。

ii. 即使信用证禁止转运，注明将要或可能发生转运的空运单据仍可接受。

第二十四条　公路、铁路或内陆水运单据

a. 公路、铁路或内陆水运单据，无论名称如何，必须看似：

i. 表明承运人名称，并且

* 由承运人或其具名代理人签署，或者

* 由承运人或其具名代理人以签字、印戳或批注表明货物收讫。

承运人或其具名代理人的收货签字、印戳或批注必须标明其承运人或代理人的身份。代理人的收货签字、印戳或批注必须标明代理人系代理承运人签字或行事。

如果铁路运输单据没有指明承运人，可以接受铁路运输公司的任何签字或印戳作为承运人签署单据的证据。

ii. 表明货物的信用规定地点的发运日期，或者收讫待运或待发送的日期。

运输单据的出具日期将被视为发运日期，除非运输单据上盖有带日期的收货印戳，或注明了收货日期或发运日期。

iii. 表明信用证规定的发运地及目的地。

b. i. 公路运输单据必须看似为开给发货人或托运人的正本，或没有任何标记表明单据开给何人。

ii. 注明“第二联”的铁路运输单据将被作为正本接受。

iii. 无论是否注明正本字样，铁路或内陆水运单据都被作为正本接受。

c. 如运输单据上未注明出具的正本数量，提交的份数即视为全套正本。

d. 就本条而言，转运是指在信用证规定的发运、发送或运送的地点到目的地之间的运输过程中，在同一运输方式中从一运输工具卸下再装上另一运输工具的行为。

e. i. 只要全程运输由同一运输单据涵盖，公路、铁路或内陆水运单据可以注明货物将要或可能被转运。

ii. 即使信用证禁止转运，注明将要或可能发生转运的公路、铁路或内陆水运单据仍可接受。

第二十五条 快递收据、邮政收据或投邮证明

a. 证明货物收讫待运的快递收据，无论名称如何，必须看似：

i. 表明快递机构的名称，并在信用证规定的货物发运地点由该具名快递机构盖章或签字；并且

ii. 表明取件或收件的日期或类似词语，该日期将被视为发运日期。

b. 如果要求显示快递费用付讫或预付，快递机构出具的表明快递费由收货人以外的一方支付的运输单据可以满足该项要求。

c. 证明货物收讫待运的邮政收据或投邮证明，无论名称如何，必须看似在信用证规定的货物发运地点盖章或签署并注明日期。该日期将被视为发运日期。

第二十六条 "货装舱面"、"托运人装载和计数"、"内容据托运人报称"及运费之外的费用

a. 运输单据不得表明货物装于或者将装于舱面。声明货物可能装于舱面的运输单据条款可以接受。

b. 载有诸如"托运人装载和计数"或"内容据托运人报称"条款的运输单据可以接受。

c. 运输单据上可以以印戳或其他方法提及运费之外的费用。

第二十七条 清洁运输单据

银行只接受清洁运输单据，清洁运输单据指未载有明确宣称货物或包装有缺陷的条款或批注的运输单据。"清洁"一词并不需要在运输单据上出现，即使信用证要求运输单据为"清洁已装船"的。

第二十八条 保险单据及保险范围

a. 保险单据，例如保险单或预约保险项下的保险证明书或者声明书，必须看似由保险公司或承保人或其代理人或代表出具并签署。

b. 如果保险单据表明其以多份正本出具，所有正本均须提交。

c. 暂保单将不被接受。

d. 可以接受保险单代预约保险项下的保险证明书或声明书。

e. 保险单据日期不得晚于发运日期，除非保险单据表明保险责任不迟于发运日生效。

f. i. 保险单据必须表明投保金额并以与信用证相同的货币表示。

ii. 信用证对于投保金额为货物价值、发票金额或类似金额的某一比例的要求，将被视为对最低保额的要求。

如果信用证对投保金额未做规定，投保金额须至少为货物的 CIF 或 CIP 价格的 110%。

如果从单据中不能确定 CIF 或者 CIP 价格，投保金额必须基于要求承付或议付的金额，或者基于发票上显示的货物总值来计算，两者之中取金额较高者。

iii. 保险单据须表明承保的风险区间至少涵盖从信用证规定的货物接管地或发运地开始到卸货地或最终目的地为止。

g. 信用证应规定所需投保的险别及附加险（如有的话）。如果信用证使用诸如“通常风险”或“惯常风险”等含义不确切的用语，则无论是否有漏保之风险，保险单据将被照样接受。

h. 当信用证规定投保“一切险”时，如保险单据载有任何“一切险”批注或条款，无论是否有“一切险”标题，均将被接受，即使其声明任何风险除外。

i. 保险单据可以援引任何除外条款。

j. 保险单据可以注明受免赔率或免赔额（减除额）约束。

第二十九条　截止日或最迟交单日的顺延

a. 如果信用证的截止日或最迟交单日适逢接受交单的银行非因第三十六条所述原因而歇业，则截止日或最迟交单日，视何者适用，将顺延至其重新开业的第一个银行工作日。

b. 如果在顺延后的第一个银行工作日交单，指定银行必须在其致开证行或保兑行的面函中声明交单是在根据第二十九条 a 款顺延的期限内提交的。

c. 最迟发运日不因第二十九条 a 款规定的原因而顺延。

第三十条　信用证金额、数量与单价的伸缩度

a. “约”或“大约”用于信用证金额或信用证规定的数量或单价时，应解释为允许有关金额或数量或单价有不超过 10%的增减幅度。

b. 在信用证未以包装单位件数或货物自身件数的方式规定货物数量时，货物数量允许有 5%的增减幅度，只要总支取金额不超过信用证金额。

c. 如果信用证规定了货物数量，而该数量已全部发运，及如果信用证规定了单价，而该单价又未降低，或当第三十条 b 款不适用时，则即使不允许部分装运，也允许支取的金额有 5%的减幅。若信用证规定有特定的增减幅度或使用第三十条 a 款提到的用语限定数量，则该减幅不适用。

第三十一条 部分支款或部分发运

a.允许部分支款或部分发运。

b.表明使用同一运输工具并经由同次航程运输的数套运输单据在同一次提交时,只要显示相同目的地,将不视为部分发运,即使运输单据上表明的发运日期不同或装货港、接管地或发运地点不同。如果交单由数套运输单据构成,其中最晚的一个发运日将被视为发运日。

含有一套或数套运输单据的交单,如果表明在同一种运输方式下经由数件运输工具运输,即使运输工具在同一天出发运往同一目的地,仍将被视为部分发运。

c.含有一份以上快递收据、邮政收据或投邮证明的交单,如果单据看似由同一快递或邮政机构在同一地点和日期加盖印戳或签字并且表明同一目的地,将不视为部分发运。

第三十二条 分期支款或分期发运

如信用证规定在指定的时间段内分期支款或分期发运,任何一期未按信用证规定期限支取或发运时,信用证对该期及以后各期均告失效。

第三十三条 交单时间

银行在其营业时间外无接受交单的义务。

第三十四条 关于单据有效性的免责

银行对任何单据的形式、充分性、准确性、内容真实性,虚假性或法律效力,或对单据中规定或添加的一般或特殊条件,概不负责;银行对任何单据所代表的货物、服务或其他履约行为的描述、数量、重量、品质、状况、包装、交付、价值或其存在与否,或对发货人、承运人、货运代理人、收货人、货物的保险人或其他任何人的诚信与否、作为或不作为、清偿能力、履约或资信状况,也概不负责。

第三十五条 关于信息传递和翻译的免责

当报文、信件或单据按照信用证的要求传输或发送时,或当信用证未作指示,银行自行选择传送服务时,银行对报文传输或信件或单据的递送过程中发生的延误、中途遗失、残缺或其他错误产生的后果,概不负责。

如果指定银行确定交单相符并将单据发往开证行或保兑行,无论指定银行是否已经承付或议付，开证行或保兑行必须承付或议付，或偿付指定银行，即使单据在指定银行送往开证行或保兑行的途中，或保兑行送往开证行的途中丢失。

银行对技术术语的翻译或解释上的错误，不负责任，并可不加翻译地传送信用证条款。

第三十六条　不可抗力

银行对由于天灾、暴动、骚乱、叛乱、战争、恐怖主义行为或任何罢工、停工或其无法控制的任何其他原因导致的营业中断的后果，概不负责。

银行恢复营业时，对于在营业中断期间已逾期的信用证，不再进行承付或议付。

第三十七条　关于被指示方行为的免责

a. 为了执行申请人的指示，银行利用其他银行的服务，其费用和风险由申请人承担。

b. 即使银行自行选择了其他银行，如果发出的指示未被执行，开证行或通知行对此亦不负责。

c. 指示另一银行提供服务的银行有责任负担被指示方因执行指示而发生的任何佣金、手续费、成本或开支（“费用”）。

如果信用证规定费用由受益人负担，而该费用未能收取或从信用证款项中扣除，开证行依然承担支付此费用的责任。

信用证或其修改不应规定向受益人的通知以通知行或第二通知行收到其费用为条件。

d. 外国法律和惯例加诸于银行的一切义务和责任，申请人应受其约束，并就此对银行负补偿之责。

第三十八条　可转让信用证

a. 银行无办理信用证转让的义务，除非其明确同意。

b. 就本条而言：可转让信用证系指特别注明“可转让（transferable）”字样的信用证。可转让信用证可应受益人（第一受益人）的要求转为全部或部分由另一受益人（第二受益人）兑用。

转让行系指办理信用证转让的指定银行，或当信用证规定可在任何银行兑用时，指开证行特别如此授权并实际办理转让的银行。开证行也可担任转让行。

已转让信用证指已由转让行转为可由第二受益人兑用的信用证。

c. 除非转让时另有约定，有关转让的所有费用(诸如佣金、手续费，成本或开支)须由第一受益人支付。

d. 只要信用证允许部分支款或部分发运，信用证可以分部分地转让给数名第二受益人。

已转让信用证不得应第二受益人的要求转让给任何其后受益人。第一受益人不视为其后受益人。

e. 任何转让要求须说明是否允许及在何条件下允许将修改通知第二受益人。已转让信用证须明确说明该项条件。

f. 如果信用证转让给数名第二受益人，其中一名或多名第二受益人对信用证修改的拒绝并不影响其他第二受益人接受修改。对接受者而言该已转让信用证即被相应修改，而对拒绝改的第二受益人而言，该信用证未被修改。

g. 已转让信用证须准确转载原证条款，包括保兑(如果有的话)，但下列项目除外：

——信用证金额，

——规定的任何单价，

——截止日，

——交单期限，或

——最迟发运日或发运期间。

以上任何一项或全部均可减少或缩短。

必须投保的保险比例可以增加，以达到原信用证或本惯例规定的保险金额。

可用第一受益人的名称替换原证中的开证申请人名称。

如果原证特别要求开证申请人名称应在除发票以外的任何单据出现时，已转让信用证必须反映该项要求。

h. 第一受益人有权以自己的发票和汇票(如有的话)替换第二受益人的发票的汇票，其金额不得超过原信用证的金额。经过替换后，第一受益人可在原信用证项下支取自己发票与第二受益人发票间的差价(如有的话)。

i. 如果第一受益人应提交其自己的发票和汇票(如有的话)，但未能在第一次要求的照办，或第一受益人提交的发票导致了第二受益人的交单中本不存在的不符点，而其未能在第一次要求时修正，转让行有权将从第二受益人处收到的单据照交开证行，并不再对第一受益人承担责任。

j. 在要求转让时，第一受益人可以要求在信用证转让后的兑用地点，在原信用证的截止日之前(包括截止日)，对第二受益人承付或议付。本规定并不得损害第一受益人在第三十八条 h 款下的权利。

k. 第二受益人或代表第二受益人的交单必须交给转让行。

第三十九条　款项让渡

信用证未注明可转让，并不影响受益人根据所适用的法律规定，将该信用证项下其可能有权或可能将成为有权获得的款项让渡给他人的权利。本条只涉及款项的让渡，而不涉及在信用证项下进行履行行为的权利让渡。

惯例二

备用信用证统一惯例

规则 1 总则

本规则的范围、适用、定义和解释

1.01 范围和适用

a. 本规则旨在适用于备用信用证(包括履约、融资和直接付款备用信用证)。

b. 备用信用证或其他类似承诺,无论如何命名和描述,用于国内或国际,都可通过明确的援引而使其受本规则约束。

c. 适用于本规则的承诺,可以明确地变更或排除其条款的适用。

d. 适用于本规则的承诺,在下文中简称"备用证"。

1.02 与法律和其他规则的关系

a. 本规则在不被法律禁止的范围内对适用的法律进行补充。

b. 在备用证也受其他实务规则制约而其规定与本规则冲突时,以本规则为准。

1.03 解释的原则

本规则在以下方面应作为商业惯例进行解释:

a. 作为可信而迅速的付款承诺的备用证的完善性;

b. 在日常业务中银行和商界的习惯做法和术语;

c. 全球银行运作和商业体系内的一致性;及

d. 在解释和适用上的全球统一性。

1.04 本规则的效力

除非另有要求,或明确地进行了对本规则的修改或排除,本规则作为被订人的条款,适用于备用证、保兑、通知、指定、修改、转让、开立申请或下述当事人同意的其他事项:

i. 开证人;

ii. 受益人(在其使用备用证的范围内);

iii. 通知人;

iv. 保兑人；

v. 在备用证中被指定并照其行事或同意照其行事的任何人；及

vi . 授权开立备用证或同意适用本规则的申请人。

1.05 有关开证权力和欺诈或滥用权利提款等事项的排除

本规则对下述事项不予界定或规定：

a. 开立备用证的权力或授权；

b. 对签发备用证的形式要求(如:署名的书面形式)；或

c. 以欺诈、滥用权利或类似情况为根据对承付提出的抗辩。

这些事项留给适用的法律解决。

一般原则

1.06 备用证的性质

a. 备用证在开立后即是一个不可撤销的、独立的、跟单的及具有约束力的承诺，并且无需如此写明。

b. 因为备用证是不可撤销的，除非在备用证中另有规定，或经对方当事人同意，开证人不得修改或撤销其在该备用证下之义务。

c. 因为备用证是独立的，备用证下开证人义务的履行并不取决于：

i. 开证人从申请人那里获得偿付的权利和能力；

ii. 受益人从申请人那里获得付款的权利；

iii. 在备用证中对任何偿付协议或基础交易的援引；或

iv. 开证人对任何偿付协议或基础交易的履约或违约的了解与否。

d. 因为备用证是跟单性的，开证人的义务要取决于单据的提示，以及对所要求单据的表面审查。

e. 因为备用证和修改在开立后即具有约束力，无论申请人是否授权开立，开证人是否收取了费用，或受益人是否收到或因信赖备用证或修改而采取了行动，它对开证行都是有强制性的。

1.07 开证人——受益人关系的独立性

开证人对受益人的义务，不受任何适用的协议、惯例和法律下开证人对申请人的权利和义务的影响。

1.08 责任限制

开证人对以下事项不负责：

a. 任何基础交易的履行或不履行；

b. 备用证下提示的任何单据的准确性、真实性或有效性；

c.其他方的作为或不作为，尽管该人是由开证人或指定人选择的；或

d.除了备用证所选择的或开证地所适用的法律和惯例，对其他法律或惯例的遵守。

术语

1.09 *术语定义*

除了在标准银行惯例和适用的法律中给出的含义外，以下术语具有或包括下面的含义：

a.定义

"申请人(Applicant)"——是自己申请开立备用证的人或由他人代为申请开立备用证的本人，包括：(i)以自己的名义但是为他人申请的人；或(ii)为自己办理的开证人。

"受益人(Beneficiary)"——是一个根据备用证有提款权利的具名的人，见规则1.11(c)(ii)。

"营业日(Business Day)"——是指有关行为履行的营业地通常开业的一天。而"银行日(Banking Day)"是指在有关行为履行地有关银行通常开业的一天。

"保兑人(Confirmer)"——是指经开证人指定在开证人的承诺上加上其自身保证承付该备用证的承诺的人，见规则1.11(c)(i)。

"索款要求(Demand)"——依上下文而定，是指一个要求承付备用证的请求，或者是指提出这种请求的单掘。

"单据(Document)"——是指提示(书面形式或是电子媒介形式)的汇票、索款要求、所有权凭证、投资担保、发票、违约证明，或其他事实九法律、权利或意见的陈述，凭以审核是否与备用证的条款一致。

"提款(Drawing)"——依上下文而定，是指一个被提示或被承付的索款要求。

"到期日(Expiration Date)"——是指备用证中规定的做出相符提示的最后日期。

"人(person)"——是指自然人、合伙组织、股份公司、有限责任公司、政府机构、银行、受托人、以及任何其他法律的或商业的社团或实体。

"提示(Presentation)"——依上下文而定，是指交付备用证下的单据以备审核的行为，或者是指交付的单据。

"提示人(Presentation)"——是指作为或代表受益人或指定人做出提示

的人。

"签名(Signature)"——包括为了证实某一单据,由某人签署或采用的任何符号。

b 相互参照

"修改(Amendment)"——规则 2.06

"通知(Advice)"——规则 2.05

"大约(Approximately)"("约(About)"或"近似(Circa)")——规则 3.08(f)

"款项让渡(Assignment of Proceeds)"——规则 6.06

"自动修改(Automatic Amendment)"——规则 2.06(a)

"副本(Copy)"——规则 4.15(d)

"面函指示(Cover Instructions)"——规则 5.08

"承付(Honour)"——规则 2.01

"开证人(Issuer)"——规则 2.01

"多次提示(Multiple Presentations)"——规则 3.08(b)

"指定人(Nominated Person)"——规则 2.04

"非单据条件(Non——documentary Conditions)"——规则 4.11

"正本(Original)"——规则 4.15(b)(c)

"部分提款(Partial Drawing)"——规则 3.08(a)

"备用证(Standby)"——规则 1.01(d)

"转让(Transfer)"——规则 6.01

"受让受益人(Transferee Beneficiary)"——规则 1.11(c)(ii)

"因法律规定而转让(Transfer by Operation of Law)"——规则 6.11

c. 电子提示

除非上下文另有要求,规定或允许电子提示的备用证中的下列术语,其含义如下:

"电子记录(Electronic Record)"是指:

i. 一条记录(即记录于有形媒介上的信息,或储存在电子或其他媒介上而能以可感知方式读取的信息);

ii. 通过电子方式发送到接受、储存、再传送,或以其他方式处理信息(数据、文本、图像、声音、代码、计算机程序、软件、数据库等)的系统中;并

iii. 能够被证实,进而被审核是否与备用证的条款相符。

"证实(Authenticate)"是指通过商业实践中广泛接受的程序或方法来证明电子记录的:

i. 发送人的身份或来源，及

ii. 信息内容的完整或传输中的错误。

在电子记录中评估信息完整性的标准是看除附加的签注，以及在正常传递、储存和显示过程中出现的变化外，信息是否保持完整和未被改变。

"电子签名(Electronic signature)"是指由某一方签署或采用的、附加于电子记录或与之逻辑地联系在一起的电子形式的字母、文字、数字或其他符号，目的是证明电子记录的真实性。

"收到(Receipt)"发生在：

i. 电子记录以一种由备用证指定的信息系统能够处理的形式进入时；或

ii. 开证人提取一份发送给不是开证人指定的信息系统的电子记录时。

1.10 多余的或不宜使用的术语

备用证不应该或不需要表明它是：

i. 无条件的(unconditional)或抽象的(abstract)(如果这样做，只不过是表示该备用证下的付款完全取决于指定单据的提示)；

ii. 绝对的(absolute)(如果这样做，只不过是表示是不可撤销的)；

iii. 第一性的(primary)(如果这样做，只不过是表示是开证人独立的义务)；

iv. 从开证人自己的资金中支付(payable from the issuer's own funds)(如果这样做，只不过是表示备用证下的付款并不依靠获得申请人的资金，而是开证人完成其自身独立的义务)；

v. 仅有索款要求的或见索即付(clean or payable on demand)(如果这样做，只不过是表示根据书面请求或备用证要求的其他单据的提示，即可获得支付)。

b. 备用证中不应该使用"和/或(and/or)"(如果这样做，即意味着是任一或二者同时)。

c. 以下术语没有单一的公认含义：

i. 应该不予理会的：

——"可催交的(callable)"，

——"可分开的(divisible)"，

——"可分割的(fractionable)"，

——"不可分的(indivisible)"，及

——"可转移的(transmissible)"。

ii. 应不予理会，除非在文本中提供它们的意思：

——"可让渡的(assignable)"，

——"永久的(evergreen)"，

——“使重新生效(reinstate)”,及

——“循环的(revolving)”。

1.11 规则解释

a. 本规则参照适用的标准惯例做出解释。

b. 本规则中,“备用信用证”是指本规则试图加以适用的独立承诺,而“备用证”是指受本规则约束的一种承诺。

c. 除非文本中有不同的要求,

i. “开证人”包括“保兑人”,犹如保兑人是一个单独的开证人,其保兑是为开证人开立的一份单独的备用证;

ii. “受益人”包括具名的受益人把提取款项的权利有效地转让给的那个人(“受让受益人”):

iii. “包括”意指包括但不限于:

iv. “A 或 B”意指“A 或 B 或两者同时”;“或 A 或 B”意指“A 或 B,但不是两者同时”:“A 和 B”意指“A 与 B 同时”;

v. 单数形式的词包含复数,复数形式的词包括单数;和

vi. 中性的词包括所有词性。

d. i. 规则中使用“除非备用证另有说明”或类似语句,强调的是备用证的文本优先于本规则;

ii. 没有上述语句的规则并不默示其规定优先于备用证文本条款;

iii. 在“除非备用证另有说明”或类似语句中加上“明确地”或“清楚地”等词,强调的是,该规则只有通过在 J 备用证中用清晰明白的文字才可以被排除或修改;

iv. 所有这些规则的效力可以被备用证文本所改变,其中一些规则效力的变动可能否定备用证在适用法律下作为一项独立承诺的资格。

e. “在备用证中说(写)明的”类似语句是指一份备用证的实际正文(或者是开立的或者是经有效修改的),而短语“在备用证中规定的”或类似语句则既指备用证的正文,也指被订人的本规则。

规则 2 义务

2.01 开证人和保兑人对受益人的承付承诺

a. 开证人承担向受益人承付按本规则及标准备用证惯例表面上符合备用证条款的提示的义务。

 b. 开证人应按所要求的金额即期承付向其做出的提示,除非备用证规定通

过以下方式承付：

i. 承兑受益人开出的以开证人为付款人的汇票。在这种情况下，开证人的承付是通过：

(a)及时承兑汇票；以及

(b)随后，在承兑的汇票到期时或到期后提示时，付款给汇票的持有人。

ii. 对受益人的索款要求承担延期付款。在这种情况下，开证人承付是通过：

(a)及时承担延期付款义务；及

(b)随后，在到期时付款。

iii. 议付。在这种情况下，开证人无追索权地即期支付索款要求的金额。

c. 开证人如果在被允许审核提示及发出拒付通知的期限内，即期付款、承兑汇票或承担延迟付款的义务(或者，发出拒付通知)，即为以及时方式行事。

d. i. 保兑人承担通过即期支付索款要求的金额，或者按备用证中的注明，以与开证人义务一致的其他付款方式承付相符提示的义务。

ii. 如果保兑允许向开证人提示，则保兑人也承担在开证人错误拒付时承付的义务，犹如提示是向保兑人做出一样。

iii. 如果备用证允许向保兑人提示，则开证人也承担在保兑人错误拒绝履行保兑时承付的义务，犹如提示是向开证人做出一样。

e. 开证人承付时应以备用证中指定的币种支付可立即使用的资金，除非在备用证中注明通过以下方式付款：

i. 以货币记账单位付款；在这种情况下，应支付该货币记账单位；或

ii. 交付其他有价物。在这种情况下，应交付这些有价物。

2.02 不同的分支机构、代理机构或其他办事处的义务

就本规则而言，开证人的分支机构、代理机构，或其他办事处，如果是以开证人以外的身份做出或承诺做出备用证下的行为.则仅负有该身份下的义务，并应视为不同的人。

2.03 开证条件

一旦备用证脱离开证人控制，即为已开立；除非其中清楚注明该备用证那时尚未“立”或不具有“可执行性”。声明备用证不是“可使用的”、“生效的”、“有效的”(available, operative, effective)或类似意思，并不影响在它脱离开证人控制后的不可撤销性和约束力。

2.04 指定

a. 备用证可以指定一个人进行通知、接受提示、执行转让、保兑、付款、议付、

承担延期付款义务,或承兑汇票。

b. 这种指定并不使被指定人负有如此行为的义务,除非被指定人承诺做出这种行为。

c. 被指定的人并未被授权去约束做出指定的人。

2.05 备用证或修改的通知

a. 除非通知中另有声明,它表示:

i. 通知人按照标准信用证惯例已经检查了所通知信息的表面真实性;及

ii. 该通知准确地反映了其收到的内容。

b. 被要求通知备用证的人,决定不通知时,应通知做出要求的一方。

2.06 授权修改和具有约束力的时间

a. 如果备用证明确表明该证可因使用金额的增减、到期日的展延等而"自动修改",则该修改自动生效,不需要任何进一步的通知或备用证明确规定以外的同意。(这种修改可被称为"未经修改"而生效。)

b. 如果无自动修改的规定,一份修改应当约束:

i. 开证人,当修改脱离该开证人控制后;及

ii. 保兑人,当修改脱离该保兑人控制后,除非该保兑人表示它不保兑该修改。

c. 如果无自动修改的规定,

i. 受益人必须同意该修改后,才受其约束。

ii. 受益人的同意必须明确地通知给通知该修改的火,除非受益人提示的单据与修改后的备用证一致,而不是与修改前的备用证一致;及

iii. 一份修改无需申请人的同意就能约束开证人、保兑人或受益人。

d. 只同意部分修改视为拒绝整个修改。

2.07 修改的传送

a. 开证人如使用另一个人通知备用证,必须向该人通知所有的修改。

b. 备用证的修改或撤销,并不影响开证人对指定人承担的义务,如该指定人在收到修改或撤销通知之前已在其受指定范围内有所行事。

c. 可自动展期(更新)的备用证如因故未展期,并不影响开证村人对指定人承担的义务,如该指定人在收到不展期通知之前已在其受指定范围内有所行事。

规则 3 提示

3.01 备用证下的相符提示

备用证应该说明提示的时间、地点及在该地点范围以内的场所、接受提示的

人和提示的载体。如有这样规定，提示必须如此做出。如备用证并未说明，则提示应与本规则一致，以使其相符。

3.02 提示的构成

收到备用证要求的并在该证下提示的单据即构成了提示，应审核它是否与备用证的条款相符，即使并非所有要求的单据都已被提示。

3.03 备用证的标明

a. 提示必须标明凭以提示的备用证。

b. 提示可以通过以下方式标明备用证：注明备用证的完整号码，以及开证人名称和地点或附以备用证正本或副本。

c. 如开证人不能从收到单据的表面上判定是否根据某一备用证来处理该份单据，或不能确定与该单据有关的备用证，该提示就被认为是在能认定的那一天做出的。

3.04 做出相符提示的地点和对象

a. 为使提示相符，提示必须在备用证中注明的或本规则规定的地点或场所做出。

b. 如果备用证没有注明向开证人提示的地点，则提示必须在备用证开立的营业处所做出。

c. 如果备用证是保兑的，但在保兑书中没有注明提示地点，向保兑人（和开证人）的索款提示必须在保兑人开出保兑书的营业处所或向开证人做出。

d. 如果没有注明提示地点的具体场所（如：部门、楼层、房间、邮递站、信箱或其他场所），提示可以向以下场所或人做出：

i. 备用证中注明的一般邮政地址；

ii. 指定接受信函或单据的地点的任一场所；或

iii. 在提示地点实际上或表面看来被授权为接受提示的任何人。

3.05 何为及时提示

a. 如果提示是在开立备用证后、到期日之前做出，该提示即为及时的。

b. 如果提示是在提示地营业结束后做出的，应视为是在下一个营业日做出的。

3.06 相符的提示载体

a. 为了相符，单据必须以备用证中注明的载体做出提示。

b. 如果没有注明载体，为了相符，单据必须以纸化单据的形式提示，除非只要求提交索款要求。在后种情况下：

i. 属于 SWIFT 成员的受益人或银行，通过 SWIFT、加押电传或其他类似经

证实的方式提出的索款要求,即为相符;否则

ii. 如该索款要求非以纸化单据的形式提出,则为不符,除非开证人自主决定允许使用该种形式。

c. 如果单据是通过电子方式传送的,则不能被视为是以纸化单据的形式提示的,尽管开证人或指定人从中可以产生一份纸化单据。

d. 如果注明以电子载体的方式提示,单据必须以电子记录的方式提示,并能为接收提示的开证人或指定人证实。

3.07 每次提示的单独性

a. 无论备用证是否禁止部分或多次提款或提示。做出一次不符提示、收回一次提示、或未完成预定的或允许的多次提示中的任何一次,都不影响或损害做出另一次及时提示或再提示的权利。

b. 对一次相符提示的错误拒付,并不构成对该备用证下其他提示的拒付或对该备用证的否定。

c. 对一次不符提示的承付,不论有无不符点通知,并不意味着放弃该备用证对其他提示的要求。

3.08 部分提款和多次提示;提款金额

a. 提示可以少于可使用的全部金额("部分提款")。

b. 可以做出一次以上的提示("多次提示")。

c. "禁止部分提款"或类似表述表示提示必须是可使用的全部金额。

d. "禁止多次提款"或类似表述表示只能做出及承付一次提示,但是提示金额可以少于可使用的总金额。

e. 如果索款要求超过了备用证可使用的总金额,该项提款要求构成不符;其他单据写明的金额如超出索款要求的金额不构成不符。

f. 使用"大约"、"约"、"近似",或相似意义的词,允许这些词所指的金额可以上下增减10%。

3.09 展期或付款

如受益人要求延展备用证的到期日,否则支付备用证下可使用的金额,则:

a. 它属于在备用证下要求付款的提示,应按本规则对其进行审核;及

b. 默示受益人:

i. 同意修改以展延到期日至所要求的日期;

ii. 要求开证人自主决定去征求申请人的同意,并开立这种修改;

iii. 在这种修改开立后将收回其索款要求:及

iv. 同意本规则规定的审核单据和发出拒付通知的最长时限。

3.10 无需通知收到提示

并不要求开证人通知申请人收到了备用证下的提示。

3.11 开证人放弃和申请人同意放弃提示规则

除了备用证或本规则中的其他自主条款以外，开证人可以在没有通知申请人或获得申请人同意且不影响申请人对开证人的义务的情况下，依其独立判断，放弃：

a. 下列规则，以及备用证中注明的主要是为了开证人的利益或操作便利而设的任何类似条款：

i. 应提示人要求将收到的单据当作如同在较晚日期收到一样对待（规则3.02）；

ii. 在提示中标明与其对应的备用证（规则 3.03(a)）；

iii. 除了备用证中注明的提示行为所在国家外，对应在何地和向谁提示的要求（规则 3.04(b)，(c)和(d)）；

iv. 将营业结束后做出的提示如同该提示是在下一个营业日做出的一样对待（规则 3.05(b)）。

b. 下列规则，但不包括备用证中写明的相似条款：

i. 一份要求的单据，其签发日期在写明的提示日之后（规则 4.06），或

ii. 受益人出具的单据与备用证语言一致的要求（规则 4.04）。

c. 下列与备用证操作的完整性有关的规则，但前提是银行实际上是与真实的受益人打交道：接受使用电子载体的索款要求（规则 3.06(b)）。

保兑人放弃本条(b)项和(c)项所列要求时，须征得开证人同意。

3.12 备用证正本丢失、遭窃、受损或毁坏

a. 如果一份备用证正本丢失、遭窃、受损或毁坏，开证人无须将其替换或放弃提示备用证正本的要求。

b. 如果开证人同意替换一份备用证正本或放弃提示正本的要求，它可以向受益人提供一份替本或副本，而不影响申请人向开证人偿付的义务；但是，如果开证人如此做，则它必须在该替本或副本上注明"替本"或"副本"字样。开证人可以自主地决定从受益人处要求其认为足够的担保，以及从指定人处获得关于付款尚未做出的确认。

到期日不营业

3.13 到期日是非营业日

a. 如果备用证注明的提示的最后一天（无论注明的是到期日，还是必须收到

单据的日期),不是开证人或提示地点的指定人的营业日,那么,在随后第一个营业日做出的提示将被认为是及时的。

b.收到提示的指定人,必须将此情况通知开证人。

3.14 在营业日的停业及授权在另一个合理地点做出提示

a.如果在允许提示的最后一个营业日,备用证中注明的提示地点由于任何原因停业,因此没有及时地做出提示,那么,除非备用证另有规定,允许提示的最后一天,自动延期到提示地点重新开业后的第30个日历日。

b.在提示地点停业或预计到停业时,开证人可以在备用证中或受益人收到的通知中授权在另一个合理地点提示。如果开证人如此行事,则:

i.提示必须在该合理地点做出;以及

ii.如果通知是在提示最后一天之前不足30个日历日收到的,并且由于该原因而无法做出及时提示,那么提示的最后一天自动延展到原提示期限后的第30个日历日。

规则4 审核

4.01 对相符的审核

a.备用证的索款要求必须与备用证的条款相符。

b.提示是否相符,应通过结合标准备用证惯例的内容,按照本规则解释和补充的备用证中的条款,审核提示是否表面上符合备用证而确定。

4.02 多余单据的不审核

非备用证要求提示的单据无须审核,并可在审核提示是否相符时不予考虑。它们可被退还提示人或随着其他提示的单据一起转交,开证人无需负任何责任。

4.03 是否一致的审核

开证人或指定人只需在备用证的规定范围内审核单据之间是否一致。

4.04 单据的语言

受益人出具的所有单据的语言应是备用证中使用的语言

4.05 单据的出具者

所有备用证要求的单据必须由受益人出具,除非备用证中注明单据由第三方出具,或按标准备用证惯例该单据属由第三方出具的类型。

4.06 单据日期

所要求单据的出具日期可以早于但不得迟于提示日期。

4.07 单据上要求的签名

a.要求的单据无需签名,除非备用证注明该单据必须签名,或按标准备用证惯例属需要签名的类型。

b. 所要求的签名可以任何方式为之，只要它适合用于该单据的载体。

c. 除非备用证中规定：

i. 必须签名的人之姓名，否则任何签名或证实都将被认为相符。

ii. 必须签名的人之身份，否则不一定注明签名人身份。

d. 如果在备用证中指明，签名必须由：

i. 一个具名的自然人为之，但不要求指明签名人身份，则一个看起来是具名人的签名即为相符。

ii. 一个具名的法人或政府机构为之，但没有指明由谁代表其签署或该人身份，则任何看来是代表具名的法人或政府机构的签名都是相符的；或者

iii. 一位具名的自然人、法人或政府机构为之，并要求注明签名人身份，则一个注明身份并看起来是该具名的自然人、法人或政府机构的签名是相符的。

4.08 默示要求的索款单据

如果一份备用证没有注明任何要求提交的单据，仍认为需要提交一份做成单据的索款要求。

4.09 同一的措词及引号如果备用证要求：

a. 一份没有指定精确措词的声明，那么在提示的单据中的措词必须看起来与备用证中要求的措词表达的是同一意思。

b. 使用通过引号、大写、附样或格式指定的措词，那么，并不要求重复在拼写、标点、空格或其他在上下文中读起来明显的打印错误；为数据而留的空行和空格，可以通过不与备用证矛盾的任何形式加以完整；或

c. 使用通过引号、大写、附样或格式指定的措词并规定单据应包含"完全一样"或"同一"的措词，那么，提示的单据必须重复指定的措词，包括拼写、标点、间隔等打印错误，以及为数据而留的空行和空格。

4.10 申请人的批准

备用证中不应该规定要求的单据须由申请人出具、签署或会签。然而，如果在备用证中包含了这种规定，开证人不可以放弃这种要求，也不对申请人扣留单据或拒不签署负责。

4.11 非单据条件

a. 备用证中的非单据条件必须不予考虑，不管其是否会影响开证人接受相符提示或承认备用证已开立、已修改或已终止的义务。

b. 如果备用证条款不要求提示单据证明其条款被履行，并且开证人根据其自己的记录或在其自己正常业务范围内不能确定该条款被履行，则该条款为非

单据条款。

c. 从开证人自己的记录或在其正常业务范围内的审查，包括确定以下内容：

i. 何时、何地、如何向开证人提示或以其他方式交付单据；

ii. 何时、何地、如何由开证人、受益人或任何指定人发送或接收有关备用证的文讯；

iii. 向开证人处开立的账户里转进或从其转出的金额；及 iv. 根据一个公布的指数可以确定的金额（例如：如果一份备用证规定根据公布的利率来确定产生的利息金额）。

d. 开证人无需根据备用证中注明或引用的公式，重新计算受益人的计算结果，除非备用证要求这样做。

4.12 单据中的声明应履行的手续

a. 所要求的声明无需采用庄重式、正式或任何其他专门形式做出。

b. 如果备用证规定要求的声明由声明人以某种形式做出，但没有指明何种形式或内容，则如果注明该声明是经证实的、经宣誓的、经确认的、经证明的，或类似情况，该声明即为相符。

c. 如果备用证要求一份由另外一个人作见证的声明，但没有指定形式或内容，则若该份被见证的声明看起来有一个不是受益人的签名，并注明该人系作为见证人行事，该证明即为相符。

d. 如果备用证要求一个受益人之外的第三人以政府、司法、公司或其他的代表身份对声明给予会签、履行法律手续、签证或类似的行为，但没有规定形式和内容，则若该声明包含有一个非受益人的签名，并且注明该人的代表身份和代表的组织，该声明即为相符。

4.13 无验明受益人身份的责任

除备用证要求提示电子记录外，

a. 承付提示的人，对申请人没有义务去查明做出提示的任何人或任何款项受让渡人的身份；

b. 向具名的受益人、受让人、被确认的受让渡人、依法产生的承继人付款，或向备用证写明或受益人或指定人发出的面函指示中注明的账户或账号付款，即构成备用证下付款义务的完成。

4.14 被购并或合并的开证人或保兑人的名称

如果开证人或保兑人被重组、合并，或更换名称，在提示的单据中要求提到开证人或保兑人名称时，可以援引其原名或承继人名称。

4.15 正本、副本及一式多份的单据

a. 提示的单据必须是正本。

b. 在允许或要求电子提示的情况下，提示的电子记录即被认为是“正本”。

c. i. 除非在表面上看起来是从正本复印的，则被提示的单据被认为是“正本”。

ii. 如果签名或证实看起来是原始的，则看起来是从正本复制的单据被认为是正本。

d. 备用证要求提示一“份(copy)”单据的，可以或提示正本或提示副本，除非在备用证中注明只应提示副本或注明全部正本的其他去向。

e. 如果要求多份的时据，一份必须是正本，除非规定

i. 要求“两份正本”或“多份正本”，则全部都必须是正本；或

ii. 要求“两份(2 copies)”，“两张的(two fold)”，或类似的情况下，则可以根据要求或都提示正本或都提示副本。

备用证单据类型

4.16 索款要求

索款要求无需与受益人的声明或其他要求的单据分离开来。

a. 如果要求单独的索款要求，它必须含有：

i. 受益人向开证人或指定人的索款要求；

ii. 提出该要求的日期；

iii. 索款金额；及

iv. 受益人的签名。

c. 这种索款要求可以是汇票或其他指示、命令或付款请求。如果备用证要求提示“汇票”，该汇票无需是可流通的形式，除非备用证这样写明。

4.17 违约或其他提款事由的声明

如果备用证要求一份关于违约或其他提款事由的声明、证明或其他陈述，但没有指明内容，则如果单据中包含以下内容，该单据就是相符的：

a. 陈述：由于备用证中规定的提款事由已经发生，应该付款。

b. 单据出具日期；及

c. 受益人的签名。

4.18 可流通的单据

如果备用证要求提示一份通过背书和交付即可转让的单据，但未注明是否、如何或必须向谁做出背书，则该单据可以不加背书，或如果作了背书，可以是空

白背书。无论如何,该单据都可在有或没有追索权下开立或流通。

4.19 法律或司法文件

如果备用证要求提示政府出具的文件、法院命令、仲裁裁决书或类似的文件,则一份文件或其副本被认为是相符的,如果它看起来是:

i. 由政府机构、法院、仲裁庭或类似机构出具的;

ii. 有适当的称号或名称;

iii. 经过签署的;

iv. 注明日期;及

v. 经政府机构、法院、仲裁庭,或类似机构的官员对该单据做出了原始证明或证实。

4.20 其他单据

a. 如果备用证要求本规则中未规定的单据,而没有指明其出单人、数据内容或措词,则如果该单据看起来有合适的名称,或起到了标准备用证惯例下该种单据的功能,该单据即为相符。

b. 备用证下提示的单据,应该根据本规则下备用证惯例进行审核,尽管该单据类型(例如商业发票、运输单据、保险单据,或类似的单据)在《跟单信用证统一惯例》中有详细规定。

4.21 开立单独承诺的要求

如果备用证中要求该备用证的受益人向另一人开立其自身的单独承诺(无论是否在备用证中叙述了该承诺的内容),

a. 受益人仅取得备用证下的提款权利,即使开证人向受益人为开立这种单独的承诺支付了费用;

b. 既不需要向开证人提示该单独承诺,也不需要提示该承诺下的任何单据;并且

c. 如果开证人收到该单独承诺或其下单据的正本或副本(尽管没有要求将其作为备用证承付的条件而提示),

i. 开证人无需审核并在任何情况下都无需考虑它们是否与备用证、备用证下受益人的索款要求,或受益人的单独承诺相符合或一致;及

ii. 开证人可以把它们退还给提示人,或与提示一起转交给申请人,并不承担责任。

规则 5　单据的通知、排除和处理

5.01 及时的拒付通知

拒付通知，必须在单据提示以后一段并非不合理的时间内发出。

i. 在三个营业日内发出的通知被视为不是不合理的，超过七个营业日被认为是不合理的。

ii. 发出通知的时间是否不合理，并非取决于提示的最后期限是否临近。

iii. 计算必须发出拒付通知的时间，是始于提示日后的下一个营业日。

iv. 除非在备用证中明确规定将发出拒付通知的时间缩短，开证人没有义务加速审核提示。

b. i. 如果有电讯手段，发出拒付通知的方式应通过电讯手段；如果没有，可以通过达到迅捷通知目的的其他合理方式。

ii.. 如果在允许发出通知的期限内收到拒付通知，即认为该通知是通过迅捷的方式发出的。

c. 拒付通知必须发送给从其收到单据的人（不管是受益人、指定人，还是送交人以外的其他人），除非提示人有不同的要求。

5.02 拒付理由的声明

拒付通知应注明凭以拒付的全部不符点。

5.03 没有及时发出拒付通知

a. 如果没有按照备用证或本规则指明的时间和方式，在拒付通知中列明不符点，就不能再对包含该不符点的该单据（包括重新提交的同一单据）提出该不符点，但是并不影响针对同一份或其他备用证下的不同提示提出该不符点。

b. 如果没有通知拒付或承兑或承认延迟付款责任，则开证人在到期时有义务付款。

5.04 逾效期的通知

没有发出关于提示是在到期日以后做出的通知，并不影响因此而拒付。

5.05 开证人未经提示人要求而请求申请人放弃不符点

如果开证人认为提示不符，并且提示人没有不同的指示，开证人可以自主决定请求申请人放弃该不符点，或者授权承付，但必须在本应发出拒付通知的合理时间内，并且不延长该期限。获得了申请人的放弃声明，并不使开证人也有义务放弃该不符点。

5.06 经提示人要求，开证人请求申请人放弃不符点

如果在收到拒付通知后，提示人要求将提示的单据转交给开证人，或请求开

证人向申请人寻求放弃不符点：

a. 有关人员并无义务转交该不符的单据，或寻求申请人放弃不符；

b. 向开证人的提示仍然受本规则约束，除非提示人明确同意可以离开本规则；及

c. 如果单据被转交，或向申请人提出了放弃不符点的请求，则：

i. 提示人就不能拒绝开证人通知他的不符点；

ii. 开证人没有被解除根据本规则审核提示的义务；

iii. 开证人没有义务放弃不符点. 尽管申请人做了放弃；及

iv. 开证人必须持有单据，直至收到申请人的答复，或应提示人要求归还单据。如果开证人在其拒付通知后的10个营业日内没有收到这种答复或要求，可以把单据退还提示人。

5.07 单据的处置

被拒付的单据必须按提示人的合理指示加以退还、持有或处置。在拒付通知中没有表明单据处置情况，并不排除开证人用任何本可以主张的抗辩权来拒绝承付。

5.08 面函指示/发件函

a. 伴随备用证下提示的指示，在不与备用证条款、索款要求或本规则相抵触时可以作为依据。

b. 伴随提示的由指定人做出的陈述，在不与备用证条款或本规则相抵触时可以作为依据。

c. 尽管收到了指示，开证人或指定人仍可以直接向提示人付款、发出通知、归还单据或进行其他事务。

d. 面函中对单据不符的声明，不能解除开证人审核单证是否相符的责任。

5.09 申请人的异议通知

a. 申请人应通过迅捷的方式及时向开证人提出对承付不符提示的异议。

b. 如果申请人在收到单据后一段合理的时间内向开证人发出通知，说明其拒绝的不符点，则认为申请人行为为及时。

c. 如没有通过迅捷的方式及时发出异议通知，申请人就不能再对开证人就其收到的该单据提出任何不符点或其他单据表面可见之缺点，但不影响其对同一或不同备用证下的其他提示提出该不符点。

规则6　转让、让渡及因法律规定的转让

提款权利的转让

6.01 请求转让提款权利

当受益人请求开证人或指定人向另外一个人承付，犹如该人是受益人时，适用本部分关于提款权利转让(简称“转让”)的规则。

6.02 提款权利何时可转让

a. 除非明确注明，否则备用证不可转让。

b. 如一份备用证注明为可转让备用证，但未作进一步规定，则提款权利：

i. 其全部金额可以不止一次被转让；

ii. 不可以部分转让；及

iii. 不可以转让，除非开证人(包括保兑人)或在备用证中具体指定的人，同意并办理受益人所要求的转让。

6.03 转让条件

可转让备用证的开证人或指定人无需履行转让，除非

a. 它确信备用证正本的存在及其真实性；及

b. 受益人提交或履行：

i. 按开证人或指定人可接受的形式提出的请求，包括转让的有效日期，及受让人的名称和地址；

ii. 备用证正本；

iii. 代受益人签署的人的签名证实；

iv. 代受益人签署的人的授权证实；

v. 支付转让费用；及

vi. 任何其他的合理要求。

6.04 转让对要求提交的单据的影响

如为全部提款权利的转让，

a. 汇票或索款要求必须由受让受益人签署；以及

b. 在任何其他要求的单据中，受让受益人的名称可以代替转让受益人的名称。

6.05 转让付款的偿付

根据规则6.03(a)，(b)(i)和(b)(ii)，进行转让付款后的开证人或指定人，有权获得偿付，犹如已向受益人做出了付款。

款项让渡的确认

6.06 款项让渡

若开证人或指定人被要求确认受益人关于将在备用证下受益人获得的全部或部分款项支付给受让渡人的请求,适用本部分关于款项让渡的规则,除非适用的法律另有要求。

6.07 请求确认

a. 除非适用的法律另有要求,开证人或指定人:

i. 在没有对让渡请求予以确认的情况下,没有义务执行款项让渡;及

ii. 没有义务确认该让渡请求。

b. 如果让渡得到确认:

i. 该确认没有赋予受让渡人有关备用证的权利,该人只是对让渡的款项享有权利,并且其权利可以由于备用证修改或取消而受到影响;及

ii. 受让渡人的权利受制于:

A. 确认人确有应当付予受益人的净款;

B. 指定人和受让受益人的权利;

C. 其他被确认的受让渡人的权利;及

D. 根据适用的法律享有优先权的其他任何权益。

6.08 确认款项让渡的条件

开证人或指定人可以规定其确认以收到下述文件为条件:

a. 备用证正本以备审核或批注;

b. 代受益人签署的人的签名证实;

c. 代受益人签署的人的授权证实;

d. 受益人签署的不可撤销的关于确认款项让渡的请求,包括声明、约定、认赔书,以及开证人或指定人制订的请求格式中可能包含的其他条款,如:

i. 如果备用证允许多次提款,所涉及的提款是哪一笔;

ii. 受益人和受让渡人的全名、法律形式、地点及通讯地址;

iii. 影响备回证款项支付和交付的任何要求的细节;

iv. 部分让渡的限制和连续让渡的禁止;

v. 有关让渡的合法性和相对优先权的声明;或

vi . 如果开证人或指定人原本享有对受益人的追回全部或部分款项的权利,则对受让渡人以其收到的款项为限仍然享有的对应的追回权利。

e. 支付确认费用;及

f. 履行其他合理要求。

6.09 对款项相互冲突的数项请求

如果对款项有相互冲突的数项要求，则对被确认的受让渡人的付款可以暂停，直至冲突解决。

6.10 对让渡付款的偿付

根据规则 6.08(a)和(b)对确认的让渡请求进行付款的开证人或指定人，有权得到偿付，犹如它已向受益人付款。如果受益人是银行，这种确认可以仅仅基于经证实的函电。

法定转让

6.11 法律规定的受让人

当那些声明根据法律规定继受受益人利益的继承人、遗产代理人、清算人、受托人、破产财产管理人、承继的公司或类似的人，以其自身名义提示单据，犹如是受益人授权的受让人时，适用本部分规则。

6.12 以承继人的名义提款需提交的额外单据

对声称的承继人，应犹如它是受益人授权的有全部提款权利的受让人一样对待，只要它额外提示了看起来是由公职官员或代表(包括司法官员)签发的文件，注明：

a. 该声称为承继人的是由股份有限公司、有限责任公司或其他相似组织，经合并、联合或其他类似行为而产生的续存者；

b. 该声称的承继人系在破产程序中，被授权或任命为代表指定的受益人或其财产行事的人；

c. 该声称的承继人系由于受益人的死亡或丧失行为能力而被授权或被任命代表指定的受益人行事的人；

d. 受益人的名称已被更换为该声称为承继人的名称。

6.13 在承继人提示时义务的暂停履行

开证人或指定人在从声称的承继人处收到提示后，如果该提示除了受益人的名称外都是相符的，则

a. 可以要求再提交形式和内容令其满意的下述文件：

i. 法律意见；

ii. 规则 6.12(以承继人名义提款的额外单据)中提及的由公职官员签发的额外单据；

iii. 有关该声称的承继人因法律规定而成为承继人的声明、约定及认赔书；

iv. 支付这些审核涉及的合理费用；及

v. 规则 6.03（转让条件）或规则 6.08（款项让渡确认的条件）可能要求的任何事项。但是，这些文件不应如同备用证本来要求的单据一样适用备用证的效期规定。

b. 开证人或指定人在收到所要求的上述文件前，其承付或发出拒付通知的义务暂停履行，但是备用证要求的单据的最后提示期限并不因此而延长。

6.14 对因法律规定而转让的付款的偿付

在因法律规定而转让的情况下，根据规则 6.12（以承继人名义提款的额外单据）付款的开证人或指定人，有权得到偿付，犹如它已向受益人付款。

规则 7　撤销

7.01 不可撤销的备用证被撤销或终止的时间

备用证下受益人的权利未经其同意不可撤销。这种同意可以以书面形式，或通过一个行为证明，比如通过归还备用证正本暗示受益人同意取消。受益人对撤销的同意一经传达给开证人即不可撤销。

7.02 开证人有关撤销决定的自主权

在接受受益人授权撤销并把备用证完全撤销之前，开证人可以要求以形式和内容令其满意的方式提供以下文件：

a. 备用证正本；

b. 代受益人签署的人的签名证实；

c. 代受益人签署的人的授权证实；

d. 法律意见；

e. 受益人为撤销备用证而签署的不可撤销的授权书，包括：声明、约定、认赔书，以及要求格式中包含的其他内容；

f. 令其确信所有保兑人的义务已被撤销的证据；

g. 令其确信没有转让并且任何指定人都未辑进行付款的证据；及

h. 任何其他合理措施。

规则 8　偿付义务

8.01 获得偿付的权利

a. 若根据本规则对相符提示给予了付款，就必须由以下的人给予偿付：

i. 要求开立备用证的申请人向开证人偿付；及

ii. 开证人向其指定做出付款或以其他方式做出给付的指定人偿付。

b. 申请人必须对由下述事由而产生的请求、义务和责任(包括支付律师费用)向开证人负赔偿责任：

i. 除在开证地所适用的或备用证所选择的法律和惯例以外的法律和惯例的规定；

ii. 其他人的欺诈、伪造或其他非法行为；或

iii. 由于保兑人错误地拒绝履行其保兑，开证人代为履行保兑人的义务。

c. 本规则对其他适用的规定偿付或赔偿可以基于更少或其他理由的协议、交易程式、惯例、习惯或用法进行补充。

8.02 费用和成本的支付

a. 申请人必须支付开证人收取的费用，并偿付开证人在申请人同意下指定进行通知、保兑、付款、议付、转让或开立单独承诺的指定人向开证人收取的任何费用。

b. 开证人有义务支付其他人的以下费用：

i. 根据备用证条款应支付的费用；或

ii. 指定人通知、付款、议付、转让或开立单独承诺所惯常发生的、而由于该备用证下未作索款要求致使未曾或无法从受益人或其他提示人处收取的合理费用和花费。

8.03 偿付的退还

如果开证人拒付，在开证人及时拒付提示之前获得偿付的指定人必须退还偿付和利息，这种退还并不影响该指定人指控错误拒付并请求偿付。

8.04 银行间偿付

从另一家银行获取偿付的任何指示或授权，适用国际商会银行间偿付的标准规则。

规则 9　时间安排

9.01 备用证持续的时间

备用证必须：

i. 含有到期日；或

ii. 允许开证人经合理的事先通知或付款而终止备用证。

9.02 到期日对指定的影响

在其指定范围内行事的指定人的权利，并不受随后的备用证到期的影响。

9.03 时间的计算

a. 在本规则下必须做出某一行为的时间期限，是从该行为应开始的地点的

营业日后的第一个营业日开始计算。

b.延展的期限开始于所注明的到期日后的第一个日历日，即使该日或到期日可能是开证人停业的一天。

9.04 到期日的时间

如果没有注明到期日的具体到期时间，它应当在提示地该日营业结束时。

9.05 备用证的保留

在要求付款的权利终止以后，保留备用证正本并不使备用证下的任何权利得以保留。

规则 10 联合开证/共享

10.01 联合开证

如果备用证有一个以上的开证人，而没有注明应向谁做出提示，则可以向任何开证人做出提示，并对所有开证人具有约束力。

10.02 共享

a.除非申请人和开证人有其他约定，开证人可以有偿地邀请他人共享其对申请人和任何提示人的权益，并可不公开地向潜在共享人透露有关申请人的资料。

b.开证人对其权利共享的出卖，并不影响备用证下开证人的义务或在受益人和任何共享人之间创立任何权利和义务。

参考文献

1. 苏宗祥等.国际结算.北京:中国金融出版社,2005
2. 贺培.国际结算学.北京:中国财政经济出版社,2000
3. 姚新超.国际结算——实务与操作.北京:对外经济贸易大学出版社,2006
4. 启智.国际结算.北京:北京理工大学出版社,2006
5. 肖玉珍.国际结算与外贸单证.长沙:国防科技大学出版社,2006
6. 应诚敏等.国际结算.北京:高等教育出版社,2000
7. 蒋先玲.国际贸易结算实务与案例.北京:对外经济贸易大学出版社,2005
8. 刘昊红.国际结算试验教程.北京:中国金融出版社,2005
9. 陈岩,刘玲,刘超编著.信用证典型案例评析.北京:中国商务出版社出版,2005
10. 蒋先玲,武翠芳.国际贸易结算实务与案例.北京:对外经济贸易大学出版社,2005
11. 庞红等编著.国际结算(第二版).北京:中国人民大学出版社,2005
12. 张东祥等编著.国际结算.北京:首都经济贸易大学出版社,2005
13. 上海对外贸易协会.进出口单证实务(修订本).北京:中国对外经济贸易出版社,2003
14. 关于审核跟单信用证项下单据的国际标准银行实务(ISBP－ICC681)
15. Lakshman Wickremeratne and Michael Rowe. The Guide to Documentary Credits 2nd edition. Institute of Financial Services